fert ve ailede mutluluk yolu

DR. SEVİM ASIM

ZAMAN AİLEM KAMPANYASI
KİTAP SERİSİ

TİMAŞ YAYINLARI: 56

DİZGİ-TASHİH-MİZANPAJ:
Tim Tanıtım

ADRES:
Ankara Cad. No: 50
Eminönü/İstanbul
Tel.: 0212 665 35 56 Faks: 0212 664 77 97
Web adresi: www.timas.com.tr

BASKI ve MONTAJ:
EBNER&SPIEGEL
Eberhard-Finckhstr.61
D-89075 Ulm-Germany

Nisan 2004

ISBN 975-362-206-6

fert ve ailede mutluluk yolu

DR. SEVİM ASIMGİL

Dr. SEVİM ASIMGİL

Çocukluk yılları Avrupa'da geçmiş olan yazar, liseyi Bursa'da bitirmiş, yüksek öğrenimini İstanbul Üniversitesi'nde tamamlamıştır.

1988'de doktorluk mesleğini bırakarak mesaisini tamamen yazıya ayırmıştır.

Çeşitli dergi ve gazetelerde makaleleri, hikayeleri yayınlanmış, değişik konularda çok sayıda inceleme-araştırma eserlerini kaleme almıştır. Onbir tane romanı basılmıştır. Halen Türkiye içinde ve dışında çeşitli konularda konferanslar vermektedir.

Evli ve iki çocuk annesidir.

Yayınlanmış romanları şunlardır:

- Siyah Zambak ve Merve
- Sevda Geri Dön
- Dilârâ
- Meriç'in Gelini
- Düğünümde Ağlama
- Diana
- Aşka Çıkış Yok
- Ayrılan Kalpler
- İsmailağa Sokağı ve Hüzün Çiçeği
- Yüreğim Nereye
- Terketme Beni
- İşte Hayat Bu

İçindekiler

İkinci Bölüm

Üçüncü Bölüm

Dördüncü Bölüm

Kalpler İçin
Bir Demek Çiçek

Artık günümüzde İslâm diyârları üzerinde ruhâniyet, şefkât ve kardeşlik rüzgârları sanki hiç esmiyor. Müslüman toplumlarında, pek çok insan kalabalıklar içinde yalnızlık çekiyor, haksızlıklara uğruyor...

Boğucu maddî hayattan usanmış, yaşamın her bölümüne uzanmış kavgalardan bıkkın kadınlar, erkekler, delikanlılar, kızlar hatta çocuklar bedbîn...

Dünya insanı yılgın... Dünya insanı yorgun ve şaşkın... Fakirin zeytin ekmeğinden, zenginin mükellef sofralarından tad, lezzet kalkmış... Huzur, tamah çöllerinde kaybolmuş...

Akıllar donuk, kalpler hasta, nefisler dünya sevgisinin peşinde koşuyor.. Kindar, kıskanç, hırslı, katı, hak nedir tanımayan acımasız kalpler cemiyette dopdolu....

Diğer tarafta gönülleri kırık, boyunları bükük çaresiz kalmış mazlum insanlar...

Delikanlı anasına isyânda, baba evlâdına hâin, kardeş, kardeşe sırt çevirmiş, kuvvetli zayıfa merhametsiz...

En basit menfaatlarda dahi çıkarlar, dostlukları silmiş süpürmüş... İnsanoğlu bâtıla gömülmüş, gaflete dalmış....

Birçok yer modern Pompei: Ahlâksızlıklar... Haksızlıklar... Zulümlerle dolu...

Dudaklarda küçük, samimi bir tebessüme, yüzdeki açık, aydınlık bir ifâdeye hasret insanı, bu kargaşadan Mars'a gitmek mi, yoksa kansere bulunacak çâre mi kurtaracak? Yoksa beşerî sistemlerin yetiştirdiği insan mı?

Ne kadar kültürlü, görgülü, akıllı ve zeki olsa insan zâyıf yaratılmıştır. Allahû Teâlâ bu konuda şöyle buyuruyor: *"Çünkü insan zayıf yaratılmıştır."* (Nîsa sûresi, âyet: 27)

Her devirde ve medeniyetteki bütün insanlara hitap edecek, dünyada onlara istikrarlı hayatı, âhirette de ebedî kurtuluşu temin edecek hükümler ortaya koymak, yaratılmışların gücü dâhilinde değildir. Bu ancak, bütün zamanlara ve mekânlara hâkim, her şeye hükmü geçen âlemlerin Rabbinin kudreti ile olur. Kur'ân-ı Kerîm'in ve sünnetin çerçevesini çizdiği insan şahsiyeti eşsizdir, mükemmeldir. Çünkü İslâm, insana ve insan ilişkilerine âdeta mânevî dev teleskoplarla, mikroskoplarla, hem de insanüstü güçlerle bakmıştır.

Kalbinde Allah (c.c.) inancı yatan insanlar, kısacık dünya hayatlarını hep İslâm'ın gölgesinde geçirseler, huzur ve mutluluk içinde yaşayacaklar....

Her taraftan sular çağlayacak, dallarda bülbüller ötecek, önlerinde yemyeşil nurdan bahçeler uzanacak...

İslâm'ın hakikatına varmış bir müslümandan mükemmel sıfatlar ve doğruluk sızar...

Dinî ahlâkla süslenmiş bir müslümanın kalbi çiçek bahçeleri gibidir. Yeryüzünde en güzel renkler, en nefis kokular, gözü ve ruhu okşayan hârika şekiller hep orada, o çiçek bahçelerinde değil midir?

Üstün ahlâkı, hayatına nakşetmiş bir müslümanın kalbi de, saâdetler diyârı, sevgi yurdu ve iyilikler kaynağıdır.

Bütün bahçeyi olduğu gibi göstermek imkânsız olduğu için bu güzelliklerden sâdece küçücük bir demet yapabildik. Ümit ettik ki bu buketten tüm bahar anlaşılsın ve her mevsim, gönüllerde hep çiçekler açsın ve taptaze kalsın.

Gayret bizden, tevfik Allah'tandır.

Dr. Sevim Asımgil

Birinci Bölüm

İslâm'ın ahlâkî normlarının yükseltici asaleti milyonlarca kalpleri fethedip onları kendi saflarına katmaya sebep olmuştur. Çünkü İslâm bütün temel faziletleri emretmiştir.

Güzel ahlâk Peygamber (s.a.v.) Efendimizin sıfatıdır. Sıddıkların amelinin en faziletlisidir.

Müttakilerin mücahedesinin meyvesidir.

Abidelerin riyazetidir.

Gerçek mânâda güzel ahlâk sadece müslümanlara mahsustur.

Dini Olmayanın Güzel Ahlâkı da Olmaz

Bir zat gelerek Resûlullah (s.a.v.) Efendimize sordu:

— Ey Allah'ın Rasûlü! Din nedir?

Allah Rasûlü (s.a.v.):

— *Din güzel ahlâktır.*

Aynı adam Resûlûllah'ın sağ tarafından gelerek:

— Ey Allah'ın Rasûlü! Din nedir? diye sordu:

Resûlullah:

— *Din güzel ahlâktır buyurdu.*

O kimse bu defa yön değiştirerek Resûlullah'ın sol tarafından geldi ve "Din nedir" diye sordu. Resûlullah (s.a.v.) buyurdu:

— *Din güzel ahlâktır.*

Sonra, aynı şahıs Resûlullah'ın arkasından geldi ve "Ey Allah'ın Rasulü! Din nedir?" diye sordu.

Resûlullah (s.a.v.) ona bakarak dedi ki:

— *Anlamıyor musun? Din senin öfkelenmemendir.*(1)

Güzel ahlâk dinden kaynaklanmaktadır. Hiçbir ilahi din, güzel ahlâktan hali değildir. Fakat bütün güzel ahlâklar toplu olarak geçen eski dinlerde mevcut değildir. Ahlâkın bütün güzellikleri İslâm dininde toplanmıştır. Örnek edineceğimiz, Resûlullah (s.a.v.) Efendimizin ahlâkıdır, O'da Kur'ân ahlâkıdır, Kur'ân'da Allah (c.c.)'ın

1 Şuara sûresi, âyet: 37, Kalem sûresi, âyet 4.

kelâmı olduğuna göre, bunun üstünde hiçbir ahlâk düşünülemez ve olamaz da.

Bazıları:

"Allahû Teala zahir ve batınınıza ni'metlerini tamam etti." Lokman sûresi âyet: 20'de *"Zahirden maksat, ahlâkın düzeltilmesi, batından maksat da ahlâkın saf edilmesidir."* demişlerdir.(2) Aklın başı imandan sonra haya ve güzel ahlâktır.(3) İslâm ise ahlâk güzelliğidir.(4)

İslâm Ahlâkı Allah'a (c.c.) İtaatle Başlar

Allahû Tealâ ile olan güzel ahlâk, O'nun emirlerini yerine getirmek, yasaklarından kaçınmak, herbir durumda O'na teslim olmakla gerçekleşir.

Gerçek müslüman kökleşmiş sadık bir imana sahiptir, sürekli salih amel işler, daima Allah (c.c.)'ın rızasını gözetir, O'na olan kulluğunu kuvvetlendirmeye çalışır ve Allah'ın *"Cin ve insanları ancak bana kulluk etsinler diye yarattım."* âyetiyle çizdiği hayattaki varlığının hedefini aklından ve kalbinden çıkarmaz.

Allah (c.c.)'ın emrettiği herşey iyidir, yasakladığı herşey de kötüdür. Fayda da zarar da insanlar içindir. Allah (c.c.)'tan başkasına kulluk eden kimsede hayır yoktur.

İslâm'daki ibadetler ahlâkî meyveler verme amacına yöneliktir.

Güzel ahlâk gerçek mü'min ve müslüman olmanın şartlarından, insanlık şeref ve haysiyetinin alametlerindendir.(5)

Resûlullah (s.a.v.) Efendimiz buyurmuşlardır ki:

— *Bana en sevgili olanınızı ve kıyâmet günü oturma bakımından bana en yakın olanınızı size haber vereyim mi?*

---

2 İbn Manzur, Lisanu'l Arap, 6-374
3 İhya, 6-185
4 Alaüddin Ali-Ahlâk-ı Ala-i 1.53-54
5 Temel Nitelikleriyle İslâm, sh: 245.

Hazır bulunan topluluk sükut etti. Peygamber iki veya üç defa bu sözü tekrarladı. Topluluk:

— Evet, –haber ver– ey Allah'ın Resûlu! dedi.

Resûlullah:

— *"Ahlâk bakımından en güzelinizdir"* buyurdu.(6)

Müslüman yaşadığı sürece çok dikkatli olmalı, bilinçli yaşamalı herşeyi bilerek yapmalıdır. Bilinmesi gereken şeyleri öğrenmeli, bildiklerini de hayatına uygulamalıdır. Kendi terbiyesini üstlenmelidir. Müslüman aklı, ruhu, bedeni arasındaki dengeyi sağlayıp herbirine hakkını vermeli, birine aşırı derecede önem vererek diğerini ihmal etmemeli, bu hususta Resûlullah (s.a.v.)'ın yolunu takip etmelidir.

Müslüman yeryüzünde örnek insan demektir.

Akıl Terbiyesi

Akıl ve zekânın vazgeçilmez ihtiyacı ilimdir. Herşeyde başarılı olmanın temeli, bilmek, bildiklerini denemek ve yapmaktır. Herşeyi çok iyi bilen yüce Allah, ilmin ve âlimin değerini bildirmek için buyuruyorlar ki:

"Hiç bilenlerle bilmeyenler bir olur mu?" (Zümer sûresi, âyet: 9)

İnsanlık tarihinde ilme en çok önem veren, İslâm dinidir.

İslâm Dini İlim Dinidir

Resûlullah (s.a.v.) Efendimiz buyurmuşlar:

"İlmi taleb etmek erkek-kadın her müslümana farzdır."

"Hangi hal üzere bulunursa bulunsun müslüman, kendi hallerinde vuku bulan şeyleri öğrenmek farzdır.

Allah'ın kitabı Arapça inzal olunmuştur. Dini öğrenebilmek için kaynak kitaplara kadar bakabilmek gerekir. Bu da Ancak İs-

6 Ahlâk Hadisleri, 1-287.

lâm'ın dili olan Arabçay'ı bilmekle mümkündür. Onun için her müslüman anadilinden sonra ilk olarak Arapçayı öğrenmeyi kendisine vazife telâkki etmelidir. Bu aletlerden birisi de yazının bilinmesidir. Fakat yazının bilinmesi zaruri değildir.

İlmin Fazileti

Allahû Teâlâ Hazretleri buyuruyor:

"Allah dilediğine ilim ve hikmet verir. Kime hikmet verildiyse, gerçekten ona çok hayır verilmiştir. Bunu ancak akıl sâhipleri düşünebilirler." (Bakara sûresi, âyet: 269)

"Allah, melekler ve ilim sahipleri O'ndan başka ma'bud olmadığına şahidlik etmişlerdir. O, her an adalet üzeredir." (Âl-i İmran sûresi, âyet: 18)

"Dikkat edilirse görülür ki, bu âyet-i celilede Allahû Teâlâ (c.c.) evvela zat-ı uluhiyetinden başlayarak birliğine şehadet ediyor. İkinci olarak melekleri şahit tutuyor: Üçüncü olarak da âlimlerin şâhitliğini ortaya sürüyor. Bu da ilimin ve âlimin büyüklüğünü gösteren en büyük bir delil olsa gerek".

Resûlullah (s.a.v.) Efendimiz buyurmuşlardır:

"Âlimler peygamberlerin varisleridir."

"Kıyâmet gününde âlimlerin kaleminden akan mürekkeb, şehidlerin yaralarından akan kanla tartılır. Bir rivâyette de âlimin kaleminden akan mürekkeb, şehid kanından ağır basar" demektedir.

"Yerlerde ve göklerde bulunan bütün mahlukat âlim bir kimsenin afvedilmesi için Allah'a yalvarırlar." (7)

"İlim helâl ve haramın alameti, cennet ehlinin yollarının nurudur. Yalnız olana o, iyi bir arkadaştır. Gurbette yoldaş, tenhada konuşan bir meslektaştır. Geniş ve sıkıntılı anlarda yol gösterendir.

Düşmana karşı silahtır. Dostların yanında ziynettir. Allah, ilimle bazı toplulukları yükselterek hayırlı yolu göstermede onları öncü

---

7 İhyâ-ı Ulûm-id Din, cilt 1, sh: 78-86.

yapar, eserlerine tabi olmakla onları önder yapar. O toplulukların işlediklerine uyulur. Meseleler onların görüşleriyle neticelenir. Melekler onların halvetgâhına rağbet eder, kanatlarıyle onları okşarlar. Yaşdan kurudan ne varsa; denizdeki balıklar ve sâir deniz hayvanları, yeryüzündeki yırtıcı hayvanlar ve davarlar hepsi onlara istiğfar ederler. Çünkü ilim, kalpleri bilgisizlikten kurtaran hayattır. Karanlıklarda gözlerin çırasıdır. Kul, ilim ile iyiler makamına erişir, dünya ve âhirette yüksek derecelere ulaşır.

İlmi mevzularda düşünmek, oruç tutmaya bedeldir; ilmî dersler yapmak namaza bedeldir. Yakın akrabalar arasında gidip gelme ve kaynaşma ilim ile oluyor. Helâl ve haram ancak onunla biliniyor. İlim, amelden önde gelir; amel ona tabidir. Said kimseler onunla ilhamlanır, şakî kimseler ondan mahrum bırakılır." (8)

İlim Öğrenmenin Fazileti

Allahû Teâlâ Hazretleri buyuruyor:

"Rabbim ilmimi arttır de." (Taha sûresi; âyet: 114)

Kesîr bin Kays (R.A.) den:

"Ashab-ı Kirâmdan, Ebû Derdâ Hazretleri, Şam'da bulunduğu bir sırada Medine'den bir adam Şam'a geldi. Ebû Derdâ Hazretleri ona:

— Medine'den gelişinizin sebebi nedir? dedi. Adam cevap verdi:

— Duydum ki Resûlullah (A.S.)'dan bir hadis rivâyet etmişsiniz. Onun için geldim.

— Başka bir hacet için gelmediniz mi?

— Hayır.

— Ticaret için gelmiş olmıyasınız?

— Hayır.

— Peki yalnız bu hadis için mi geldiniz? Şüphesiz ben Resûlullah'dan (s.a.v.) duydum şöyle buyuruyordu:

8 Tarikat-ı Muhammediye, sh: 81-82.

"İlmi arzulayarak bir yola çıkan kimseyi, Allah cennet yoluna sokar. Melekler ilim tâlibine, hoşnutluklarını izhar için kanatlarını yerlere kadar sererler. Hem bir âlime göklerdekilerle, yerde olanlar, hattâ denizdeki balıklar bile istiğfar ederler."

Âlimin âbid üzerine olan üstünlüğü ayın, sâir yıldızlar üzerine olan üstünlüğü gibidir. Şüphesiz âlimler Peygamberlerin varisleridir. Peygamberler altın ve gümüş miras bırakmadılar. Miras olarak ilmi bıraktılar. Kim ilimden birşey aldıysa, hakikat o, büyük bir pay almıştır.(9)

İbn-i Abbas (r.a.) şöyle buyurmuştur:

"İlim taleb ederken büyük zorluklara göğüs gerdim, fakat sonunda ilmi elde ettikten sonra aziz oldum."

Ebû Derdâ (r.a.) buyurmuş:

"Ya âlim ol, ya talebe ol, ya dinleyen ol. Sakın bunlardan başka dördüncü bir sınıfa dahil olma; yoksa helâk olur gidersin."

İlim Öğretmenin Fazileti

Yüce Allah şöyle buyurmaktadır:

"Allah, kendilerine kitab verenlerden: "Onu mutlaka insanlara açıklayacaksınız, gizlemeyeceksiniz!" diye söz almıştı. Fakat onlar, verdikleri sözü sırtlarının ardına attılar ve ona karşılık birkaç para aldılar. Ne kötü şey satın alıyorlar." (Âl-i İmran sûresi, âyet; 187)

Resûlullah (s.a.v.) da şöyle buyurmuştur:

"Mü'minin, dinlediği hayırlı bir kelimeyi başkasına öğretmesi ve onunla amel etmesi, bir yıllık (nafile) *ibadetten daha hayırlıdır."*(10)

Yahya b. Muaz'dan rivâyet edilmiştir:

"Âlimler ümmetin anne-babalarından daha merhametlidirler."

---

9 Tarikat-ı Muhammediye, sh: 76.
10 İhyâ-ı Ulum-id Din, cilt 1, sh: 112.

Yahya b. Muaz, bu merhametin keyfiyeti hakkında da şöyle demiştir.

"Çünkü anne ve babalar çocuklarını ancak dünyadaki felaketlere karşı korumaya çalışırlar. Oysa âlimler, Muhammed ümmetini âhiretin şiddetli azabından korurlar."

Resûlullah (s.a.v.) Efendimiz şöyle buyurmuştur:

"Hayra dalalet eden –hayır yolunu gösteren– *o hayrı bizzat işlemiş gibi sevaba nail olur."*

İkrime: "Bu ilmin bir değeri vardı, onun değeri, onu koruyabilecek ve hiçbir şekilde zayi etmeyecek kimselere öğretmektir" demiştir.(11)

Ruh Terbiyesi

Yüce Allah buyuruyor:

"O insana ruhumdan üfledim." (Hicr sûresi, âyet: 29)

— Ona insan ruhunu verdim.

Ruhumuz Allah (c.c.)'tan gelmiştir. Ruh sağlığı çok önemlidir. Ömrümüz bitince ölüm sadece bedenimizedir. Ruhumuz asla ölmez. Ruhumuzun yaşamı süresiz ve sonsuzdur. Gerçek yaşamı âhirette layık olduğu yerde –bu dünyada ömrümüz sona erince– başlar.

Ruhumuzun, kıyâmete kadar olan sürede geçici olarak kalacağı yeri Resûlullah (s.a.v.) Efendimiz şöyle bildirmiştir:

"Kabir –ölen kimsenin ruhu için– *ya cennet bahçelerinden bir bahçe ya da cehennem çukurlarından bir çukurdur."*(12)

Kıyâmet kopup ruhlar bedeni bularak yeniden dirildikten sonra, önce Allah (c.c.) huzurunda dünya hayatının hesabı verilir. Daha sonra, iyi kimseler cennete, kötü kimseler cehenneme gider.

Ruh, kalbi çalıştırır. Beyin ve sinirler aracılığı ile hareketi ve kımıldamayı meydana getirir. Dış ve iç duyguları da sağlar.

---

11 İhyâ-ı Ulum-id Din, cilt, 1, sh: 106-116.
12 Tirmizi, Kıyame, 26.

Hakikatte, asıl gören, işiten, tadan, koku alan, dokunduğu şeyin sert, yumuşak, soğuk veya sıcak olduğunu anlayan ruhtur. Bu dış duygularda insan ve hayvanlar birleşirler. Hatta bazı hayvanlarda bu duygular insandan çok daha kuvvetlidir.

Fakat iç duygular hayvanlarda sınırlı, insanlarda sınırsızdır. Hayvanlar yaşamlarını yaratıldıkları hal üzere sürdürüp ölürler. Hayvanlar insanlar gibi düşünebilseydiler, yeryüzü insan için yaşanmaz bir mekân olurdu.

İnsanı yükselten, alçaltan, meleklerden daha üstün, hayvanlardan daha aşağı kılan, kimini mü'min, kimini kâfir, kimilerini âdil, kimilerini zalim, insanı iyi ya da kötü yapan hep ruhtur.

Ruh sağlığı dört şeyle gerçekleşir:

1- Kuvvetli imanla,

2- Ruhun ibadetlerle beslenmesi, terbiye edilerek disiplin altına girmesiyle,

3- Kötü ahlâklardan kurtulmasıyla,

4- Takva yolunda yürümesiyle.

Allah (c.c.)'ın çokça anıldığı, İslâm'dan ve onun yüceliğinden bahsedilen meclislere devam etmek de ruhu arındırır. Kalb berraklaşır. İnsan varlığını iman sevinci kaplar.

Abdullah b. Ravaha (r.a.), Resûlullah (s.a.v.)'in ashabından biriyle karşılaşınca ona, "gel bir saat Rabbimize iman edelim" derdi. Bu durum Resûlullah'a ulaşınca şöyle buyurdu:

"Allah İbn-i Ravaha'ya merhamet etsin! Meleklerin öğündüğü meclisleri seviyor." (13)

Beden Terbiyesi

Sıhhat, kişinin dünyevî ve uhrevî vazifelerini tam olarak ifa edebilmesi için muhtaç olduğu birinci şart olması sebebiyle İslâm'da beden terbiyesi son derece ehemmiyetli bir yer tutar. Resûlullah (S.A.V.) şöyle buyurmuştur:

---

13 Müslüman Şahsiyeti, sh: 49.

"Sağlam, kuvvetli mü'min, Allah katında zayıf mü'minden daha sevimlidir." (14)

Hz. Peygamber kuvvetli imanı ifade eden yakından sonra en kıymetli şeyin sıhhat olduğunu beyan buyurmuştur:

"Allah'tan af ve afiyet dileyin, zira hiçbir kimseye yakından sonra afiyetten daha hayırlı birşey verilmemiştir." (15)

1- Yeme

2- İçme

3- Uyku

4- Temizlik

5- Görünüm

6- Sağlığa yararlı hareketler

7- Sağlığa zararlı şeylerden korunma

8- Hastalanınca tedavi

Bütün bunlarla sağlığını korumak, ferdî görevler için olduğu kadar, içtimaî görevlerin yerine getirilmesi için de önemli ve gereklidir.

Açıktır ki, sağlıksız ve güçsüz ferdlerin çok olduğu cemiyetlerde içtimaî gelişme, iktisadî büyüme ve düşman güçlere karşı kuvvetli olma imkanları da tehlikeye düşer.

Beslenme

Yaşayan her canlının canlılığını koruması için mutlaka beslenmesi gerekir. Aşırı veya yetersiz, yahut da dengesiz ve hatalı beslenmeler birçok olumsuz sonuçlara sebep olur. Yemekten amaç, karnı doldurmak değil, beslenmektir. İbadet etmeye güç-kuvvet kazanmak niyetiyle yemelidir. Müslüman mideyi aşırı doldurmaktan sakındırılmıştır. Tirmizi'nin tahrif ettiği hadiste şöyle buyurulmuştur.

---

14 Aile Eğitimi, 1-336.

15 Hz. Muhammed'in Sünnetinde Terbiye, sh: 235.

"Ademoğlu karnından daha kötü bir kab dolduramaz. Belini doğrultabilmesi için ademoğluna iki lokma yeter; ama mutlaka fazla yiyecekse, midesinin üçte birini yemek, üçte birini içmek ve üçte birini de nefes alıp vermek için ayırsın."

— Yemeği çok yemekten sakının. Şüphesiz kul, şehvetini âhiretine tercih etmedikçe helâk olmaz. İbadet az yemektir.

İbn'ul Ebû Dünya, Hz. Aişe (r.a.)'den şöyle nakletmektedir. "Bu ümmet içinde, Peygamberlerinden sonra ilk meydana gelen yenilik, devamlı tok bulunmaktır. Çünkü mideyi aşırı doyurmanın sonucu beden yağlanır, kalb zayıflar ve şehvet galip gelir.

— Mü'min bir, kâfir yedi kursağına yer. İnsan yemesini azalttığı zaman içi nur dolar.

— Yemeğin hayırlısı soğuk ve tatlı olanıdır.

— Yemeği sıcak yemekten sakının. Zira o yemeğin bereketini giderir. Size soğuk tavsiye ederim. Zira onun yenmesi daha afiyetli, bereketi daha büyüktür.

— Yemeğin hemen arkasında hilallenin ve ağzınızı çalkalayın. Bu sivri dişler ve azı dişleri için sıhhat vericidir.

— Yemeğin temizliği; yemeği, dini ve rızkı artırır.

— Akşam yemeğini bırakmayınız. Bir avuç hurma da olsa. Onu terketmek insanı çabuk kocaltır.

Yemeğin Allah'ın zikri ile namazla eritilmesi, yemek üzerine uykuya yatılmaması, yoksa kalblerin katılaşacağı bildirilmiştir.

— Müslümanlar Allah (c.c.)'ın helâl kıldığı yiyecekleri yer, çünkü Allah'ın haram kıldıklarında şifa yoktur.

İçecek Hususunda:

Yüce Allah buyuruyor:

"Yiyiniz, içiniz israf etmeyiniz. Çünkü Allah israf edenleri sevmez." (A'raf sûresi, âyet: 31)

Müslüman yeme ve içmesinde bu âyet-i kerimeyi rehber edinir. Yemede olduğu gibi meşrubatta da i'tidal üzere olmalıdır.

— Haram olan içkilerden kaçınmalıdır, zira o her şerrin anahtarıdır.

— İçki derttir. Devâ değildir.

— Resûlullah (s.a.v.) Efendimiz, içilecek şeylerden en çok sütü, şerbetlerin içinde en çok bal şerbetini severlerdi.

Uyku

Her canlının mutlaka dinlenmeye ihtiyacı vardır. Bitkiler ve ağaçlar dahi çiçeklerini, ürünlerini belli aylarda verirler. Diğer aylarda dinlenirler. İnsanlar da, hayvanlar da dinlenir. Dinlenmenin fazlası tembellik azı ise yetersizdir.

Uyanıkken çalışan, yorulan, hareket eden vücut uykuda şarj olur, dinlenir. Vücudun yıpranan yerleri onarılır. Uyanıkken ölen hücrelerin yerine uykuda yenisi oluşur.

Uykuda önemli olan süresi değil, dinlendirici olmasıdır.

Yüce Allah buyuruyor:

"Uykunuzu bir dinlenme vasıtası yaptık." (Neb'e sûresi; âyet: 9)

Uykuyu yaratan Allah'tır.

— Erken yatmalı, erken kalkmalıdır. Resûlullah (s.a.v.) yatma hususunda:

"Yatsı namazından sonra konuşmak ve sohbet etmek yoktur." buyurmuştur.

— Sabahleyin erken kalkanlar hakkında da şöyle dua edilmiştir:

"Allah'ım ümmetimden sabahları erken uyananların ve erken işbaşı yapanların zamanını ve kazancını bereketlendir."

— Namaz için müslümanlar şafaktan önce kalkarlar. Bir habere göre bir kimse namaz kıldığı yerde işrak kılıncaya kadar otursa, deniz köpüğü kadar da günahı olsa, mağfiret olur.

— Ne güzel adettir, kuşluk uykusu, denmiştir.

— Yatılacak yer temiz olmalıdır.

— Vücudun bir kısmı güneşte, bir kısmı gölgede kalmamalıdır.

— Müslüman yüzüstü yatmaktan nehy olunmuştur.

Temizlik

Temizliğe gereği gibi önem vermeyen bir müslüman, müslümanlığın bu yönünü bilmiyor veya biliyor da önemsemiyor demektir. Bir hadis-i şerifte:

"Temizlik imânın yarısıdır."(16) buyurulmuştur.

Temizliğe dikkat etmeyenler, ya imânı zayıf, ya akılları noksan, ya çok tembel ya da kötü alışkanlıkların esiri olmuşlardır. Bir evde çöp olursa, o evde bereket kaldırılmaktadır.(17) Kur'ân'ı Kerim'in otuz yerinde temizliğe değinilmesi, İslâm'ın mâ'nevi ve maddi temizliğe ne kadar çok kıymet verdiğini gösterir.

Allahû Teâlâ (c.c.) buyuruyor:

"Şüphesiz ki Allah çok çok tevbe edenleri ve temiz olanları sever." (Bakara sûresi, âyet: 222)

"İslâm, gerek maddi ve gerek manevî, rûhî taharet ve nezâfete büyük bir ehemmiyet vermiştir. Bu iki kısım temizlik arasında büyük bir ilgi vardır. Bunlardan biri diğerinden ayrılmaz. Hatta bunlardan herbiri, bir bakımdan maddî ise diğer bakımdan da mânevidir. Abdest gibi.

İslâm'da; maddî şeyler ile kirlenen vücûdu, elbiseyi ve mekânı temizlemek titizlikle uyulması istenen bir vazifedir.

Başlıca maddî temizlik gereken yer ve hususları ise şöyle sıralayabiliriz. İslâm'da esas olan her ne sebeple olursa olsun kirlenen vücudu, giyeceği, yeri vesâireyi su ile temizlemektir. Bu temizlik ameliyesi, temizlenecek şeyin haline göre, farz, sünnet veya müstehap olur.

— Namaz kılabilmek için abdest almak ve icab edince gusl etmek farz olan bir temizlik vazifesidir.

Müslümanlar için yüzde, kulakta, burunda, tırnaklarda saç ve sakalda bulunan kirleri gidermek, saçları tarayıp bağlamak, "insanların nefretine meydan vermemek" sünnet olan bir nezâfet vazifesidir.

---

16 Ramuz-el Ehadis, 1-221.
17 Ramuz-el Ehadis, 1-250.

— Her müslümanın haftada bir kere olsun vücudunu yıkaması müstehabdır. Efdal olan Cuma gününde yıkanmaktır. Çünkü Cuma müslümanların bayramıdır.

— Müslümanın, uzayan tırnaklarını ve bıyıklarının fazla kısmını kesmesi müstehabtır.

Kol altındaki ve kasıklardaki tüyleri yolmak veya tıraş etmek müstehaptır. Bunlar haftada veya onbeş günde bir temizlenmelidir. Kırk gün kadar hali üzerine bırakmak tahrimen mekruhtur.

Şuurlu bir müslüman ağız ve diş temizliğine de dikkat eder.

Ağız temizliğine Resûlullah (s.a.v.)'ın gösterdiği özen O'nu: *"Ümmetime zor gelmeyeceğini bilseydim onlara her namazda misvak kullanmalarını emrederdim."* buyurmaya kadar götürmüştür.

Resûlullah (s.a.v.) soğan, sarmısak ve pırasa yiyenlerin melekleri rahatsız etmemek için koku geçinceye kadar camilere yaklaşmamasını şöylece emir buyurmuştur:

"Soğan, sarmısak ve pırasa yiyenler mescidimize yaklaşmasınlar. Çünkü melekler de insanların rahatsız olduğu şeylerden rahatsız olurlar."

Resûlullah (s.a.v.) Efendimiz, mü'min kimsenin insanlar arasına –temizlemeye gücü yettiği halde– kirli elbiselerle çıkmasını hoş görmemiş ve müslümanların dâima temiz elbiseli, güzel görünümlü olmalarını istemiştir.

İmam Ahmed ve Nesâî; Cabir (r.a.)'in şöyle dediğini rivayet ettiler: Resûlullah (s.a.v.) bize ziyaretçi olarak geldiğinde üzerinde kirli bir elbise bulunan bir adam gördü ve: *"Bu, elbisesini yıkayacak birşey bulamıyor muydu?"* buyurdu. Resûlullah (a.s.) Efendimizin beden ve elbise temizliğine gösterdiği itina şöyle anlatılmaktadır:

"Birisi O'nunla müsâfaha etse, (tokalaşsa) O'nun kokusu gün boyunca o zatın elinde devam ederdi. Elini bir çocuğun başına koysa O'nun temiz ve güzel kokusu ile o çocuk diğer çocuklar arasında farkedilirdi."[18]

---

18 Müslüman Şahsiyeti, sh: 36.

Saç Bakımına İtina Etmelidir

Resûlullah (s.a.v.) mü'minin, saçının dağınık bir vaziyette, ihmal edilmiş olarak bırakılmasını kötü görmüştür. İmam Mâlik Muvatta'ında, Ata b. Yesar'dan şöyle rivayette bulunmuştur;

Resûlullah (s.a.v.) mescidde iken saçı sakalı karışık bir adam girdi.

Resûlullah (s.a.v.) Efendimiz saçını sakalını düzeltmesini emreder gibi eliyle ona işaret etti. Adam da düzeltip geldi. Bunun üzerine Resûlullah (s.a.v.) buyurdu ki:

"Birinizin, şeytan gibi saçı başı dağınık olarak gelmesinden bu hal daha iyi değil mi?"

Görünüm

Müslüman, insanlar arasına girmeden önce kendini kontrol eder. Güzel bir görünümle, göze rahatlık verecek ve insanları kendisine ısındıracak bir şekilde insanların arasına girmeye çalışır.

Tefsircilerden Kurtûbî: *"De ki; Allah'ın kulları için çıkardığı ziyneti ve rızkın güzel olanlarını kim haram kıldı?"* âyetinin tefsirinde şöyle diyor: Hz. Aişe (r.a.)'nin şöyle dediği rivâyet ediliyor.

Resûlullah'ın ashabından bir gurub O'nu kapıda bekliyordu. Daha evden çıkmamıştı. Evde bir su küpü vardı. Resûlullah ona bakıp saçını ve sakalını düzeltmeye başladı. O'na: Ey Allah'ın Resûlü sen de mi bunu yapıyorsun? dediğimde bana: *"Evet! Birisi kardeşlerinin yanına çıkacağı zaman kendisini hazırlasın. Çünkü Allah güzeldir ve güzeli sever."* buyurdu.

Müslüman, bütün bunları ifrat ve tefritten uzak olarak orta yolu takib prensibine uygun olarak yapar. Zühd ve tevazuyu dış görünümü ihmal ve pislik içinde oturma mânâlarına almamak gerekir.

Resûlullah (s.a.v.) buyurmuşlardır ki:

"Allah güzeldir, güzeli sever. Kibir ise hakkı kabul etmeyip insanları hakir görmektir." (19)

---

19 Müslüman Şahsiyeti, sh: 39.

Bu anlayıştan hareket eden İmam Ebû Hanife (r.a.) güzel görünüş ve elbiseye, hoş koku ve giyimde inceliğe dikkat gösterirdi. Başkalarını da buna teşvik ederdi.

Bir gün dostlarından birini eski bir elbiseyle gördü. Onunla başbaşa kalınca yeni elbise alması için on bin dirhem verdi. Dostu O'na:

— Ben zenginim ve ni'met içindeyim. Verdiğin paraya ihtiyacım yok deyince, Ebû Hanife:

"Allah ni'metinin eserinin kulu üzerinde görünmesini sever hadisini bilmez misin? Din kardeşinin sana acımaması için kıyâfetini değiştirmen gerekir" dedi.

İslâm; süslenmekte aşırılığı ve insanı bu hayata kul yapacak ifratı, herşeyi bırakıp sadece giyim kuşamla ilgilenmeyi de yasaklamıştır.

Resûlullah (s.a.v.) Efendimiz bu husustaki aşırılığı yasaklayarak şöyle buyurdu:

"Dinar, dirhem, kadife ve ipek kumaşa düşkün kullar helâk oldu. Onlar kendilerine verilse razı olur verilmezse sabretmezlerdi." [20]

Bir tavsiye de şöyle gelmektedir: Elbiselerinizi yıkayınız, fazla tüylerinizi alınız. Dişlerinizi misvaklayın. Süslenin de. Kıyınızı köşenizi de temizleyin. Beni İsrâil böyle yapmadı da kadınları zina etti.[21]

Sağlığa Zararlı Şeylerden Korunma

Bu korunmaya hastalık getirici etkenlerden korunmak, hastalığa sebep olucu davranışlardan kaçınmak ve hastalıklara karşı direncimizi artırıcı önlemler almak girer.

Gereken aşılar yapılmalı, sağlıklı beslenmeli, sağlık kurallarına dikkat etmelidir.

---

20 Müslüman Şahsiyeti, sh: 40.
21 Ramuz-el Ehadis, 1-75.

Hastalanınca Tedavi

Hastalık belirtileri görülürse doktora gitmeli ihmal etmemelidir. Muayene ve tedavisi geciken hastalıkların iyileşmesi zorlaşır.

"Her hastalığın bir ilâcı vardır. Verilen ilâç hastalığı giderecek vasıftaysa, Allah'ın izniyle kişi o hastalıktan kurtulup iyileşir."

Nazar -Gözdeğmesi-

Resûlullah (s.a.v.) Efendimiz buyurmuşlardır:

"Göz değmesi haktır." (22)

Bâzı kimselerin, birşeye bakıp beğendikleri zaman "bakılan üzerinde menfî tesirler husûle geleceği" kabul edilmiştir.

Nazarı değen kimse, hatta herkes, beğendiği birşeyi görünce (Mâşâallah) demeli, ondan sonra o şeyi söylemelidir.

Nazar değen kimseye şifa için Âyetel-kürsî, Fâtiha, Mu'avezeteyn ve Nûn sûresinin son âyetinin okunması zikredilmiştir.

Sihir

Resûlullah (s.a.v.) Efendimiz buyurmuştur:

"İçkiye devam eden, sihre inanan, hısımlarından ilgisini kesen kimse cennete girmez."

İslâm hukukçularının bir kısmı sihri küfür saymışlar, bir kısmı da küfür kapısının aralandığını söylemişlerdir.

Kur'ân-ı Kerim'de, sihirbazların şerrinden Allah'a sığınmamız emredilmektedir. Zira sihirbaz ve büyücüler düğümlere üfleyerek karı-kocayı birbirinden ayırmaya çalışırlar, ayrıca bazı insanlara kötülükte bulunmayı tasarlarlar. Cinlerin ve düğümlere üfleyen büyücülerin şerrinden emîn olmak için, Muavvateyn sûrelerinin okunması tavsiye edilmiştir.

---

22 Ramuz-el Ehadis, 1-224.

Hz. Âişe (r.a.)'dan şöyle rivâyet edilmiştir:

"Resûlullah (s.a.v.) akşam olup yatağına uzanmak istediği zaman hemen her gece iki avucunu birleştirip onlara üfleyerek "Kul huvallah'ı" ve "Kul eûzü bi Rabbi'l-falak" ile "Kul eûzü bi-Rabbî'n nâsi" sûrelerini okur, üfler sonra da iki elinin bedeninden dokunabilecek her yerine sürer, tabiî önce başına ve yüzüne sürmekle başlar ve bunu üç defa tekrarlardı."(23)

Arapça İfadeli Muskalar

"Açık bir Arapçayla mânâsı anlaşılır şekilde Hz. Peygamber'den sâbit olan dualar bazı şifâ âyetleri, Mu'avezeteyn gibi sûreler ile işlenmiş muskalardan bâzı fakihlerce şer'i mahzur görülmemiştir. Bunun gibi hasta veya yılan ya da akrep tarafından ısırılmış kimseler üzerine Fatiha ve bâzı sûre veya âyetleri şifâ ve rahmet niyetiyle okuyup sonra da el ile meshetmek ağzın ıslaklığını çıkarmadan hafifçe üflemek de câiz görülmüştür. Nitekim İmam Nevevî Hâfız İbn Hacer ve diğer âlimlerden bunun meşrûiyeti hakkında icmâ'vaki olduğu rivâyet edilmiştir. Muskanın veya okunan şeyin bizatihi te'sir etmeyeceğine ancak Allah'ın izniyle, kudretiyle, inayetiyle te'sir edeceğine inanmalıdır."(24)

Yer Değiştirmek

Hz. Peygamber tedâvide, tebdîl-i mekân ve tebdîl-i havaya da yer vermiştir.

Medîne'de hastalanan Ureynililer Hz. Peygamber'e gelerek: "Biz ziraat ehli değiliz, hayvan ehliyiz (yâni bedeviyiz, çöllerde yaşarız) bize burası yaramadı" dediklerinde Hz. Peygamber onları hazîne mallarının otlatıldığı kıra gönderir. Ayrıca yeni girdikleri evde uğursuzluğa maruz kaldıklarını söyleyen kimselere de evi "satma veya hibe etme" yoluyla terketmelerini tavsiye etmiştir.(25)

---

23 Aile Eğitimi, 1-426-427.

24 Aile Eğitimi, 1-428.

25 Hz. Peygamber'in Sünnetinde Terbiye, sh: 248.

Müslümanda Bulunması Gereken Hasletler

Her müslüman hayatta ahlâk unsurunun değerini ve İslâm'daki önemini bilmelidir.

İslâm kendi prensiplerine kalbden inanılmasını ister, kalbî ve vicdanî tasdike önem gösterir.

Kur'ân-ı Kerim'de şöyle buyurulmaktadır:

"Bedeviler "inandık" dediler. De ki: Siz iman etmediniz. Öyle ise "İslâm olduk" deyiniz. -Çünkü- henüz iman kalblerinize yerleşmedi." (Hucurat sûresi; âyet, 14)

İnsanın aklı, ruhu ve kalbi İslâm'ın Rabbani parlak nuruyla tamamıyla aydınlanmış olmalıdır. Çünkü insan mahlukatın en değerlisidir ve mutluluğu ona bağlanmıştır. İnsanı üstün ahlâkın yüksek seviyelerine çıkarmak maddeci ilmi icraatın çok fevkinde birşeydir. Medeniyetin keşfettiği top, füze, uydu, televizyon, vs. insanı mutlu etmez.

Medeniyet insanın yaratılış gayesini hedef edinmedikçe, bu en önemli noktayı ihlal ettikçe, kargaşalık devam edecektir. Medeniyet edebiyatı yapmakla meseleler hallolmamaktadır.

İnsan denen varlık, ancak İslâm dininin telkin ettiği ahkâma ve davet ettiği insani ve şerefli üstün ahlâka bağlı kaldıkça yüksek düzeyde sosyal olacaktır. Mutluluk, yalnız müslüman ferd, müslüman aile, müslüman topluma mahsustur.

Müslüman saflarında gördüğümüz geri kalmışlık, ayrılık, dağınıklık, düşmanlık, ilgisizlik, savaşlar, hep sağlam iman bağından kopmaların ve İslâm ahlâkından uzaklaşmaların delillerindendir. Müslümanlar, Allah (c.c.)'ın ebedi metoduna sadık kalsaydılar bütün bunlar olmayacaktı. Var gücümüzle insani değerlerin, hakim kılınmasına çalışmalıyız. Hem Rabbimiz iman ümmetine yardım edecektir.

"İnananlara yardım etmek bize hak olmuştur." (Rum sûresi; âyet, 44)

İslâm, güzel ahlâk gibi genel ifadelerde bulunmasıyla beraber sadece bununla yetinmez, onların neler olduğunu tek tek açıklar, teferruat üzerinde dahi durur. Müslümanın kulluğunu, temeyyüz ettiği ileri düzeydeki sosyal şahsiyetini göstermek için bütün bu nasları teker teker ele alması gerekmektedir. Unutulmamalıdır ki: İyilik çürümez, günah unutulmaz, Allah (c.c.) da ölmez. İstediğimizi yapabiliriz, fakat karşılığını bulacağızdır.(26)

Allah (c.c.)'ı ve O'nun Rasulü'nü Sevmek

İslâm ümmeti, Allah (c.c.)'ı ve O'nun Resûlu'nu sevmenin farz olduğunda ittifak etmişlerdir.

Allahû Teâlâ Hazretleri Kur'ân'da şöyle buyuruyor:

"Allah onları sever, onlar da Allah'ı severler!" (Mâide sûresi, âyet: 53)

Muhabbet; sevgi, dostluk ve kendisinden lezzet duyduğu şeye ruhun meyletmesi demektir.

Allah için muhabbet, makamların en son gâyesi ve derecelerin en yüksek noktasıdır.

Resûlullah (s.a.v.) Efendimiz bir dualarında şöyle buyurmuşlardır:

"Allah'ım! Beni senin sevgin, seni sevenin sevgisi ve beni senin sevgine yaklaştıracak şeylerin sevgisiyle rızıklandır. Senin sevgini bana soğuk suyu sevmekten daha sevimli kıl."

Enes bin Mâlik (r.a.) rivayet etmiştir ki; Resûlullah (s.a.v.) Efendimiz buyurmuşlardır: *"Sizlerden herhangi biriniz-ben kendisine ana ve babasından, çocuğundan ve bütün insanlardan daha sevgili olmadıkça kâmil bir iman sâhibi olamaz. Kalbde iman demek, Allah (c.c.)'ı sevmek demektir.*(27)

---

26 Ramuz-el Ehadis, 1-194.
27 Ramuz-el Ehadis, 1-192.

İmam-ı Rabbânî (k.s.) buyurmuştur:

"Resûlullah'a (s.a.v.) uymaya çalışmak insanı Mahbûbiyet makamına kavuşturur".

Cenâb-ı Hak bu hususta Kur'ân'da şöyle buyurmuştur:

"De ki: Eğer Allah'ı seviyorsanız bana uyun ki, Allah da sizi sevsin ve günâhlarınızı bağışlasın!" (Âl-i İmrân sûresi, âyet: 31)

Sehl Hazretleri de şöyle buyurmuştur:

"Allah sevgisinin alâmeti, Kur'ân sevgisidir. Allah ve Kur'ân sevgisinin alâmeti, peygamber sevgisidir. Peygamber sevgisinin alâmeti, âhiret sevgisidir. Âhiret sevgisinin alâmeti, dünyayı sevmemedir. Dünyayı sevmemenin alâmeti, ondan ancak kendisine âhirete ulaştıracak (orada mutlu olmasına vesile olacak) bir azığı edinmektir.

Hakiki bir muhabbetin meyveleri, kendine kalpte, lisanda ve âzâlarda belli eder."

Allah (c.c.) İçin Bir Kimseyi Sevmek

Fudayl bin İyad:

"Kişinin sevgi ve şefkat yoluyla müslüman kardeşinin yüzüne bakması ibadettir." demiştir.

Rivâyete göre: Hz. İsâ (a.s.) buyurdu ki:

"Allah'a isyân edenlere düşman olmakla, kendinizi Allahû Teâlâ'ya sevdiriniz, âsîlerden uzak durmakla Allahû Teâlâ'ya yaklaşınız, onlara sert davranmakla Allahû Teâlâ'nın rızâsını kazanınız".

— Yâ Resûlallah, kiminle oturalım? dediklerinde:

"Gördüğünüz zaman, size Allahû Teâlâ'yı hatırlatan, konuşması ilminizi arttıran, amelleri ve işleri size âhiret için çok çalışma şevk ve zevkini veren kimselerle oturunuz." buyurdu.

İmam Gazâlî Hazretlerinin Kimyâ-yı Saâdet'inde şöyle yazmaktadır:

Allahû Teâlâ peygamberinden birine vahiy gönderdi ve buyurdu ki: *"Zâhidliği seçmekle kendi rahatını düşündün. Zira bununla dünyâ ve dünyâ sıkıntılarından kurtuldun. Bana ibadetle meşgul olmanda kendi izzetini elde ettin. Fakat dikkat et, sevdiklerimi benim için sevdin mi, düşmanlarıma benim için düşmanlık ettin mi?"*

Mekteb, yolculuk ve aynı mahallede bulunmak sebebiyle olan dostluk, görüşme ve alışkanlık, Allah için sevme değildir. Yüzü güzel, sözü tatlı diye veya kalbine hoş geldiği için bir kimseye sevmek de, Allah için değildir. Makam, mal veya dünya maksatlarından bir maksat için bir kimseyi sevmek de, Allah için değildir. Allah için olan dostluk ve sevgi imansız ele geçmez. Bu da iki derecedir:

Birinci derece:

Bir kimseyi, yaptığı ve yapacağı birşeyden dolayı sevmektir. Ama bu şeyler dini bakımından olmalıdır ve Allah için yapılmalıdır. Hocayı ilim öğrettiği için sevmek gibi... Bu Allah için olan sevgidir. Ama bundan da maksat, makam ve mal değil, âhiret olmalıdır. Maksad sırf dünya menfaâtı olursa, bu sevgi Allah için olmaz. Üstâd talebesini ilim okuttuğu için severse ve ona ilim öğretmekten amacı Allahû Teâlâ'nın rızâsını kazanmak olursa sevgisi Allah için olur.

İkinci derece:

Bu daha yüksektir. Bir kimseyi yalnız Allahû Teâlâ (c.c.) için sevmek olup ondan hiç bir fayda düşünmemektir. Ne ilim öğrenir, ne de ilim öğretir, ne de dinine hizmet ve yardım için herhangi bir iyilikte bulunur. Onu yalnız Allahû Teâlâ'ya itâat ettiği için, Allahû Teâlâ'yı sevdiği için sever. Allahû Teâlâ Hazretlerini sevmekte iki çeşittir:

Biri; dünya ve âhiret ni'metleri için, diğeri; yalnız Allah'ı sevmek olup araya hiçbir vâsıta konmaz. Bu ise daha üstündür.

Allahû Teâlâ'yı sevmenin kuvveti, iman kuvveti derecesindedir. İman ne kadar kuvvetli olursa sevgi o kadar kuvvetli olur. O zaman sevgi Allahû Teâlâ'nın sevdiklerine sirâyet eder. Vefat eden Peygamberler, evliyâ ve âlimlerin hepsinin sevgisi mü'minlerin kalplerinde meydana gelmektedir.

Allah (c.c.) İçin Düşmanlık Nasıl Olur?

Allahû Teâlâ'ya itâat edenleri Allah için seven kimse, kâfirleri, zâlimleri, âsileri ve fâsıkları yine Allah için düşman tutar. Çünkü bir kimseyi seven, onun dostlarını sever, düşmanlarına da düşman olur. Allahû Teâlâ, kâfirleri zâlimleri, âsileri ve fâsıkları sevmez. O halde bir müslüman fâsık olursa, müslümanlığı için sevilir, fıskı için de düşman bilinir.

Allahû Teâlâ'ya isyân edip muhâlefet edeni, kendine yapmış gibi kabul edip muhâlefi miktârınca onu düşman bilmek, emirlere uyması kadarda sevmek lâzımdır.

Rec'â ve Havf

Rec'â, Allahû Teâlâ'dan ümit, havf, Allahû Teâlâ'dan korkmak demektir.

Havf ve recâ isimleri, şüpheli ve tereddüt edilen şeylere verilir. İslâm ahlâkçıları Allah (c.c.) rızasını kaybetme endişesine havf, bu rızayı ummaya da recâ demişlerdir.

Rec'â

Basiret sahipleri; dünyanın âhiretin bir tarlası, kalbinde bir toprak, imanın oraya ekilen tohum, taat ve ibadetin de toprağa nadas edip temizlemek ve su arklarını açmak gibi olduklarını, dünyaya meyledip dalan kalbin de çorak toprak gibi mahsül vermediğini, kıyâmet gününün de harman mevsimi olup herkesin ektiği mahsülünü orada biçeceğini, iman tohumunu kalbine ekmeyenin orada bir mahsül alamayacağını, kalp körlüğü ve kötü ahlâk ile, imanın faydasının az olacağını söylemişlerdir.

O halde bir kulun Allah'dan mağfiret ümidi, tarla sahibini mahsül ümidi gibi olmalıdır. Kişinin verimli bir arâzi bulup nadasını yapması, oraya iyi tohum ekmesi, sonra da su, gübre ve benzeri ihtiyaçlarını temin edip mahsülün bitmesine engel olacak yabancı maddelerden temizledikten sonra her türlü âfetten korunması için, Allah'a duâ edip ümit ettiği gibi olmasını beklemesi Rec'â'dır.

Rec'â, kulun irâdesi altına giren sebeblerin hepsini hazırladıktan sonra sevileni beklemeye verilen isimdir. Öyle ki geride yalnız kulun irâdesi kapsamına girmeyen şeyler kalmıştır. O da Allah'ın fazlıdır.

Gerçek bir umut, ölene kadar hak yolda devamı mağfiret sebeblerini tamamlamak husûsunda imanın gerektirdiği şekilde hareket etmeyi sağlayan bir faktördür. Kerem ve fazîlet ümidiyle Allahû Teâlâ'ya ibadet etmek, cezâsından korkarak yapılan ibadetten daha iyidir. Zira ümidden muhabbet doğar. Muhabbet makamından ise yüksek makam yoktur. Cenâb-ı Hak ümidsizliğin aslını haram kılmıştır.

Allahû Teâlâ Hazretleri buyuruyor:

"Allahın rahmetinden ümidinizi kesmeyiniz." (Zümer sûresi; âyet: 53)

Allah'ın kerih gördüğü şeylere meyledip kendini yermeyen, tevbe ve ricaya yönelmeyen kimsenin mağfiret umması çorak, yere tohumu atıp hiç bir sûretle tarafına bakmadan ondan mahsul bekleyenin ki gibidir, bu ahmaklıktır.

Bir tarlanın çorak, suyun kesad olduğunu ve tohumun bitmeyeceğini anlayan kimse, artık o tarla ile meşgul olmaz. Bunun için rec'â makbûldur, insanı tahrik eder.

Ümitsizlik mezmûmdur, insanı işinden alıkor.

Rec'â, rağbet yolu ile teşvik vâsıtası olduğu gibi korku da haşyet yolu ile tahrik aracıdır.

Rec'â Tedavisi ve Rec'âyı Arttırıcı Sebepler

İki grup insan rec'â bakımından tedâviye muhtaçtır.

Birisi ümitsizliğe düşüp tamamen ibâdeti terkeden, diğeri de fazla korkuya kapılıp kendini ve ailesini rahatsız edecek şekilde ibadete dalandır. Bunların ikisi de itidâlden ayrılmış olup biri tefrit ve diğeri de ifrâta kaçmıştır.

Onun için bunları îtidâle sevkedecek tedâviye ihtiyaçları vardır. İsyâna dalıp ibadete yüz çevirmek sûretiyle Allah'a ümid bağlayan kimselere, korkuyu harekete getirecek sebepler hatırlatılır.

Bütün vasıf ve ahlâkta aranan iktisad ve îtidâldir. İşlerin hayırlısı da orta derecesidir. Hz. Ali (r.a.) *"Gerçek âlim, cemâatını Allah'ın mekrinden emin kılmayıp rahmetinden de ümidsizliğe düşürmiyen kimsedir."* demiştir.

Kitab ile sünnet, havf ile rec'âyı içine almıştır. Rec'â iki şey ile galebe çalar. Birincisi ibret almak, ikincisi de âyet, hadis ve haberleri okumaktır.

İbret Almaya Gelince:

Bu çeşitli ni'metleri düşünmekle olur.

Allahû Teâlâ'nın kullarına verdiği sayısız ni'metleri, insan göz önünde bulundurduğu, şâyân-ı hayret hikmetleri, vücudunun devamında zaruri olan gıda maddeleri gibi şeyleri kendisine nasıl bahşettiğini, muhtaç olduğu organları, ayrıca süs olarak yay gibi kaşlar, kirpikleri, pembe dudakları ve benzerlerini yarattığını bildiği vakit, şöyle düşünebilir: Bütün bunları, ayrıca çeşitli ziynetleri insana veren Allahû Teâlâ bunların ebedî helâkine nasıl râzı olur?

İnsan ölümü istemez. Ölümü istememesi, yalnız yok olmaktan hoşlanmadığı için değil, dünyadaki ni'met sebeblerinin çokluğundandır. Ölümü temenni edenler, çok az kimselerdir. Onlar da pek ender hâllerde ve garîp vak'alarda ölümü isterler.

Dünyada çoğunluğun huzur ve refahda olduğuna, Allahû Teâlâ'nın sünnet ve âdetinde de değişiklik olmayacağına göre, âhiretin de, böyle olması kuvvetli bir ihtimaldir, der. Zira dünya ve âhireti sevk u idâre eden kullarını bağışlayan, onlara karşı son derece merhametli olan Allahû Teâlâ'dır. İnsan, böyle gerçek bir şekilde düşündüğü vakit, ümit tarafı kuvvetlenir. İbret alma taraflarından birisi de dünya düzenini sağlamak ve kulları için bir rahmet vesilesi olmak üzere teşrî hikmetini düşünmektir.

Rec'â Hakkında Bir Âyet ve Hadisler

"De ki: "Ey kendilerinin aleyhinde (günahda) haddi aşanlar, Allah'ın rahmetinden ümidinizi kesmeyin. Çünkü Allah bütün günahları bağışlar. Şübhesiz ki O, çok bağışlayandır, çok esirgeyicidir." (Zümer sûresi; âyet: 53)

Hz. Enes'in rivâyetinde, Resûl-i Ekrem (s.a.v.):

"Kul bir günâh işlediği zaman aleyhine olarak defterine yazılır" buyurdu. Bedevî'nin biri:

— Tevbe ederse ne olur? deyince, Resûl-i Ekrem:

— *Defterinden silinir,* buyurdu. Adam:

— Tekrar günah işlerse ne olur? diye sordu. Resûl-i Ekrem:

— *Tekrar yazılır,* buyurdu. Adam:

— Tekrar tevbe ederse? Resûl-i Ekrem:

— *Tekrar silinir,* buyurdu. Adam:

— Defterden günahın silinmesi ne zamana kadar devam eder? dedi. Resûl-i Ekrem:

— *Tamamen tevbe edip Allah'a yönelinceye kadar devam eder,* buyurduktan sonra devamla: *"Kul istiğfar'dan usanmadıkça Allahû Teâlâda mağfiretten usanmaz. Bir kul bir haseneye niyet ettiği vakit, daha onu yapmadan sağdaki melek, hemen defterine bir sevab yazar.*

Niyyet ettiği bu iyiliği yaptığı vakit, bire on nisbetinde artırarak yazar, sonra da yediyüz dereceye (ve daha fazlaya) *yükseltir. Kötülük yapmağı niyet ettiği vakit, yapmadan birşey yazılmaz. Niyyet ettiği bu kötülüğü yaptığı vakit defterine bir günah olarak geçilir. Bununla beraber ilerde Allahû Teâlâ'nın af ve mağfireti vardır."* dedi.

Yine Hz. Enes'in rivâyet ettiği uzun bir hadîsde: Bedevi'nin biri Resûl-i Ekrem'e "Bütün bu insanların hesabını kıyâmet gününde kim tâkîb edecek." dedi. Resûl-i Ekrem: *"Allahû Teâlâ tâkib ede-*

cek" buyurdu. Bedevî: "Bizzat kendisi mi?" diye tekrar etti. Resûl-i Ekrem yine: *"Evet"*, deyince, Bedevi güldü. Resûl-i Ekrem Bedeviye: *"Niçin güldün"* buyurdu. Bedevî: "Kerem sahibi, gücü yettiği vakit affeder, hesab gördüğü vakit de müsamaha eder" dedi. Bunun üzerine Resûl-i Ekrem: *"Bedevi doğru söyledi. Allah'dan daha keremli kimse olamaz. O, bütün keremlilerden keremlidir."* dedikten sonra: *"Bedevî fakıh oldu."* buyurdu.(28)

Havf

Korku; hoşlanılmayan birşeyin gelecekte vuku'unu beklemek sebebiyle kalbin sızlamasından ve yanmasından ibârettir.

Hoşlanılmayan şeyin sebeblerini bilmek, kalbin yanmasını ve sızısını alevlendiren ve körükleyen bir müessirdir. Bu yanma korkunun kendisidir.

Bazan Allah'tan korkmak, kişi Allah'ı tanıdığı ve sıfatlarını bildiği için olur. Zira o dilerse âlemleri helâk eder; kimse ona karşı koyamaz.

Bazan da işlediği ma'siyyetlerin çokluğunu düşünür de Allah'tan korkar.

Bazan da her ikisini bilmek, bu ma'rifeti sebebiyle nefsinin ayıplarını düşünmesi, Allah'ın celâlini, onun herşeyden müstağni olduğunu, yaptıklarından sorguya çekilemiyeceğini, halbuki sorguya tutulacaklarını bilmesi korkusunun büyümesine sebeb olur.

Zira, insanların Allah'tan en çok korkanı, nefsini ve Rabbini en iyi bilenleridir. Bunun için Resûl-i Ekrem Efendimiz:

"Ben Allah'tan en çok korkanınızım" buyurmuştur.

Tanıma, –kemâle erince– korkunun şiddetlisini ve kalbin yanmasını doğurur. Sonra yanmanın eseri kalbden bedene ve organlara sirâyet eder.

---

28 Gazâlî'den Vaazlar, sh: 616-619 (özet).

Korku ile kalbde zillet, huşû ve teslimiyet duyguları vücût bulur. Kibir, kin, hased oradan ayrılır. Kişi nefsini murâkâbe ve muhâsebe eder.

Bedene sirâyetine gelince; âzâlarla işlenilen günâhlardan el çeker, geleceğe hazırlanmak için de onları ibadete bağlar.(29)

Korku Hakkında Âyetler ve Haberler

Allahû Teâlâ kendisinden korkanlar için hidâyet, rahmet ilim ve rızâyı şu üç âyette toplamıştır, bu âyetler korkunun fazîletini gösteren delillerdir.

"Hidâyet ve rahmet o kimselere mahsustur ki onlar Rablerinden korkarlar." (A'râf sûresi; âyet: 154)

"Allah onlardan râzı olmuştur; bunlar da O'ndan hoşnut olmuşlardır. İşte bu (saâdet) *Rabbin* (in ıkabın) *olan korkan(lar)a mahsusdur."* (Beyyine sûresi; âyet: 8)

"Allah'tan kulları içinde ancak âlimler korkar." (Fâtır sûresi; âyet: 28)

"İlmin üstünlüğüne delâlet eden herşey korkunun faziletini de delâlet eder. Çünkü korku ilmin mahsûlüdür."(30)

Allah'ın azabından emin olanlar: Fir'avnlar, câhiller ve ahmaklardır.

Rivâyet edilmiştir ki, Ebu Bekir Sıddık (r.a.) bir kuşa hitâben:

"Ey kuş! Keşke senin gibi olsaydım. Beşer olarak yaratılmasaydım!" demiştir.

Hz. Âişe (r.a.) vâlidemiz: "Keşke adım ve sanım olmasaydı," demiştir.

Atâ Es-Sülemî korkan kullardan birisiydi. Hiçbir zaman Allah'tan cenneti istememişti. Ancak Allah'tan af dilerdi. Hastalığında ona denildi ki:

— Senin canın hiçbir şey istemiyor mu?

---

29 Gazâlî'den Vaazlar, sh: 620-621 (özet).
30 Kimyâ-yı Saadet, sh: 654 ve 649.

O dedi ki:

— Cehennem korkusu, kalbimde, şehvet için yer bırakmamıştır.

Muâz bin Cebel (r.a.) demiştir:

— "Mü'min bir kimse cehennem köprüsünü arkasına bırakmadıkça korkusu dinmez."

Hâtim-i Âsem demiştir ki:

— Güzel, süslü yerlere aldanma cennetten daha iyi yer yoktur. Âdem aleyhisselâma ne olduğunu biliyor musun? Cennetten çıkarıldı. Çok ibadet ediyorum diye övünme. İblis'in ne gördüğünü biliyor musun? Binlerce sene ibadet etti, sonra göklerden kovuldu. İlmin çokluğuna güvenme. Bel'am-ı Baur ilimde o derecede idi ki, İsm-i Âzamı bilirdi. Hakkında ise: "Onun gibileri köpek gibidir." buyuruldu. Bunlara benzer haberler çoktur. Dikkat buyurunuz ki onlar korktular siz emînsiniz. Ya onların çok günâhı vardı da sizin yoktur yâhut onların ma'rifeti çok idi ve sizin ise ma'rifetten haberiniz yoktur. Sizler sayısız günâhlarla ve gafillik hükmü ile eminsiniz. Onlar basîret ve mârifet ile ve çok ibadet ile korkulu idiler.

Murâkabe

Cenâb-ı Hak buyuruyor:

"Nerede olursanız olun mutlaka O (Allah), sizinle beraberdir. Allah yaptıklarınızı görüp bilendir." (Hadîd sûresi, âyet: 4)

Müslümanlar, küçük yaştan îtibâren, Allah'ın herşeyi görüp gözettiği, herşeyi duyduğu, herşeyin gizli ve açığını bildiği, bütün tutumlarında ilâhi gözetim ve denetim altında bulundukları hususunda eğitip öğretilmeli bunu hayat boyu hissetmelidirler.

Murâkabe, murâkıbı düşünmek, bütün düşünceyi ona sarf etmektir.

Resûlüllah (s.a.v.) bir hadis-i şerifte buyurmuştur: *"Allah'a sanki O'nu görüyormuşsun gibi kulluk yap! Zira eğer sen onu görmezsen muhakkak o seni görür."*

İnsanın bütün işleri sevab, günah veya mübah olmaktan hali değildir.

Kişinin tâatlerdeki murâkabesi İhlâs-İkmâl-edebe riâyet etmek ve onları âfetlerden koruması iledir.

Eğer isyân içinde ise onun da murâkabesi tevbe, pişmanlık, ma'siyyetlerin hepsini terketmek, utanmak ve düşünce ile meşgul olmaktır.

Eğer bir mübah işliyorsa, onun murâkabesi de edeb gözetmektir.

Kul bütün hâllerinde sabretmesi gereken bir belâdan ve şükretmesi icab eden bir ni'metten hâli olamaz. Bunların hepsi de murâkabe işidir.(31)

Muhâsebe

Muhâsebe, hesâba çekmek demektir.

Yüce Allah buyuruyor:

"Ey iman edenler! Allah'tan korkun! Ve herkes yarın için önden ne göndermiş olduğuna baksın!" (El-Haşr sûresi; âyet: 18)

Bu âyet geçmiş ameller üzerinde muhâsebeye işârettir. Nitekim Cenâb-ı Hak buyuruyor: *"Ey mü'minler! Hepiniz Allah'a tevbe ediniz ki, dünya ve âhiret saâdetine kavuşasınız."* (En-Nûr sûresi; âyet: 31)

Tevbe ise bitirdikten sonra fiile bakıp fiilden ötürü pişmanlık duymaktır.

Meymun bin Mihran'dan rivâyet edilmiştir: "Kul nefsini ortağından daha fazla hesâba çekmedikçe müttaki kimselerden olamaz! Hâlbuki ortaklar iş yaptıktan sonra hesablaşırlar."

Allah'a ve âhiret gününe iman etmiş akıl sahipleri, hesâba çekilmeden önce nefislerini hesâba çekerler."

Hz. Ömer (r.a.) şöyle demiştir:

"Hesâba çekilmenizden önce nefislerinizi hesâba çekiniz. Tartılmadan önce tartılınız. (Allah tartmadan önce amellerinizi tartınız.)"

---

31 İhyâ-ı Ulûm-id Din, cilt 8, sh: 115-119 özet ve Gazali'den Vaazlar, sh: 671-627.

Susmanın Fazileti

Lisanın tehlikesi büyüktür. Onun tehlikesinden kurtuluş ancak susmakla mümkündür.

Allah (c.c.)'ın nizâmı susmayı övmüştür.

Resûlullah (s.a.v.) Efendimiz bu hususta şöyle buyurmuştur:

"Size ibadetin en kolayını ve beden için en rahatını haber vereyim mi? Susmak ve güzel ahlâk..." (32)

Hasan-ı Basrî Hazretleri, Resûlullah'ın bize şöyle dediği zikrolundu, demiştir:

"Allah o kuldan râzı olsun ki, konuşup ganimet sâhibi olur veya susup selâmette kalır." (33)

İsâ Aleyhisselâm'a:

— Bize öyle bir şey öğret ki, onunla cennete girelim, denildi.

— Hiç konuşmayınız, buyurdu.

— Buna gücümüz yetmez, dediler.

— O halde sâdece hayır konuşunuz, buyurdu.

Resûlullah (s.a.v.) Efendimiz:

"Aç kimseyi doyur! Susuza içir! Emr-i bil mâ'ruf yap! Münkeri yasakla! Eğer gücün bunlara yetmiyorsa, hayır hâriç dilini tut!" (34) buyurmuştur.

Başka bir hadis-i şerifte de şöyle buyurmuştur:

"Mü'minin lisanı kalbinin arkasındadır. Konuşmak istediği zaman o şeyi önce kalbiyle düşünür, sonra konuşur. Münâfığın lisanı ise kalbinin önündedir. Birşey söyleyeceği zaman onu düşünmeden söyler." (35)

Hasan-ı Basri hazretleri:

— "Lisanını korumayan bir kimse, dinini hakkıyla bilmiş değildir" demiştir.

---

32 İhyâ-ı Ulum-id Din, cilt 6, sh: 382.
33 İhyâ-ı Ulum-id Din, cilt 6, sh: 383.
34 İhyâ-ı Ulum-id Din, cilt 6, sh: 384.
35 İhyâ-ı Ulum-id Din, cilt 6, sh: 385.

Susmanın fazîleti lisânın âfet ve zararlarının çokluğundandır. İmam-ı Gazâlî; "yanlışlık yapmak, yalan, gıybet, kovuculuk, iftira, riya, münafıklık, kötü konuşmak, tartışmak, nefsi tezkiye etmek, bâtıla dalmak, başkası ile kavga etmek, boşa konuşmak, hakikati tahrif etmek, hakikate ilâvelerde bulunmak veya hakikatten eksiltmek, halka eziyet etmek veya halkın nâmusuna saldırmak, hep lisan âfetlerindendir" der.

"Bu âfetlerin hepsi de dilde dolaşır, dile ağır gelmezler, gönlün hoşuna giderler. İnsanın tabiatından ve şeytanın vesveselerinden bunlara teşvik vardır. Bu âfetlere bir kere dalan kimse, kolay kolay kendini bu âfetlerden kurtaramaz. Sevdiği bu şeylerde dilini serbest bırakır, ancak hoşlanmadıklarından dilini çekebilir. Bunlar ilmin kapalı meselelerindendir. Bu âfetlere dalmakta insan için çok büyük tehlikeler vardır. Susmakta ise selâmet vardır. Bunun için susmanın fazileti çok büyüktür. Kişi susmakla aklını başına alır. Susmada vakar vardır. Fikir, zikir ve ibadet için huzur vardır. Dünyada dedikodulardan, âhirette de bunların hesâbını vermekten kurtuluş vardır."

Resûlullah (s.a.v.) Efendimiz de:

"Susan kurtulur" buyurmuştur.

İmam-ı Gazâlî, İhyâ-i Ulûm-id Dîn'de konuşmayı dört kısma ayırır:

1- Hepsi zarar: Bu kısımda susmak mutlak lâzımdır.

2- İçinde hem zarar hem de menfâat olan konuşma: Susmak lâzımdır. Çünkü menfâatı zararına karşılayamayabilir.

3- İçinde ne menfâat, ne de zarar olan konuşma: Bu fuzûli konuşmadır. Fuzûli konuşmakla meşgul olmak zamanın zâyi edilmesi demektir. Zamanın zâyi edilmesi de zararın tâ kendisidir. O halde konuşmanın dörtte üçü düştü.

4- Tümü menfâat olan konuşma. Bu dörtte birin içinde de tehlike vardır. Zira bu kısma riyânın inceliklerinden, tasannu, nefsi tezkiye etmek ve fuzûli konuşmak gibi günâh olan nesneler karışır.

Hakkı Söylemek

Cenâb-ı Hak şöyle buyuruyor:

"Mü'min kullarıma söyle, en güzel şekilde konuşsunlar." (İsrâ sûresi, âyet: 53)

Şeyh Sadi-î Şirazî de;

"İki şey akıl hafifliğine delâlet eder; söyleyecek yerde susmak, susacak yerde söylemek,"(36) demektedir.

Fahr'ül İslâm Pezdevi ise: "Hak hususunda susmak haramdır," demiştir.(37) Bir çok âyet-i kerime ve hadis-i şerif bizlere, hakkı söylemek ve nasihat etmekte vazifeli olduğumuzu apaçık bildirmektedir.

Affetmek

Afv: Hataları bağışlamak ve hakkı olan, olması gerekli şeyden kendi isteğiyle vazgeçmek demektir.(38) Günahkâr kimse hakkında lâyık olduğu muahezeyi bir lütuf olarak terketmek mânâsına gelmektedir. "Sahf"da, bir meseleden dolayı göz yummak, başa kakmamak, başkasının işlediği suç ve kusurun bıraktığı tesiri içten giderip intikam duygusunu atmaktır. Cenâb-ı Hak buyuruyor.

"Şimdi sen onlardan yüz çevir ve iyi davran." (Hicir sûresi; âyet: 85)

Allah (c.c.) haksızlığa, tecavüze uğrayan kimsenin hakkını almaya kudreti yettiği halde bunu yapmayıp hasmını affetmesini öğütler.

Müttaki müslüman, affedicidir. Bir kişide kısas ve diyet gibi hak ettiği bir hakkı olsa onu almayıp bu hakkından vazgeçicidir. İslâm zulme uğrayan kimseye, nefsinin de aynı şekilde zulümle davranma isteğine boyun eğmemesini tavsiye etmiştir. Affederek suçu bağışlamada büyük sevap vardır.

---

36 Gülistan, sh: 14.

37 Prof. Dr. M. Ebu Zehra, Ebu Hanife, trc. O. Kesikoğlu, sh: 397.

38 Ahmet Rıfat-Tasvir-i Ahlâk, sh: 37.

Bir âyet-i kerimede:

"Kim afveder ve islah ederse onun mükafatı Allah'a aittir" buyurulmaktadır. (Şûra sûresi; âyet: 40)

İnsan başkası adına suç bağışlayamaz, ancak kendisine karşı işlenen bir suçu bağışlayabilir.

Fenalık, iyilikle karşılanırsa, kalpler kazanılır, insanlar arasında yakınlık meydana gelir. Kötülüğe karşı iyilikle ve en güzel olanla karşılık vermek büyüklerin işlerindendir.

Mütevâzî zâtlar, cehâletle kendilerine karşı yapılan bir hakârete mâruz kalırsa "selâmetle" derler. Cenâb-ı Hak bu hususta Kur'ân'da buyuruyor:

"O Rahmân'ın kulları (o kimselerdir) ki, yeryüzünde alçak gönüllü yürürler; câhiller onlara söz attığı vakit "selâmetle" derler." (Furkân sûresi, âyet: 65)

İmam-ı Gazâlî; "şahıslardan sâdır olan her zulme, benzeriyle karşılık vermek câiz değildir" diyor. Meselâ gıybete gıybetle, tecessüse tecessüsle karşılık vermek, sövmeye sövmekle mukâbele etmek câiz değildir. Diğer günahlar da böyledir. Kısas ve cezalandırma, Allahû Teâlâ'nın belirttiği oranda ve nispette yapılır.

Haram olmayacak tarzda kişinin hasmına karşılık vermesi, dinimizce câiz görülmüştür.

"Esasında susup cevap vermemek daha güzel bir davranıştır. Çünkü böyle yapmak, cevâba başlamaktan daha kolay ve cevaptaki, şeriatın çizmiş olduğu hudud üzerinde durmaktan daha rahattır."(39)

Hz. Âişe Vâlidemiz, Allah Rasûlünün: *"Kim ki, kendisine zulmedenin aleyhinde beddûada bulunursa, zulmedenden hakkını almış ve bedduâsı nisbetinde zâlimdeki hakkını kaybetmiş olur."* buyurduğunu haber vermiştir.

---

39 İhyâ-ı Ulum-id Din, cilt 7, sh: 54.

Hz. Enes (r.a.) anlatmıştır:

Resûlullah (s.a.v.) şöyle buyurdu:

"Kullar kıyâmet gününde Allah'ın huzurunda durdukları zaman bir dâi (çağırıcı) *şöyle bağırır:*

—Allah katında ecir ve sevâbı olan bir kimse ayağa kalksın ve cennete girsin!

Bu söz üzerine oradakilerden birisi Resûlullah'a sordu:

–Allah katında ecir ve sevâbı olan kimdir?

Resûlullah (s.a.v.) ona şu cevabı verdi:

— Halkı affedenlerdir! Binaenaleyh şu kadar bin kişi ayağa kalkar ve hesaba çekilmeden cennete girer." [40]

"İslâm'da işlenen suçun affedilmesi için özür dilenmesi gereklidir. Bunun genel adı Tevbe'dir. Aksi halde suç bağışlanmaz. Bundan dolayı afva varmak için şu yol takip edilir:

Suç-İstiğfâr (Tevbe)-Af

Gerçekten Allah, Hz. Adem (a.s.) ile Hz. Havva'yı özür diledikleri için affetmiş, şeytanı ise affetmemiştir."

İnsan bağışlamaya ve hoş görülü olmaya alışırsa bu güzel ahlâk onun nefsinde yer eder. Böylece intikam ve hırs tutkusundan uzak yaşar.

Hilm

Hilm; Gadabın insan nefsine hâkim olduğu bir zamanda cezalandırmaya ve intikam almaya gücü yettiği halde kişinin bu fikirden vazgeçip itidâle dönmesidir.

İnsan fazla öfke anında dengeli olmayı, öfkesini tutmayı öğrenmeli, yaşadığı zaman dilimi içinde hilm ile ziynetlenmelidir. Böyle kişilere toplumumuzda övgü mâhiyetinde, "halim-selim bir insan" denir.

---

40 İhyâ, 7-54.

"Hilm, aklın kemâline delâlet eder."

Hilm, öfke kuvvetinin kırılması ve öfkenin akla teslim olmasıdır.

— Halim kimse, Allah (c.c.)'in sevgisine erişir.

— Hilm, Resûlullah (s.a.v.) Efendimizin ziyneti ve ümmetinden isteğidir.

Resûlullah (s.a.v.) Efendimiz genellikle şöyle duâ ederdi:

"Allahım! Beni ilimle zenginleştir, hilmle (yumuşak huyluluk) ziynetlendir, takvâ ile bana ikramda bulun, sıhhat ve âfiyetle beni güzelleştir."

— Hilm, dereceleri yükseltir.

— Hilm, ilmin yakını olmuştur.

Bu hadis-i şerifte şöyle buyurulmaktadır:

"İlim, vakar ve yumuşaklık isteyin. İlim öğretirken ve öğrenirken ahlâkınızı güzelleştirip yumuşak davranın; haddini aşan kibirli âlimlerden olmayın, sonra cehliniz hilminize gâlip gelir."

Hz. İsa (a.s.) yahudilerden bir gurubun yanından geçer. Onlar Hz. İsâ (a.s.)'a çirkin lâflar atarlar. Hz. İsâ'da onlara hayırlı ve güzel sözlerle cevap verir. Hz. İsa (a.s.)'dan sorarlar:

— Onlar çirkin, sen ise hayırla konuşuyorsun. Bu nasıl olur?

Hz. İsa (a.s.) cevap olarak buyurur ki:

— Herkes yanındaki sermâyeden harcar.

Hükemâdan birisine bir kişi: Sana öyle bir küfredeceğim ki seninle beraber kabrine girecek der. Hakimde ona:

— Benimle beraber değil seninle beraber kabrine girer, diye cevap verir.

Hz. Ali'nin torunu, Hz. Hüseyin'in oğlu Ali Zeynelâbidîn, mescide gitmek üzere bir gün evinden çıkar. Yolda bir adam ağır bir dille kendisine hakârette bulunur. Yanındakiler o adama müdâhale etmek istediklerinde "Ona el sürmeyin" diye onlara engel olur. Sonra da o dili bozuk adama dönüp şöyle der:

"Ey kişi! Ben senin dediğinden de kötü bir insanım, benim hakkımda bilmediklerin, bildiklerinden daha çoktur. Eğer o taraflarımı da öğrenmeye ihtiyacın varsa sana anlatayım."

Bu yumuşak ve dokunaklı sözler üzerine o şahıs yaptıklarına utanır. Zeynelâbidîn Hazretleri, üzerindeki sırma işlemeli elbiseyi ona verir ve ayrıca yanındakilere bin dirhem verilmesini emreder. O kişi Zeynelâbidîn'in bu tutum ve davranışı üzerine hem utanır, hem sevinir ve şöyle der.

"Ben şehâdet ederim bu genç cidden Resûlullah (s.a.v.) Efendimizin torunudur!"

Bu davranışı ile Zeynelâbidîn, şu beş haslete sâhip olmuştur:

1- Halimlik gösterip kızmamak.
2- Eziyeti ortadan kaldırmak.
3- Adamı Allah'tan uzaklaşmaktan kurtarmak.
4- Adamı pişman olup tevbe etmeye teşvik etmek.
5- Adamı övgü ve medhe mecbur edmek.

Ve Zeynelâbidîn, bütün bunları dünya nimetlerinden az bir miktarla temin etmiştir. Yumuşak huyluluk yolunu seçen kimsenin her zulmü kabul edip kendisini ezdirmesi de çirkindir. Hilm de bu derece, düşmanın, kötü insanın cür'et ve cesâretini arttırır.

Şefkat (Rıfk)

Müslamanlıkta, "Allahû Teâlâ'nın emirlerine riâyet, hürmet, mahlûkâtına şefkat" büyük bir esastır. Şefkat korku ile karışık merhâmetten ileri gelen bir ruh hâlidir ki, başkalarının uğradığı veya uğraması ihtimâli olan nâhoş durumlar karşısında meydana çıkar. Şefkat, saf ve temiz kalpli insanların belirgin özelliklerindendir.

— Yumuşak ve şefkatli davranana ateş haram olur.

Bir hadis-i şerifte şöyle buyurulmuştur:

"Kıyâmet günü cehenneme girmeyeceklerin kimler olduğunu biliyor musunuz? Kolaylaştıran, yumuşak davranan ve cana yakın

olan herkese kıyâmet gününde ateş haram olur. Yâni bu sıfatlara sâhip olan kimseleri ateş yakmaz."

— Yumuşaklığın hayrın tamamı olduğu zikredilmiştir.

Bir hadis-i şerifte şöyle buyurulmuştur:

"Şefkat ve yumuşak huyluluktan mahrum olan kimse, bütün hayırlardan mahrum olmuştur."

— Şefkatte uğur vardır.

Resûlullah (s.a.v.) Efendimiz:

"Şefkat dolu yumuşaklık uğurdur; kabalıkla dolu bilgisizlik uğursuzluktur" buyurmuştur.

— Resûlullah (s.a.v.) Efendimiz, şefkati herşeyin ziyneti kılmıştır.

Hz. Âişe Vâlidemizden rivâyet edilmiştir;

Bir seferde Resûlullah ile beraber yola çıkmıştık. Ben serkeş bir devenin sırtında bulunuyordum. Deve beni sağa sola götürüyordu. Bunun üzerine Allah'ın Resûlü şöyle buyurdu:

"Ey Âişe! Deveye şefkat göster. Çünkü şefkat, herhangi bir işe girdi mi onu süsler. Herhangi bir işten çıktın mı mutlaka onu çirkinleştirir." (41)

Rıfk (yumuşaklık) Allah (c.c.)'ın yüce sıfatlarından biridir.

Yumuşaklık, Cenâb-ı Hakk'ın kulları üzerinde görmeyi istediği iyi hasletlerdendir. İnsanlar, tabiatları gereği kabalıktan ve sertlikten nefret ederler.

Bir vaiz Me'mun'un huzuruna girmiş ve onu incitici bâzı sözler söylemiş. Me'mun bunun üzerine: "Be adam! Biraz yumuşak ol! Bilmez misin ki, Allahû Teâlâ senden daha iyilerini (Mûsa ve Hârun'u), benden daha kötü birine (Firavun'a) gönderdiğinde onlara şu tavsiyede bulunmuştu:

"Ona yumuşak söz söyleyin, belki öğüt dinler veya korkar." (Tâhâ sûresi, âyet: 44)

---

41 İhyâ-ı Ulum-id Din, cilt 7, sh: 74.

İnsan kalplerine ancak yumuşaklık ve şefkatle nüfûz edilebileceğinden, İslâm dâvetçileri dâvetlerini bu düsturu esas olarak yapmalıdırlar.

Ebû Anv el-Ensârî:

"Konuşulan her sert ve ağır sözün yerini tutacak daha yumuşak sözler vardır, insan onları konuşmalıdır." demiştir.

İmam-ı Gazâlî şöyle demiştir.

"Kâmil mü'min o kimsedir ki, şefkat yerlerini şiddet yerlerinden iyi ayırır ve her emre hakkını verir. Eğer kişinin basireti kısa ise veya herhangi bir hâdisenin hükmü kendisine şüpheli gelirse mutlaka şefkate meyletsin. Zira en büyük kurtuluş şefkattedir."

Allah (c.c.)'in yer halkında kabları vardır ki, bunlar sâlih kulların kalbleridir ve onların içinde en hoşuna gideni ise yumuşacık ve yufka olanlarıdır.(42)

Şükür Etmek

Şükür, sözlükte, nimeti düşünüp ortaya çıkarmaktır. Şükür, Allah (c.c.)'ın nimetlerine karşı memnunluk göstermektir.

"Şükür kıymetli bir mertebedir. Derecesi yüksektir. Şükredenler Kur'ân ve hadislerde övülmüştür."

Nitekim Cenâb-ı Hak (c.c.) Kur'ân-ı Kerim'de:

"Şüphesiz biz şükredenleri mükâfatlandıracağız" buyuruyor. (Âli İmran sûresi, âyet: 20)

Şeytanın desiselerinin gâyesinin insanları şükürden uzaklaştırmak olduğu ve şeytanın bundan pek hoşlandığı Kur'ân-ı Kerim'de şöyle anlatılmaktadır:

"Sonra, andolsun, onların önlerinden, arkalarından, sağlarından, sollarından kendilerine geleceğim (musallat olacağım). *Sen de onların çoğunu şükredici* (kimse)*ler bulmayacaksın."* (Araf sûresi, âyet: 17)

---

42 Ramuz-el Ehadis, 1-129.

Bir diğer âyet-i kerime'de Cenâb-ı Hak (c.c.) nimetin artış sebebini şöyle bildiriyor:

"Andolsun; eğer şükrederseniz elbette size nimetimi artırırım." (İbrâhim sûresi, âyet: 8)

Bir ni'metin kadrini bilip şükretmek, o ni'metin artmasına sebep olur.

Alliyyül Havvas da:

— Halk tabakasının şükrü, yemek, giymek ve içmek üzerinedir. Havassın şükrü ise, kalplerin vâridatı üzerinedir, demiştir.

Âmelî şükür: Kalp, dil ve beden ile olur. Kalp ile olan şükür, herkes için iyilik istemek, kimseye hased etmemektir. Dil ile olan şükür, şükretmek ve Elhamdüllillah demek ve her hâlde, ni'met sâhibine memnuniyetini izhar eylemektir.

Beden ile yapılan şükür, bütün âzâların, O'nun tarafından bir ni'met olduğunu bilmek ve ne için yaratılmış iseler, o işte kullanmaktır. Hepsi âhiret için yaratılmıştır. O'nun istediği ise bunları âhiret için kullanmandır. Verdiği ni'meti, istediği ve sevdiği işe sarfedince şükrünü yapmış olursun."[43] Bütün ibadetler şükürdür.

Hamdetmek

Resûlullah (s.a.v.) Efendimiz buyurmuştur ki:

"Kıyâmet gününde;

"Çokca hamdedenler ayağa kalksınlar." diye çağırılır.

Böylece bir zümre ayağa kalkar. Onlara bir bayrak dikilir. Ve böylece onlar cennete girerler."

— Bu çokca hamdedenler kimlerdir? diye sorulunca Resûlullah (s.a.v.) Efendimiz cevâben;

"Onlar her hâlükârda Allah'a şükredenlerdir" buyurdu.[44]

---

43 Kimyâ-yı Sâadet, özet, sh: 621-622.
44 İhyâ-ı Ulum-id Din, cilt 8, sh: 448.

Allah'ın takdir ettiği ve seçtiği herşeyde hikmetler vardır. Nice kullar vardır ki, kendileri için hayır, fakir ve hasta olmalarındadır. Eğer sağlıklı ve varlıklı olsaydılar Hakk'a karşı geleceklerdi. Nice kullar da vardır ki, kendileri için hayır, zengin ve sıhhatli olmalarındandır. Eğer hakir ve hasta olsaydılar isyân edeceklerdi.

İnsan sıkıntı ve belâ içinde de olsa bollukta da olsa hamdetmelidir.

"Küfür ve günahlardan başka belâlaların içinde senin bilmediğin nice iyilik olabilir. Allahû Teâlâ senin iyiliğini senden daha iyi bilir. Her belâya beş sebepten hamdetmelidir.

1- Bedene ve dünya işine gelip âhiret için olmayan belâdır. Sehl-i Tüsterî'ye, bir kimse; "Hırsız evime girdi ve eşyaları götürdü", dedi de Sehl; "Şeytan kalbine girse ve imanını götürse ne yapacaktın?" dedi.
2- Hiçbir belâ ve hastalık yoktur ki ondan beteri bulunmasın.
3- Âhirete bırakılan her cezâ dünyadakinden şiddetli olur. Belâ, günahlara kefârettir. Günâhsız olunca cezâ da olmaz.
4- Levh-i Mahfûzda bu belâ sana yazılmıştı. O halde bunu atlatınca şükretmek, hamdetmek gerekir.
5- İki yönden âhirette sevâba kavuşmağa sebep olur. Bir, hadis-i şerifte bildirildiği gibi belâlara sabredip hamdetmenin büyük sevabı vardır. Diğeri, bütün günahların başı dünya ile yakınlık kurmaktır. Dünyada kim, belâlara mübtelâ olursa kalbi dünyadan nefret eder.

Şükürde Kusurun Sebepleri

Allahû Teâlâ (c.c.) Kur'ân-ı Kerim'inde şöyle buyuruyor:

"Şayet Allah'ın nimetlerini saymaya kalkışsanız bitiremezsiniz." (Nahl sûresi, âyet: 18)

İnsanların şükürde kusûr etmelerinin bir sebebi, Allahû Teâlâ'nın ni'metlerinin çokluğunu hakkıyla bilmemelerindendir. Diğer sebeb de verilen ni'metin, ni'met olduğunu anlamamalarındandır.

Büyüklerden birisinin huzûrunda, bir kimse fakirlikten şikâyet etti. O büyük:

— Gözlerin görmese ve buna karşılık on bin gümüşün olsa ister misin? dedi.

Şikâyet eden kimse;

— Hayır diye cevâb verdi. O büyük zât;

— Aklın olmasa ister misin? dedi. O,

— Hayır, dedi.

— Kulağın duymasa ister misin?

— İstemem.

— Elin ayağın olmasa ister misin?

— Yine istemem, dedi. O büyük buyurdu ki:

"O halde O'nun senden elli bin gümüş alacağı vardır. Niçin şikâyet ediyorsun?"

Hakiki Nimet

"Kişinin dünya menfaatından faydalandığı ve faydalanmayı arzu ettiği şeylere nimet denir. Hakikatte nimet, uhrevî saâdettir. Onun dışındakilere nimet ve saâdet demek, ya yanlıştır, veya mecâzîdir. Âhirete yardım etmeyen dünyevî saâdete nimet ismi vermek gibi... Zira dünyevî saâdete nimet demek, apaçık bir yanlıştır. Bazan nimet ismini dünyevî birşeye vermek doğru olur. Fakat onu âhiret saâdetine itlâk etmek daha doğrudur. Şu halde her sebeb ki, insanı âhiret saâdetine vardırır ve ona bir veya birkaç vasıta ile yardım eder, o sebebe nimet ismini vermek hem sıhhatlidir, hem doğrudur. Çünkü bu sebep hakiki nimete vardırır.(45)

Sahabeden birisi: "Ey Allah (c.c.)'ım ben senden nimetin tamamını talep ediyorum," deyince Resûlullah Efendimiz (s.a.v.) "Sen nimetin tamamının ne olduğunu biliyor musun?" diye sorarlar. O

45 İhyâ-ı Ulum-id Din, cilt 8, 5, 502.

kimse "Hayır" cevabını verince; Peygamberimiz "Nimetin tamamı cennete girmektir." buyurmuşlardır.[46]

Hayır Yapmayı Sevmek

Hayır; iyilik demektir. Her meşru olan mal ve menfaat bir hayırdır. Hakkın ihsanıdır. Allahû Teâla'nın rızasını kazanmaya vesile olan her güzel amel bir hayırdır.

Hayırhahlık: Allah'ın nimetinin yararlı olduğu bir kimsenin elinde devamlı kalmasını veya zail olmuşsa öyle bir nimetin yeniden ona ulaşmasını dilemektir. Devamlı hayır istemek ve insanlara hayır yapmak fikrini taşımaktır.

Hayırhahlık: Hayrı diğer şeylere tercih etmektir. Hayırhahlık dilemek vaciptir.

Hayırhahlık, ruhun saffetinden ileri gelir. Hayır müesseseleri, hayırhahlığın eseridir.

Hayırhahlık, müttaki müslümanların davranışlarından biridir.

Tevbe

Allahû Teâla (c.c.) Kur'ân'da şöyle buyuruyor:

"Ey Mü'minler! Hepiniz Allah'a tevbe edin. Ta'ki korktuğunuzdan emin ve umduğunuza nail olasınız." (Nur sûresi, âyet: 31)

Lügat mânâsı ile tevbe, rücu etmek-dönmek, demektir.

Şeriatte tevbe; dinde kötü ve çirkin olan söz ve davranışlardan, tasvip edilmeyen hallerden yine dinde güzel ve iyi olan, amellere rücu etmek, dönmek; günah ve isyanı terkin, insanı Allahû Teâlâ'ya ve cennetine yaklaştıran güzel ve makbul işlerden olduğunu bilmektir.

Kul, günahlarını sadece Allah (c.c.) rızası için terketmelidir. Tevbe bir nevi pişmanlıktır. Aynı günahı bir daha işlememeye azmetmektir.

---

46 İhyâ-ı ulum-id Din, cilt 8-512.

Resûlullah (s.a.v.) Efendimiz *"Pişmanlık tevbedir"* buyurmuştur.

Başka bir hadis-i şerifte şöyle buyurulmuştur:

"Günahın keffareti pişmanlıktır." (47)

Âlimlerin bazıları büyük günahları şu şekilde sıralamışlardır:

1- Allahû Teâla'ya şirk-ortak-koşmak.
2- Günaha devamda ısrar etmek,
3- Allahû Teâla'nın rahmetinden ümidini kesmek.
4- Allahû Teâla'nın azabından emin olmak.
5- Yalan yere şahitlik etmek.
6- Namuslu bir kadına zina isnad etmek.
7- Doğruyu yanlış, yanlışı doğru göstermek için yalan yere yemin edip başkasının malını almak.
8- Büyü yapmak.
9- Sarhoşluk veren içkiler içmek
10- Haksız yere yetim malı yemek.
11- Fâiz yemek.
12- Zina etmek.
13- Livâta yapmak.
14- Adam öldürmek.
15- Hırsızlık yapmak.
16- Savaş alanından kaçmak.
17- Ana ve babaya karşı gelmek.

Tevbenin Şartları

1- "Şerîata uymayan işlerine pişman olmaktır.
2- Her hal ve zamanda bütün kötülükleri ve kötü sözleri terk etmektir.
3- Günah ve kötülükten yapmış olduğu şeyleri ve onlara benzer işleri bir daha yapmamağa azmedip kesin olarak karar vermektir." (48)

---

47 İhyâ-ı Ulum-id Din, cilt 8-234.

48 Günyetü't Tâlibîn, sh: 191.

İmam-ı Gazâlî, küçük günahı büyük günaha çeviren sebepleri şöyle sıralamıştır:

1- Israr, yani küçük günaha devam etmektir.

2- Günahı küçük görmektir. Bu hususta Resûlullah (s.a.v.) Efendimiz şöyle buyurmuştur:

   "Mü'min günahını, başı ucunda asılı bir dağ gibi görür ve üzerine yıkılacağından korkar. Münâfık da günahını, hemen uçurabileceği burnuna konan bir sinek gibi görür."

3- Günahı ile sevinmek, onunla böbürlenmek. "Onu nasıl perişan ettim" veya "onu nasıl rezil ettim gibi"... Konuşma ve davranışlar bu türdendir.

4- Gizli işlediği günahı, toplum içinde anlatmaktır. Bu, Allah'ın onun günahını örtmesini kendinden kaldırmak, dinleyenleri kötülüğe teşviktir.

5- Allahû Teâlâ'nın günahı, teşhir etmeyip gizlemesini ve kendisine mühlet vermesini günahlardan başkası tarafından bilinmesini kişi, kendisi hakkında bir yardım sanır ve bunun bir imtihan ve ağır ağır helâkine sebep olacağından korkmaz.

6- Küçük günahı büyük günah yapan sebeplerden biri de küçük günahları işleyen kimsenin, örnek kabul edilen bir âlim olmasıdır. Onun bu tür kötü davranış ve hareketleri, başkalarını da cesaretlendirir ve "yapılmayacak olsaydı, o yapmazdı" demelerine vesile olur.(49)

Herkes Tevbeye Muhtaçtır

"Tevbe, her müslümana farz-ı ayndır. Müslümanın tevbe dışında kalması tasavvur olunmaz. Çünkü insan, uzuv ve organlarıyla günah işlemekten uzak değildir. Bedeni ile günah işlemese, kalbi ile günaha düşmekten kurtulamaz. Bundan da kurtulsa, şeytanın kendi-

---

49 İhyâ-ı Ulum-id Din, cilt 8, sh: 287.

sini Allahû Teâlâ'yı anmaktan gafil bırakmak için çeşit çeşit hâtıra ve düşünceleri kalbine sokması ile meydana gelen vesveseden kurtulamaz. Ondan da kurtulsa, Allahû Teâlâ'yı sıfat ve fiilleri ile bilmekten meydana gelen gaflet ve kusurdan kurtulamaz. Bunların tümü, mü'minlerin hâl ve makamlarında olan derecelerin sayısı kadardır. Her hâl için tâat, günah, hudut ve şartlar vardır. Bunları akılda tutmak tâat, unutmak günahtır." (50)

"Gafletin zıddı ilim, şehvetin zıddı da şehvet tahrik eden sebepleri imhâ etmekte sabır göstermektir."

Halkı günahları terketmeleri için tevbeye teşvik etmekte faydalı olan çareler dört nevidir:

1- Günahkarları ve âsileri korkutan âyetleri hatırlatmak; ma'siyeleri yerme ve tevbe edenleri öven hadisleri ve büyüklerin sözlerini okumak.

2- Peygamberlerin ve geçmiş büyüklerin hikâyelerini ve günahları sebebiyle onların başlarına gelen musibetleri okumak.

   Meselâ; Hz. Âdem'in yanlış tutumu sebebi ile cennetten çıkarılması gibi.

   Bu ve benzeri hususları, günahta, ısrar edenlere, çokça söyleyip hatırlatmak gerekir. Hakikaten bunlar, tevbe sebeplerini harekete geçirmekte faydalıdır.

3- Onlara, dünyada uğranılan peşin cezanın günahlara dayandığını, kulun başına gelen bütün belâların kendi kötü davranışlarının sebebi ile olduğunu anlatmak, bunlarla onları korkutmak.

4- İçki içmek, zina etmek, hırsızlık yapmak ve daha başka ma'siyyetler gibi günahlara teker teker verilecek cezaları bildiren âyet ve hadisleri hatırlatmak.(51)

---

50 Günyetü't Tâlibîn, sh: 184.
51 Gazâlî'den Vaazlar, sh: 595-596.

Tevbe eden, geçmişte üzerinde Allahû Teâlâ'nın ve kulların hangi hakları olduğuna dikkat eder.

Allahû Teâlâ'nın kulları üzerindeki hakları iki kısımdır

1- Farzları yapmak,

2- Günahlardan kaçınmak.

Farzlar için, âkil-bâliğ olduğu andan itibaren geçen zamanı günü gününe hesap edip bu süre içine kılmadığı namazı, tutmadığı Ramazan orucu, zengin olduğu halde vermediği zekat varsa kişi, bunların kazasını yapmalı, gereklerini yerine getirmelidir. Ayrıca işlediği büyük-küçük bütün günahları için tevbe etmelidir. Üzerinde kul hakkı varsa ödemeli, herhangi birşey aldıysa bunları sahiplerine yoksa vârislerine vermeli, sağ olanlarla helâlleşmelidir. Kişi ömrünün bundan sonraki bölümünde çokça ibadet etmeli, kıyâmet günü günahlarına yetecek kadar iyi amel işlemelidir.(52)

Günahlardan sonra sekiz şey o günaha kefâret olur.

İmam-ı Gazâlî'ye göre bunların dördü kalbde olur. Bunlar, tevbe, veya tevbede azmetmek. Onu bir daha yapmamayı istemek, bu günahından dolayı azap göreceğinden korkmak ve afvı ümit etmektir.

Dördü de beden iledir: Günahtan sonra iki rekat namaz kılmak, arkasından yetmiş defa istiğfar etmek ve yüz defa "Sübhânallahi'l-Azîm ve bihamdihî" demek, elinden geldiği kadar sadaka vermek. Bir gün oruç tutmak.

"Hiçbir müslüman tevbenin dışında kalamaz. Çünkü baştan sona kadar, yaratıldığı andan yok oluncaya kadar günahtan uzak durmak ancak meleklere mahsustur. Günah ve isyana gömülmemek, bütün ömründe Allahû Teâla'nın emir ve yasaklarına karşı gelmek şeytanın mesleğidir. Günah işleme yolundan tevbe ederek, pişman olarak itâat yoluna girmek, Âdem aleyhisselâm'ın ve bütün insanların işidir." (53)

---

52 Kimyâ-yı Saâdet, sh: 630, 640.
53 Kimyâ-yı Saâdet, sh: 591.

Kişiye, dili ile söylediği fakat kalbin karışmadığı istiğfarın fazla faydası yoktur.

"Ancak dil ile yapılan istiğfar da sevaptır. Zira gafletten de gelse dilin istiğfarla meşgul olması, aynı saatte bir müslümanın gıybetiyle veya fuzulî bir konuşmasıyla meşguliyetinden daha iyidir. Dil ile de olsa istiğfar sükût etmekten daha hayırlıdır. Sükûta nispeten dil ile de olsa istiğfar etmenin fazileti böylece belirtilmiş oluyor. Fakat lisan ile yapılan istiğfar, kalb ile yapılan istiğfara nispeten çok eksiktir." (54)

Güler Yüzlü Olmak

İslâm müslümanı her zaman güleryüzlü olmayı teşvik etmiştir.

Resûlullah (s.a.v.) Efendimiz şöyle buyurmuştur:

"Kardeşini güzel yüzle karşılamak dahi olsa iyilikten hiçbir şeyi küçük görme." (55)

Abdullah b. el-Haris: "Resulullah (s.a.v.)'den daha çok tebessüm edeni görmedim" demiştir.

Resûlullah (s.a.v.) Efendimiz tebessüm ettiği zaman inci gibi dişleri görüldüğü bildirilmektedir.

Müslüman Ayıpları Örtücüdür

İslâm dini, başkalarının namusları hakkında ve aleyhinde konuşmaktan insanları men eden bir ahlâk sistemi getirmiştir. Müslüman her zaman toplumda başkalarının ayıplarını örtmeye çalışır. Ukbe b. Amir'e bir grup gelerek:

— Bizim, içki içen ve günah işleyen komşularımız vardır. Onları Halifeye şikayet edelim mi? dediler. Ukbe onlara şöyle cevap verdi:

— Hayır, Resûlullah (s.a.v.) şöyle buyururken işittim:

---

54 İhyâ-ı Ulum-id Din, 8-338.
55 Müslüman Şahsiyeti, sh: 174.

"Müslüman kardeşlerinin bir ayıbını görüp onu örten kişi canlı olarak gömülmüş birini kabrinden diriltmiş gibidir." [56]

Bir Hadis-i şerifte de:

"İnsanların kabahat ve kusurlarını inceleyecek olursan onları ifsad eder veya fesada düşürmeye yaklaşırsın." buyurmuştur.

Kötü kimsenin kabahati meydana çıkarılınca korkusu kalmaz, artık açıktan açığa kötülük işlemeye başlar.

Vakar

Cenâb-ı Hak Kur'ân-ı Kerim'de şöyle buyuruyor:

"Yürüşünde mu'tedil ol. Sesini alçalt. Seslerin en çirkini, şüphesiz eşeklerin anırışıdır." (Lokman sûresi, âyet: 19)

Vakar; lügatta ağırbaşlı, ciddi, temkinli anlamına gelen bir kelimedir. Güzel bir huydur. Vakar hilm ve ilmin alameti, salih kişilerin adetidir. Vakarda mevki ve haysiyetin icaplarını koruma vardır. İyilik, kıyafet ve görünüş güzelliği değil sükûnet ve ağırbaşlılıktır.

Bir insan mütevâzi olmakla başkalarının sevgisini, vakarlı olmakla da hürmet ve saygılarını kazanır.

Vakar, bir tekebbür hâli değildir. Kişinin dışarıda ve tenhada müsâve bir duruş üzere bulunmasıdır. Gıpta ile hasedin arasındaki gibi bir fark, vakar ile kibir arasında da vardır, bu muhafaza edilmelidir.

Hayâ

Müslüman, hayâ sâhibidir. Hayâ ise utanma, ar mânâlarına gelir. Çirkin şeylerden nefsin darlanması, edebe muhâlif bir hâdisenin zuhurundan dolayı kalbin bir rikkat ve ızdırap içinde kalması demektir.

---

56 Müslüman Şahsiyeti, sh: 185.

Resûlullah (s.a.v.) Efendimiz bir keresinde:

"Allahtan nasıl gerekiyorsa öylece utanın." diye buyurunca Ashab:

— Ey Allah'ın Rasûlü! Biz El-hamdülillâh, cidden Allah'dan utanıyoruz dediler. Peygamber (s.a.v.) Efendimiz ise şöyle devam ettiler:

— *"Hayır utanmak böyle değildir. Allah'tan gerektiği gibi utanmak, şöyle olur: "Başını ve başın kapsadığı azayı, karnını ve onun kapsadığı azayı koruman, ölümü ve* (ondan sonra yürüyüp toprak olmayı hatırlamandır) *âhireti* (hayatını) *isteyen, dünya süsünü terkeder ve âhireti dünyaya tercih eder. İşte böyle yapan, cidden Allah'dan gerektiği gibi hayâ etmiştir."* (57)

Utanmaktan sebep, iyilikle emretmekten, kötülükten men etmekten, misvak kullanmaktan, yamalı elbiseyi giyinmekten, yemekten sonra kabı sıyırmaktan, sofraya ve yere dökülen yemek kırıntılarını yemekten, duyulacak sesle selâm vermekten ve selâm almaktan, ezan okumaktan, imamlık yapmaktan ve benzeri sünnetleri terketmek, kaçınmak iyi değildir. Çünkü bunlardan kaçınmak, bunları terketmek kalp zayıflığından ve kâvi mümin olmamaktan veya riyâ ve kibirden ileri gelir. Bunların bir an hayâ olduğu farzedilse bile insanlardan utanmak sayılır, fakat Allah ve Resûlüne karşı küstahlık olur. Halbuki asıl Allah ve Resûlünden, utanmak gerekir; utanılmaya daha böyle layık olan onlardır. Kendisini yaratan, rızkını veren, ona doğru yolu gösterenden utanmayan, ilâhi emirleri, Hz. Muhammed'in sünnetlerini terkedip âciz mahlûktan utanan, onların övgüsünü, hoşnutluğunu arzulayan, onlardan gelecek haram mala göz diken, onların ayıplamasından kaçıp elem verici bir âzaptan sakınmayan kimsenin hâlini düşünün. Böyle bir şaşkınlıktan Allah (c.c.)'a sığnırız. (58)

---

57 Tarikat-ı Muhammediye, sh: 260.

58 Tarikat-ı Muhammediye, sh: 262.

Cömertlik

Müslüman cömerttir, eli açıktır, diğer fakir müslümanlara yardımda bulunur, çeşitli münâsebet ve vesilelerle hediyeler verir. Verdiklerinin Allahû Teâlâ Hazretlerinin nezdinde mahfûz olduğunu bilir.

Resûlullah (s.a.v.) Efendimiz cömertliğin müslümanların nefislerine yerleşmesi için özen göstermiştir.

Bir hadîs-i şeriflerinde şöyle buyurmuşlardır:

"Cömertlik cennet ağaçlarından bir ağaçtır. Onun dalları yere sarkıtılmıştır. O dallardan birisine yapışanı cennete doğru götürür." (59)

Cömetlik İslâmî ahlâkın üstünlüklerinden ve müslümanın güzel meziyetlerindendir. Resûlullah (s.a.v.)'a gelip:

– İslâmın hangisi (hangi ameli) hayırlıdır? diye soran sahâbiye Resûlullah (s.a.v.) Efendimiz:

"Yemek yedirmen, tanıdığın ve tanımadığın (herkese) selâm vermendir" buyurmuştur.(60)

Bir diğer hadîs-i şeriflerinde Resûlullah (s.a.v.) Efendimiz:

"Muhakkak herşeyin bir meyvesi vardır. İyiliğin meyvesi de iyilik yapılanı bekletmemek ve acele ihtiyacını görmektir."(61) buyurmuştur. Cömerdin övülmesi açısından bu hâdis-i şerif mânidardır.

"Cömerdin yemeği deva, cimriliğin yemeği hastalıktır." (62)

Allahû Teâla (c.c.)'nın veli kulları güzel ahlâklı ve cömerttir.

Enes b. Mâlik (r.a.) demiştir ki;

"Resûlullah (s.a.v.)'den İslâm adına hiçbirşey istenmemiştir ki vermesin. Bir defasında bir adama iki dağ arasını kaplayan bir koyun sürüsü verdi. Adam kavmine dönerek;

---

59 İhyâ-ı Ulum-id Din, cilt 7, sh: 271.
60 Müslüman Şahsiyeti, sh: 244.
61 İhyâ-ı Ulum-id Din, cilt, 7, sh: 375.
62 İhyâ-ı Ulum-id Din, cilt, 7, sh: 275.

— Ey kavmim! Müslüman olun. Çünkü Muhammed fakirlikten korkmayan biri gibi mal veriyor, dedi. Dünya malı için İslâma giren bu adama çok geçmeden, İslâm, dünyadan ve dünyadakilerden daha sevimli oluyor.

Cömertlik böyle olmakla birlikte müslümanı tefrite götürüp bütün malının elinden çıkmasına da sebep olmamalı, vârislerine hiçbirşey bırakmayacak kadar aşırıya kaçılmamalıdır.

İbn-i Abbas demiştir ki: Resûlullah (s.a.v.) insanların en cömerdi idi. En cömert olduğu zaman da Ramazanda Cibril'in kendisi ile karşılaştığı zamandır. Cibril Ramazanda her gece ona gelir. Resûlullah (s.a.v.) Kur'ân'ı ona okuturdu. Böyle zamanlarda Resûlullah (s.a.v.) rüzgâr gibi herkese cömertlikte bulunurdu.(63) Resûlullah (s.a.v.) Efendimiz ümmetini az da olsa sadaka vermeye davet etmiştir:

"Bir hurma parçası ile de olsa ateşten korununuz."(64)

İslâm, fakir olsun zengin olsun müslümanın hayrını esirgemeyen bir kimse olmasını istemiştir. Ve her müslümana gücü ve imkânı nisbetinde hayır kapılarını açmıştır.

Resûlullah (s.a.v.) Efendimiz bir defasında;

"Her müslümanın sadaka vermesi gerekir" buyurdu. Sahâbe:

— Ey Allah'ın Peygamberi! Ya bulamayan? diye sordular.

"Eliyle çalışır, kazanır ve tasadduk eder" buyurdu.

— Onu da bulamazsa? diye sordular. Resûlullah (s.a.v.) Efendimiz:

"İhtiyâç sâhibine yardım eder" buyurdu.

— Ona da güç yetiremezse? dediler. Resûlullah (s.a.v.) Efendimiz:

"İyilik yapsın, kötülüklerden kaçınsın. Bu onun için bir sadakadır." buyurdular.

---

63 Müslüman Şahsileti, sh: 245-246.
64 Müslüman Şahsiyeti, sh: 189.

İslâm, gerçeğe yöneliktir, müslümanlara güç getiremeyecekleri şeyleri yüklememiştir. İslâm, kişi hangi konuda olursa olsun müslümanlara kendisinden birşey sunmasını emretmiştir. Bu bir tebessüm de olabilir. Nitekim Resûlullah (s.a.v.) Efendimiz şöyle buyurmuştur:

"Her iyilik sadakadır."

İnsanlardan utandıkları için istemeye hâyâ eden fakirler vardır. Bunları araştırmalı, incitmeden ihtiyaçları giderilmelidir.

Cömertlik: "Sevaba nâil olmak için malı şer'ân ve insanlık icâbı farz olan miktarın üstünde harcamak, demektir." (65)

İsâr

İsâr, cömertlikten de büyüktür. Cömert, kendine lâzım olmayanı verir, İsâr ise kendine lâzım olanı da vermektir.

Allahû Teâlâ (c.c.) Hz. Ali (r.a.)'nin ailesi birkaç gündür açken elindeki az bir gıdayı diğer müslümana vermesini överek şöyle buyuruyor:

"Kendilerinin aşırı ihtiyaçları olsa bile diğer müslümanları öz canlarından fazla üstün tutuyorlar." (Haşr sûresi, âyet: 9)

Resûlullah (s.a.v.) Efendimiz buyurdu:

"Bir mü'min kişi birşeye aşırı iştahla istek duyar da buna rağmen aşırı arzusunu geriye itip başka bir kardeşinin nefsine tercih ederse, onun günahı afvolunur." (66)

"İsârın sevabı büyüktür." (67)

Allah (c.c.)'in öyle kulları vardır ki, onları insanların hâcetine tahsis etmiştir. Bunlar azâbı ilâhiden emindirler. (68)

Dinimiz, iyiliğe teşekkür etmeyi teşvik etmiştir.

---

65 Tarikat-ı Muhammediye, sh. 219.
66 İhyâ-ı Ulum-id Din, cilt, 7, sh: 319.
67 Kimyâ-yı Saâdet, sh: 503
68 Ramuz-el Ehadis, 1-129.

Resûlullah (s.a.v.) Efendimiz şöyle buyurdu:

"Kendisine iyilik edilen kimse o iyiliğe mukabelede bulunsun." (69) İyilik yapan teşekkürü haketmiş demektir. İyilik yapana teşekkür onun iyilik yapma arzusunu kuvvetlendirir. Aynı zamanda insanı iyiliği takdir etmeye alıştırır.

Resûlullah (s.a.v.) Efendimiz diğer bir hadislerinde şöyle buyurmuştur:

"Aza şükretmeyen, çoğa da şükretmez. İnsanlara şükretmeyen, Allah'a da şükretmez. Allah'ın (vermiş olduğu) *nimetten bahsetmek, onun değerini anlatmak şükürdür. Bunu terketmek küfranı nimettir. Cemaat* (topluluk) *rahmettir. Ayrılık* (zümrecilik) *azaptır."* (70)

İslâm bu güzel ahlâkı topluma yerleştirmek için insanlara teşekkürü Allah'a şükür ile birlikte zikretmiştir.

Taberânî Resûlullah (s.a.v.)'ın şöyle buyurduğunu rivâyet etmiştir.

"Allah Tebâreke ve Teâlâ'ya en çok şükreden insanlara en çok teşekkür edendir." (71)

Tevâzu

Tevâzû kişinin, Cenâb-ı Hak (c.c.)'ın büyüklüğünü ve kendi aczini anlamak esası üzerine gelişen fikre dayalı bir duygudur. Tevâzû kişiyi yükseltir.

Mü'minlerin annesi Hz. Aişe (r.a.) buyurmuştur ki;

"Siz, ibadetlerin en faziletlisini bilmiyorsunuz. O tevâzûdur."

Büyüklerden biri Hz. Ali (r.a.)'yi rüyasında gördü. "Bana nasihat verin" dedi. Hz. Ali (r.a.) da;

"Âhirette sevaba kavuşmak için, zenginlerin fakirler yanında mütevâzî olmasından büyük hangi iyi amel vardı! Allahû Teâlâ'nın

69 Müslüman Şahsileti, sh: 233
70 Tarikat-ı Muhammediye, sh: 264.
71 İhyâ; 7-571.

ihsanına güvenip fakirlerin zenginler yanında kibirli olmasından güzel hangi iyi iş vardır" buyurdular.

Resûlullah (s.a.v.) Efendimiz bir hadislerinde şöyle buyurdular: *"Allah için tevâzû gösteren hiçbir kimse yoktur ki, Allah onu (mertebesine) yükseltmesin."* (72)

Hasan-ı Basrî Hazretleri, "Tevâzû; evden çıkınca, gördüğün herkesi kendinden üstün bilmektir" demiştir.

Bir kelâm-ı kibar da: "Kim tevâzû ederse Allah onu yükseltir kim de tekebbür ederse Allah onun yüzünü yere sürter." demiştir.

Müslümanlık, mütevâzi olmayı teşvik ederken, diğer taraftan onun insanı zillete düşürecek olan derecesinden men etmiştir.

Sabır

Sabır büyük bir meziyettir. Sabır; acıya katlanmak, nefse ve bedene ağır gelen hallere telaş göstermeksizin mukavemet etmektir. Akıl ve dine muhalif şeylerden kaçınarak haps-i nefiste bulunmak da sabırdır. Farzları eda etmek ve bir günahı yapmamak sabretmeksizin olmaz. Dini makamların hepsi üç mertebede meydana gelir. Bunlarda marifet, hal ve ameldir. Marifet asıldır. Bu halleri, haller de amelleri doğurur. Sabır da bunlardan ibarettir. Sabır insana mahsustur. Hayvanlarda sabır yoktur. Onlar öyle yaratılmıştır. Dinin yardımcısı melekler, şehvetin yardımcısı ise şeytanlardır. Eğer din sebebi yani din kuvveti hevânın, yani nefsin arzularına kavgada diretirse ve bunda devam ederse buna sabır denir. Eğer dâima onunla kavga ederse, buna nefisle cihâd denir. O halde sabır demek, din kuvvetinin ve gayretinin, nefis kuvveti karşısında direnmesi demektir.

Sabrın büyüklüğü ve fazîleti sebebiyledir ki, Allahû Teâlâ (c.c.) Kur'ân-ı Kerîm'in, yetmişten daha çok yerinde sabrı bildiriyor.

Cenâb-ı Hak (c.c.) şöyle buyuruyor:

---

72 Müslüman Şahsileti, sh: 197.

"Sabredenlerin mükâfatını, şüphesiz yapmakta olduklarından daha güzeliyle vereceğiz." (En Nahl sûresi, âyet: 153)

Rivâyete göre Cenâb-ı Hâk (c.c.) Hz. Dâvud Aleyhisselâma şöyle vahyetti:

"Benim ahlâkımla ahlâklan. Muhakkak ki benim ahlâkımdan birisi de benim çokça sabreden olmamdır."

Allah'ın Resûlü, Ensar'ın yanına girince şöyle buyurdu:

— *Siz mü'min misiniz?*

Ensar sustular. Bu esnada orada bulunan Hazret-i Ömer (r.a.) dayanmayıp onların yerine:

— Evet yâ Resûlallah; diye cevap verdi.

Allah'ın Resûlü devamla:

— *Sizin imanınızın alâmeti nedir?* dedi.

Ensar dediler ki:

–Biz genişliğe karşı şükür, belaya karşı sabır ve kazaya karşı rıza gösteririz.

Bunun üzerine Allah'ın Resûlü (s.a.v.) şöyle buyurdu:

"Kâbenin Rabbine yemin ederim ki bunlar mü'minlerdir. (Yani durumu böyle olanlar mü'mindirler.)"

Her zaman sabra ihtiyaç vardır.

"Kul, her anda nefsinin hoşuna giden veya gitmeyen bir durumdan ayrı değildir. Her iki halde de sabra muhtaçtır. Arzularına uygun olanlar, mal, nimet, makam, sıhhat, kadın, evlad, ve buna benzer şeylerdir. Hiçbir halde sabır bunlardakinden mühim değildir. Çünkü kendini tutmayıp bu nimetlere dalar ve kendilerini bunlara bağlarsa ve bu halde kalırsa, onda nimetlere aşırı derecede dalmak haddi aşmak meydana gelir. Nitekim herkes mihnete katlanabilir, –sıddîklar hâriç– âfiyete sabredilmez demişlerdir. Mal ve nimet Ashâb-ı Kirâm zamanında çok olunca: "Mihnet ve sıkıntı içerisinde bulunduğumuz zamanlar sabretmek, bugün içerisinde bulunduğumuz nimet ve zenginliklerle sabretmekten daha kolay idi." dediler. Bunun için Allahû Teâlâ (c.c.) *"Mal ve çocuklarınız ancak imtihan vesilesidir."* buyurdu. Zenginliğe sabretmek zor olur. Zenginlik günaha dalma sebebi değilse de günaha dalanlar içinde zenginlerin sayısının çokluğu mü'mini dikkatli olmaya zorluyor. Hz. Ebu Bekr (r.a.), Hz. Osman (r.a.) gibi zengin olmalıdır. Nimete sabır, kalbi ona bağlamamak ona sevinmemektedir. Âriyet olduğunu, çabucak elinden alınacağını bilmektedir.

Mü'min Allahû Teâlâ'nın kendisine mal, sıhhat ve elinden her nimeti verdiği için şükür ile meşgul olmalıdır. Bunların herbirinde sabra ihtiyaç vardır.

"Sabredilmesi gereken hususlardan nefsin arzularına uygun olmayanlar üç kısımdır."

Biri, kişinin kendi isteğiyle olanlardır. Hayırlı amelleri işlemek ve günahlardan kaçmak gibi. İkincisi, kendi isteğiyle olmayanlardır. Belâ ve musibetler gibi. Bir diğeri de, aslı kendi isteğinde olmayan fakat defedilmesi ve karşılık verilmesi mümkün olanlardır. İnsanların kendisine sıkıntı vermesi gibi.

İyi ameller işlemek gibi kendi isteği ile olan şeylerde, sabra ihtiyaç vardır. Çünkü ibadetlerin bir kısmı tenbellikten dolayı zor gelir; namaz gibi. Bazısı da bâhillikten dolayı zor gelir, zekât gibi. Bazısı da her ikisinden dolayı zor gelir ve sabırsız yapılamaz; hac gibi. Her iyi amelin başında, ortasında ve sonunda sabra ihtiyaç vardır. Başında olan, niyeti ihlâsla yapmak, riyâyı kalbinden çıkarmak gibi. Bunlar ise zordur. Tâat esnasında sabretmek ise şart ve edeblerini gözetmektir. Meselâ namazda ise hiçbir tarafına bakınmamalı, hiçbir şey düşünmemeye çalışmalıdır. İbadetten sonraki sabır da yaptığını izhâr etmekten, söylemekten kaçınmak ve bununla ucûb korkusuyla sabretmektedir.

Günahlara gelince, sabretmeksizin el çekmek imkânsızdır. Şehvet ne kadar kuvvetli ve günah işlemek ne kadar kolay olursa o günahı işlememeye sabretmek o kadar zor olur. Bunun için dil ile işlenen günahlara sabretmek daha zordur. Çünkü dilin hareketi kolaydır.

İnsanların eliyle veya diliyle eziyet etmeleri gibi, kendi isteği ile olmayan, fakat karşılık vermeyi arzu ettiği şeylerde, karşılık vermemek için veya karşılık verirken haddi aşmamakta sabır etmeye büyük ihtiyaç vardır.

Ashâb-ı Kirâmdan (Aleyhimürrıdvân) biri buyurmuştur: "Biz insanların sıkıntısına katlanmadığımız imanı, iman saymazdık."

Üçüncü kısım, başlama ve bitmesinin senin isteğin ile ilgili olmayan şeylerdir. Bunlar da musîbetlerdir. Çocuğun ölmesi, malının elden çıkması ve göz, kulak ve uzuvların duyarlılığını kaybetmesi ve bütün semâvi belâlar böyledir. Bunlara sabretmekten fazîletli sabır yoktur...(73)

Müslüman sabırlı olmaya alışmalıdır.

İbn-i Abbas (r.a.): "Kur'ân-ı Kerîm'de sabır üç şekil üzeredir" buyurmuş.

1- Allah'ın farz kılmış olduğu vazifeleri eda etmeye karşı sabretmek. Bunun üçyüz derecesi vardır.
2- Allah'ın haramlarına karşı sabretmek. Bunun altıyüz derecesi vardır.
3- İlk sadme anında musibete karşı sabretmek. Bunun dokuzyüz derecesi vardır.

İncindiğimiz ve tedirgin olduğumuz herşey, bizim için musibettir.

Musibetin, azı, çoğu, büyüğü, küçüğü vardır. İbn Mübârek demiştir ki:

— "Musibet birdir. Fakat sabretmeyince iki olur. Bunlardan biri büyük musîbettir. Büyük musibet, musibete sabretmeyenlerin elinden alınan "musibete sabır" sevabıdır. Kendisine sabredilmeyen bu musibet ise küçük musibettir."

"İnsan şüphesiz ki nefsinde musibeti hoş telakki etmez. Bu ihtiyari haricindedir. Ancak sızlanmakla, yakasını yırtmakla, yanaklarını dövmekle, şikâyette mübalâğa etmekle, üzüntüyü belirtmekle, giyeceğinde, yatağında ve gıdasında âdetîni değiştirmekle sabre-

---

73 Kimyâ-yı Saâdet, sh: 613-614 (özet)

denlerin makamından çıkmış olur. Halbuki bu şeyler insanın ihtiyarı dahilindedir. İnsanın, Allah'ın (c.c.) rızasına rıza göstermesi ve âdetinin üzerine devam etmesi gereklidir." (74)

Resûlullah (s.a.v.) Efendimiz şöyle buyurdu:

"Sabırdan dolayı sevinmeyi beklemek ibadettir." (75)

Diğer bir hadîs-i şerifte şöyle buyurulmuştur: *"Bir müslümana bir dert, bir ağrı, bir düşünce, bir gam, bir hüzün isabet ettiğinde, Allah yolunda bir uzvuna bir diken battığında bunların sebebiyle Cenâb-ı Hak* (c.c.) *o müslümanın hatalarını af ve setr eder."* Bu haller, o müslüman için keffareti zünûp olur. Yine Resûlullah (s.a.v.) Efendimiz şöyle buyurmuştur: *"Mü'mine her eziyet veren şey bir musibettir."* (76) Musibete sabır da ecri bol bir ameldir.

İbrahim Hakkı'nın meşhur şiirinde:

"Haktan olacak işler
Boştur gam ü teşvişler.
Hak bildiğini işler
Mevlâ görelim neyler.
Neylerse güzel eyler." demiştir.

Resûlullah (s.a.v.) Efendimiz bir hadislerinde; "Ey Allahım! Musibetimde beni me'cur kıl! O musibetle götürdüğünün daha hayırlısını bana ver." derse, muhakkak Cenâb-ı Hak (c.c.) onun için isteneni yapar.(77) buyurmuştur.

Fudayl b. İyad şöyle demiştir:

"Allah imanlı kulunu belâ ile yoklar. Kişinin, aile efradını hayır ile yokladığı gibi."

Lokman Hekim, oğluna;

"Ey oğul! Altın, ateşle deneniyor. Salih kul da belâ ile" diye hitabda bulunmuştur.

---

74 İhyâ-ı Ulum-id Din, cilt, 8, 5.422
75 İhyâ-ı Ulum-id Din, cilt, 8, sh: 417.
76 Kur'ân-ı Kerim'in Türkçe Meali Alisi ve Tefsiri, cilt 1, sh: 149.
77 İhyâ-ı Ulum-id Din, cilt, 8, sh: 588.

Hâtım Esem demiştir ki:

– Cenâb-ı Hak kıyâmet gününde dört nefîs ile dört cinse karşı delil getirecektir.

Zenginlere karşı Süleyman Aleyhisselâmı delil getirir. Fakirlere Mesih İsa'yı delil getirir. Kölelere Yusûf ile delil getirir.... Hastalara karşı da Eyûb ile delil getirir. (Allah'ın (c.c.) salât ve selâmı bütün peygamberlere olsun.)

Müslümanların Arasını Yapmak

İslâm'da en beğenilmeyen huylardan biri yalandır. Fakat müslümanların arasını bulmak için yalana ruhsat verilmiştir. Ümmü Gülsüm'ün rivâyetinde Resûl-i Ekrem Efendimiz şöyle buyurmuştur:

"İki kimsenin arasını düzelten veya hayrı söyleyip hayrı yükselten kimse yalancı değildir."(78)

Sadakanın en fazîletlisi müslümanların arasını bulmaktır.(79)

Müdârâ

Müdârâ; yüze gülmek, dost gibi görünmek, insanlara karşı güzel muamelede bulunmak, başkalarının fikirlerine uyarcasına hareket etmek, barış ve salâh üzere durmaktır. Meşru bir sûrette ve iyi bir netice için yapılan müdârâ, memduhtur, başarıya sebeptir. Bir hadîs-i şerifte:

"İnsanlara müdârâ sadakadır." Başka bir hadis-i şerifte ise:

"Ben farzlar ile emrolunduğum gibi insanlara müdârâ ile de emrolundum." buyurulmuştur.(80)

---

78 İhyâ-ı Ulum-id Din, 6-483.
79 İhyâ-ı Ulum-id Din, 4-530.
80 Büyük İslâm İlmihali, sh: 649.

Müslüman İnsanlara Fayda Teminine ve Onlardan Zararı Gidermeye Çalışır

İslâm terbiyesi ile yetişmiş bir müslüman fırsat buldukça toplumda insanlara iyilik yapmağa çalışır. Cenâb-ı Hâk şöyle buyuruyor:

"... İyilik yapın ki saâdete erişesiniz." (Hacc sûresi, âyet: 77)

Resûlullah (s.a.v.) Efendimiz şöyle buyurmuştur: *"Her kim ister, yerine getirsin, ister getirmesin, gündüz veya gecenin herhangi bir saatinde kardeşinin ihtiyacı için koşarsa onun bu hareketi, kendisi için iki aylık itikâfa girmesinden daha hayırlıdır."*

Bir hadîs-i şerifte ise şöyle buyurulmuştur:

"Kardeşine zâlim de olsa, mazlum da olsa yardım et!"

Bu esnada Resûlullaha:

— Kardeşi zâlim ise ona nasıl yardım eder? diye soruldu. Allah'ın Resûlü:

—*Zulmetmekten men' etmek sûreti ile ona yardım eder buyurdu.*

Dinini anlamış bir müslüman, Allah'ın (c.c.) *rızasını gözeterek hayır için attığı adımdan dolayı kendisine sevap verileceğini bilir.*

Bir hadis-i şerifte de şöyle buyurulmuştur:

"Güneşin doğduğu her gün iki kişiyi adâletle barıştırırsanız bu bir sadakadır. Birinin bineğine yardım etmeniz veya yükünü kaldırmanız sadakadır. Güzel söz sadakadır. Namaza yürüdüğün her adım sadakadır. Yoldan rahatsız edici birşeyi kaldırmanız sadakadır."

Allah'ın (c.c.) rahmeti geniş, sevabı boldur. İslâm'da hayır dairesi çok geniş tutulmuştur.

Resûlullah Efendimiz:

"Her iyilik sadakadır" buyurmuştur. Diğer bir hadîste de:

"Güzel söz sadakadır" buyurulmuştur. İnsanda güzellik lisanıdır.

İslâm toplumunda, müslümanların en hayırlıları, kendinden hayır beklenilen ve şerrinden emin olunan kimselerdir.

Gücü yettiği halde insanların hizmetine koşmayanlar, elerindeki nimetin yok olması ile tehdit edilmektedirler. Resûlullah (s.a.v.) Efendimiz buyuruyor:

"Allahın kendisine nimet verip nimetini tamamladığı kula insanlar muhtaç olur da, o bundan sıkılırsa (kaçınırsa) *onun bu nimeti yok olmaya maruz bıraktığı muhakkaktır."*

Kolaylaştırmak, Zorlaştırmamak

Allah (c.c.) kullar için kolaylıklar diler.

Allahû Teâlâ Hazretleri, Kur'ân'da şöyle buyuruyor:

"Allah sizin için kolaylık murad eder. Size zorluğu murad etmez." (Bakara sûresi: âyet: 185)

Hadis-i şerifler, kolaylaştırmayı teşvik etmiştir. Zorlaştırmayı nehyetmiştir.

Resûlullah (a.s.) Efendimiz de:

"Öğretiniz, kolaylaştırınız, zorlaştırmayınız. Biriniz hiddetlendiğinde sussun." buyurmuştur.

Hz. Aişe (r.a.) Vâlidemiz bu hususta Resûlullah (s.a.v.) Efendimizi şöyle anlatmıştır:

"Resûlullah (s.a.v.) iki şey arasında serbest bırakılınca, günah değilse kolayını tercih ederdi. Eğer onda bir günah varsa ondan en fazla o kaçardı. Resûlullah (s.a.v.) Allah'ın haram kıldığı şeyler çiğnenince Allah için intikam almanın dışında, kendisi için asla intikam almamıştır."

Hoşgörülü Olmak

Resûlullah (s.a.v.) Efendimiz şöyle buyurmuştur:

"Sattığında, satın aldığında ve hükmettiğinde hoşgörü sahibi olan kişiye Allah rahmet eder."

Bir müslümanın dünya hayatında hoşgörülü olması, onun en zor gününde belki de kurtarıcısı olacaktır.

Ebû Musa el-Eş'âri, Resûlullah (s.a.v.)'den rivâyet etmiştir.

"Sizden öncekilerden bir adam hesaba çekildi ve hiçbir hayrına rastlanmadı. Ancak adam zengindi, insanlara karışır, kölelerine zor durumda olanları affetmelerini emrederdi. Allah azze ve celle buyurdu ki: Biz ona (affetmeye) *ondan daha lâyıkız... Onu affedin."*

Merhametli Olmak

Bilinçli bir müslüman merhamet sâhibidir.

Bir hadîs-i şerifte buyurulmuştur ki:

"Sen yerdekilere merhamet et ki gökteki de sana rahmet etsin."

İslâm'da merhamet bütün insanlığı içine alacak kadar genelleştirilmiştir.

Ebû Musa el-Eş'âri, Resûlullah (a.s.) Efendimizden rivâyet etmiştir:

"Birbirinize acımadıkça (tam) iman etmiş olmazsınız."

Sahâbe :

— Yâ Resûlallah! Hepimiz merhametliyiz, dediler. Buyurdu ki:

"Asıl merhamet birinizin arkadaşına olan merhameti değildir. Asıl merhamet bütün insanlara, herkese acımaktır."

Hz. Ömer (r.a.) bir kişiyi müslümanlara vâli tayin etmek istemiş. Fakat onu (Akra b. Habis'in) çocukları öpmediğinden bahsederken duymuş ve onu vâli tayin etmekten vazgeçip "Senin nefsin çocuklarına bile acımıyorsa, insanlara nasıl merhamet edersin. Vallahi seni vâli tayin etmem demiştir. Ve tâyin emrini gösteren elindeki kâğıdı yırtmıştır."

Resûlullah (s.a.v.) Efendimiz, insanlara ve hayvanlara karşı çok merhametliydi.

Resûlullah (s.a.v.) bir defasında bir yerde konaklamıştı. Bu sırada bir kuş Resûlullah (s.a.v.)'in mübârek başı etrnafında kanat çırpmaya başladı. Sanki yumurtasını alarak kendisine zulmetmiş birini şikâyet eder halde ona sığınıyordu. Allah Resûlü:

"Hanginiz yumurtası sebebi ile bu kuşa acı verdi" diye sordu. İçlerinden birisi:

"Ya Resûlallah! Ben onun yumurtasını aldım" dedi. Resûlullah (s.a.v.) *"Ona merhamet ederek (acıyarak) o yumurtayı yerine koy!"* buyurdu. Merhamet, çaresizlerin hallerine kalben acıyarak kendilerine yardımda bulunmak demektir.

Müslüman Hayrı Kimseden Saklamaz

Müslümanın işleyeceği salih amellerden birisi de, insanlara menfaât verecek şeyleri onlardan gizlememesidir.

Hayrı yapmak da, göstermek de güzel amellerdendir. Gösteren de yapanın sevabını alacaktır.

Resûlullah (s.a.v.) Efendimiz bu hususta şöyle buyurmuştur.

"Hayrâ delâlet eden (vesile olan) *kimseye onu yapanın ecri gibi ecir vardır."*

Zor Durumda Olana Kolaylık Sağlamak

Allahû Teâlâ Hazretleri şöyle buyuruyor:

"Borçlu darda ise, eli genişleyinceye kadar ona mühlet verin." (Bakara sûresi: âyet: 280)

Bir müslümanın alacaklıya mühlet vermesi veya o borçtan vazgeçmesi gibi yapacağı iyilikler, Allah (c.c.) katında zâyi olmaz.

Bir hadîs-i şerifte Allah'ın Resûlu (s.a.v.) şöyle buyurmuştur.

"Allah'ın kıyâmet gününün dertlerinden kendisini kurtarmasını isteyen kimse, zorda kalmış borçluya mühlet versin veya borcunu affetsin." (81)

---

81 Müslüman Şahsileti, sh: 259.

Ebû Hureyre (r.a.), Resûlullah'ın (s.a.v.) şöyle buyurduğunu rivâyet etmiştir:

"Bir adam, insanlara borç verir ve hizmetçisine: "Zor durumda bulduğunu affet, belki Allah da bizi affeder, derdi. Allah'ına kavuştu, Allah da onu affetti." (82)

Âdetleri İslâm'ın Ölçüsüne Uydurmak

Allahû Teâlâ Hazretleri Kur'ân'da şöyle buyurmaktadır:

"Peygamberin size verdiğini hemen alınız ve size yasakladığı şeyleri terkediniz." (Hasr sûresi, âyet : 7)

Şuurlu bir müslüman, içinde bulunduğu toplumda alışıla gelmiş âdetlerin İslâm'a uygun olup olmadığına her zaman dikkat eder.

Terketmesi gereken âdetleri derhal bırakır.

— Meselâ duvarlara resimler asmak, evlere heykeller koymak ve koruma köpekleri hariç, evlerde köpek edinmek, hemen terkedilmesi icâp eden âdetlerdendir.

— Hz. Aişe (r.a.) Validemizden şöyle dediği rivâyet olunmuştur:

"Resûlullah (s.a.v.) bir seferden geldi. Ben (evdeki) küçük bir pencereye üzerinde resim bulunan bir perde örtmüştüm. Resûlullah (s.a.v.) onu görünce yüzünün rengi değişti ve:

"Ey Aişe! Kıyâmet günü insanların en şiddetli azap göreni, Allah'a yaratma sıfatı ile benzemeye çalışanlardır." buyurdu. Hz. Aişe dedi ki: "Onu kestik ve bir yahut iki yastık yaptık."

Ebû Talha (r.a.) Resûlullah (s.a.v.) Efendimizin şöyle buyurduğu rivâyet etmiştir:

"İçinde resim ve köpek bulunan eve melekler girmez."

— Köpek edinmeye gelince, av için, sürü veya bir yeri beklemek için olanları hariç, yasaklanmıştır.

---

82 Müslüman Şahsileti, sh: 260

Bir hadîs-i şerifte de şöyle buyurulmuştur:

"Av ve sürü köpeği dışında köpek edilenlerin ecrinden her gün iki kırat eksilir."

— Günümüzde bazı erkekler altın yüzük kullanmaktadır. Altın yüzük kullanmak, İslâm dininde erkeklere haram kılınmıştır.

Resûlullah (s.a.v.) birinin altın yüzük taktığını görünce şöyle buyurdu:

"Hiç biriniz ateş parçasını eline koymaya kalkışır mı?"

Sonra da yüzüğü adamın parmağından çıkarıp yere attı. Arkadaşları kendisine:

"Şu yüzüğü al da parasından faydalan" dediler O:

"Hayır, vallâhi Resûlullah'ın (s.a.v.) attığı birşeyi ben yerden kaldırmam, diye cevap verdi.

— Gerçek müslüman, altın ve gümüş kaptan yemez ve içmez. Ümmü Seleme (r.a.) Resûlullah'ın (s.a.v.) şöyle buyurduğunu rivâyet etmiştir:

"Gümüş kaptan içen, karnına ancak cehennem ateşini doldurmaktadır."

Müslim'in rivâyetinde ise: *"Gümüş ve altın kaptan yiyen yahut içen"* şeklindedir.

— Düğün merâsimlerinde ve bayramlarda erkeklerden ipek gömlek giyenler hayli çoğalmaya başlamıştır.

Ebû Mûsa Eş'ârî (r.a.), Resûlullah (s.a.v.) Efendimizin şöyle buyurduğunu rivâyet etmiştir:

"İpek elbise ve altın ümmetimin erkeklerine haram, kadınlarına helâl kılındı."

Altın ve gümüşü süs olarak takan kadınlar, bunları mahremleri dışında başka erkeklere gösteremezler.

— "Cahiliyyet devrinin kökleşip devam eden kötü âdetlerinden biri de belli yerlerde, binalarda ve özel yerlerde düğün ve benzeri sebeplerle semt sakinlerinin, dost ve tanıdıklarını bir araya gelip eğlenmeleri, şarkı söyleyen erkek ve kadınları dinlemeleri, dansöz oynatıp seyretmeleridir. Bunun da ötesinde kadın erkek karışık bir vaziyette içki kadehlerini tokuşturmakta, garsonlar ellerindeki çeşitli içkilerle dönüp dolaşmakta, çalgılar şehveti tahrik eder mahiyette durmadan çalmakta, hayasızca kahkahalar birbirini izlemekte, çok ahlâk dışı fiiller işlenmektedir.

İslâm'ın şarkı, dans, içki, kadın-erkek karışımı hakkındaki hükmünü bilen bir müslüman bunlara asla yaklaşmaz ve gücü yettiğince bunları gidermeye çalışır.

— Toplumdaki kötü âdetlerden biri de ölü üzerine bağırıp çağırarak ağlamaktır.

Resûlullah (s.a.v.) Efendimiz buyurdular ki:

"Yanaklarını tokatlayan, yakasını, paçasını yırtan ve cahiyiyye çağrısıyla çağıran bizden değildir. Ağlama merhamettendir, bağırıp çağırmak şeytandandır."

Ashâb-ı Kirâmdan Abdulah bin Ömer (r.a.) anlatmıştır:

"Sa'd bin Ubâde rahatsızlandı, sızlanıyordu. Resûlullah (s.a.v.) Efendimiz yanında Abdurrahmân bin Avf (r.a.) bulunduğu halde Sa'd'ı sormaya geldi. Peygamber Efendimizi arkadan Sa'd bin Ebî Vakkas ile İbn Mes'ud takip ediyorlardı. İçeri girince onu koma halinde buldu. *"Vefat mı etti?"* diye sordu. Onlar da: "Hayır yâ Resûlallah!" dediler. Bunun üzerine Resûlullah (s.a.v.) Efendimiz ağladı. Peygamber Efendimizin ağladığını görünce oradakiler de duygulanıp ağladılar. Efendimiz onlara şöyle buyurdu:

"Duyuyor musunuz? Şüphesiz ki Allah ne gözyaşı sebebiyle, ne de kalbin üzüntü duyması nedeniyle azab etmez; ama şunun sebebi ile (dilini işâret ederek) *azap eder veya merhamette bulunur. Hem şüphesiz ölü, kendi ehlinin* (sesli) *ağlaması sebebiyle sıkıntı çeker."*

Ölen yakınından dolayı içinin yandığını belirtmek, üzüldüğünü göstermek için siyah yas elbiseleri giymek hıristiyan âdetidir. Bundan da kaçınmak gerekir.

Resûlullah (s.a.v.) Efendimiz kâfirlere benzeme hususunda ümmetini uyararak şöyle buyurmuştur:

"Bizden başkalarına benzemeye özenenler bizden değildir. Yahudî ve Hristiyanlara benzemeye özenmeyin!"

— Şuursuzca taklit ve benzemeden biri de tabut önünde matem havası çalmaktır.

— Şuursuzca benzeme ve taklitten biri de, ölen kimsenin resmini tabutu üzerine koymaktır.

— Şuursuzca taklit ve benzemeden biri de, ölenin tabutu veya kabri üzerine çelenkler, buketler koymaktır. Kaldı ki, bunları yapmak, kâfirlerin âdetlerindendir. Ayrıca haksız yere mal harcamak, bir bakıma sokağa atmaktır.

— Kabirlerin yaş otlarını koparmak, ağaçlarını kesmek mekruhtur. Kabristandaki otlar ve ağaçlar yaş bulundukça bir nevi hayata sahip demektir. Bunlar, hal lisanıyle Hak Teâlâ'yı tesbih ederler; bu vesile ile orada yatan ölmüş iman sahiplerinin rahmeti ilâhiyeye nâil olacakları umulur.

Resûlü Ekrem (s.a.v.) Efendimiz, bir kabristanda bulunan iki kabir sahibinin azap çektiklerine muttalli olmuşlar, mübârek elerine aldıkları yapraksız, yaş bir hurma fidanını ikiye bölüp birini bir kabrin, öbürünü de diğer kabrin başına dikmişler ve *"Umulur ki, bunlar kuruyuncaya kadar bu kabir sahiplerinin azabı hafifleyecektir"* diye buyurmuşlardır. Bunun içindir ki bazı yerlerde kabirlerin üzerine mersin ağacı dalları koymak âdet olmuştur. Fakat bu hususta asıl olan yaş ağaç ve çiçeklerin dikilmesidir.

Bununla beraber kabirlerin üzerine birkaç parça gül ile reyhan gibi yaş çiçekler de konulabilir. Fakat bu hususta israf edilmesi, boş yere solup gidecek geçici çiçeklere birçok paralar verilmesi uygun değildir. Bu davranış başka milletleri taklit sebebi ile olursa asla câiz olmaz.[83]

Şefâat Etmek

Şefâat dilimizde aracılık, referans iltimas mânâlarına da kullanılır. İyiye şefâatçi olunduğu gibi, kötüye de şefâatçı olunur.

83 Büyük İslâm İlmihali, sh: 344.

Şefâat asıl, suçlular ve muhtaçlar için rica anlamınadır.

Allahû Teâlâ (c.c.) bir âyet-i kerimede:

"Kim güzel bir şefâatle şefâatte bulunursa ondan kendisine bir hisse vardır. Kim de kötü bir şefâatle şefâatte bulunursa ondan kendisine bir (günah) *pay vardır. Allah herşeye hakkıyle kaâdir ve nâzırdır."* buyuruyor.

Resûlullah (s.a.v.) Efendimiz de; *"Şefâatçı olun ki me'cur olasınız. Ve Allahû Teâlâ dilediğini Resûlünün diliyle hükmeder. Ben emir vermek isterim, fakat onu saklarım tâ ki siz şefâat edip me'cur olasınız."*(84) demişlerdir.

Hz. Ali (r.a.) "Şefâat eden kişi istek sahibinin kanadıdır" demiştir.

"Ebû Dâvud, Taberânî ve Hâkim'in, İbni Ömer (r.a.)'dan yaptıkları rivâyette, İbn Ömer (r.a.) diyor ki: Resûlullah'ın (a.s.) şöyle buyurduğunu duydum: *"Kimin şefâati ilâhî hudutlar (ın tatbikine) engel olursa, şüphesiz ki Allahû Teâlâ'nın hükmüne aykırı olmuş olur."*

Kötü yolda şefâat etmenin pek çok çeşitleri vardır:

"Ehil olmayan biri için daha ehil kimseler varken imam, müezzin Kur'ân öğreticisi olması için şefâatte aracılıkta bulunmak. Böyle bir şefâatta bulunmanın sebebi, cehalet, aç gözlülük, akraba ve dostları sevmek ve korumak zâfiyeti olabilir.

Sebeplerden biri de insanlardan utanmak, şefâat etmediği takdirde ayıplanmaktan endişe duymaktır. Halbuki yaratan, nimet veren, zarar ve menfâate kaadir olan Allah'tan utanmak daha önde gelir; düşmanlıktan korkmak veya makamın, elindeki bol rızkın kaybolmasından endişe duymak da bu sebeplerden biridir. Allah'dan korkmak daha uygundur."

Sevmek ve Sevilmek

Müslümanın sıfatlarından biri de insanlarla ilişki kurup onlara yönelmesidir. İnsanlar da ona yönelirler. Bu, dinini iyi tanıyan bir müslümanın meziyetidir. Bunun dinimizdeki ismi ülfettir.

---

84 Tarikat-ı Muhammediye, sh: 362.

Resûlullah (s.a.v.) Efendimiz buyurmuşlardır ki;

"Mü'min sever ve sevilir. Sevmeyen ve sevilmeyen de hayır yoktur."

Müslümanın taşıması gereken en önemli hasletlerden biri de budur. Kaba saba kırıcı bir müslümanın bu cemiyette İslâm adına yapacağı birşey olamaz. Sempatiklik diyebileceğimiz bu özelliğe ne kadar da muhtacız.

İnsanları Sevindirmek

Müslümanları sevindirenleri mükâfat olarak da Allah (c.c.) kıyâmet günü daha fazla sevindirecektir.

Resûlullah (s.a.v.) Efendimiz:

"Müslüman kardeşini, Allah'ın rızasına uygun birşeyle sevindirerek karşılarsa onu da Allah kıyâmet günü sevindirir." buyurmuşlardır.

Müslümanların birbirini sevindireceği nice helâl davranışlar vardır. Teselli edici bir yakınlık, samimi bir ziyaret, güzel söz, tatlı bir yüz, fedakârlık, basit de olsa bir ihtiyacı karşılama, candan dostluk göstermek gibi daha birçok şeyle müslüman kardeşimizi sevindirebiliriz.

Bir insan için dil güzelliği bir servettir.

Tevekkül

Tevekkül; vekâletenden türemiştir. Birisine güvenmek, işini birisine havale etmek mânâsına gelir.

Allahû Teâlâ herkese tevekkülü emretmiştir. Cenâb-ı Hak buyuruyor:

"Eğer imanınız varsa Allah'a tevekkül ediniz." (Maide sûresi, âyet: 23)

Tevekkül, kalbde hâsıl olan bir hâldir. Tevhide ve Allahû Teâlâ'nın lütûf ve ihsânının pek çok olduğuna iman etmekle hâsıl olur.

Bu hâl kalbin vekile itimad etmesi, güvenmesi ve O'na inanması ve O'nun ile rahat etmesidir.

Âl-i İmrân sûresindeki: *"Allah bize yetişir. O çok iyi bir vekildir."* âyet-i kerimesini iyi anlayıp heşeyi Allahû Teâlâ yapar, O'ndan başkası birşey yapamaz diyen ilminde, kudretinde noksan, kusur olmadığına ve rahmetinin, iyiliğinin sonsuz, çok olduğuna inanan bir kimse, Allahû Teâlâ'nın fazlına itimat ederek, tedbire, sebeblere güvenmez. Allahû Teâlâ, bana kendi büyüklüğüne, merhametine yakışacak işleri yapar, der. Bazı kimseler buna inanır, amma içinde bir korku, bir ümitsizlik bulunur.

Çok kimse vardır ki, birşeye iman eder, inanırlarsa da, tabîatları imanlarına uymayıp evham ve hayâllere tâbî olur. Hatta bu hayâllerin yanlış olduğunu bildiği halde yine onu yenemez. Meselâ bazı kimse ölünün hareket edemeyeceğini bildiği halde onun odasında yatamaz.

Tevekkül için hem kuvvetli iman, hem kuvvetli kalb lâzımdır. O zaman kalbinde şüphe kalmaz. İtimad ve rahatlık tam olmadıkça, tevekkül tam olmaz. Çünkü tevekkül, kalbin her işte Allahû Teâlâ'ya güvenmesi demektir.

Tevekkül edici kimse, her işinde Allahû Teâlâ'nın âdeti olan sebeplere tutunur. Fakat tevekkülü bırakmaz, çalışmasına güvenmeyip Allahû Teâlâ'nın fazlına, keremine, ihsanına güvenir. Kendisini başvurduğu sebeplerle, maksada eriştirmesini O'ndan bekler. Sebeplere tutunur, eline geçeni Allahû Teâlâ'dan bilir. Sûre-i Kehf'deki *"Herşeye kuvvet veren, ancak Allahû Teâlâ'dır."* âyet-i kerimesinin mânâsı budur.

Hz. Ebû Bekir (r.a.) mağarada, yılanın deliğine mübârek ayağını dayayarak ondan korundu. Halbuki onun tevekkülü, çok üstündü. Fakat o yılandan korkmuyordu. Yılanı yaratandan, O'nun yılana kuvvet ve hareket vermesinden korkuyordu. Herşeyin kuvveti ve hareketinin ancak Allahû Teâlâ'dan olduğunu görüyordu.

Tevekkül, zarardan sakınmak demek değildir.

Tevekkül Etmek Nasıl Olur?

Çok kimse tevekkülü her işi oluruna bırakıp ihtiyarı ile birşey yapmamak, para kazanmak için uğraşmamak, tasarruf yapmamak, yılandan, akrepten, aslandan sakınmamak hasta olunca ilâç içmemek, dinî, şeriâtı öğrenmemek, din düşmanlarından sakınmamak sanır. Tevekkülü böyle düşünmek yanlıştır. Şeriata uygun değildir. Halbuki tevekkül şeriatın emrettiği şeydir. Şeriata uygun olmayan şeyler tevekkül olmaz.

Sebeplere bağlı işlerde tevekkül, sebebleri bırakmak değildir. İlim ile hal ile tevekkül etmektir. Meselâ, Allah isterse beni yemeden doyurur demek tevekkül değil aptallıktır.

İlim ile tevekkül, açlıktan kurtulmak için sebepleri, yani eli, ağzı, dişleri, mideyi, yemekleri, hep Allahû Teâlâ'nın yaratmış olduğunu bilmektir. Hâl ile tevekkül, kalbin Allahû Teâlâ'nın ihsanına güvenmesi, ele, ağza, sıhhate güvenmemesidir. El bir anda felc olabilir. Kişi âniden hastalanabilir.

Vaktiyle bir kimse zâhid olmak, dünyadan el çekmek ister. Dağda bir mağaraya kapanıp tevekkül ederek rızık bekler. Açlıktan ölecek hale geldiğinde zamanın peygamberine (a.s.) emir gelir. "Git ona söyle, şehre girip insanlar arasına karışmazsa onu açlıktan öldürürüm. O benim âdetimi bozmak mı istiyor?" Ve o kişi şehre iner.

— İnsan kapısını kilitler. Kilitlemelidir de fakat kilide güvenmemelidir. Nitekim hırsızların kilitleri kırdığı çok duyulmuştur.

Bir gün Resulullah'ın (s.a.v.) yanına bir köylü geldi. *"Deveni ne yaptın?"* buyurdu. "Allah'a tevekkül edip kendi haline bıraktım" deyince: *"Bağla ve sonra tevekkül et."* buyurdu.

Allah'ın emrine, âdetine uymalıdır.

Hz. Musa (a.s.) hastalanmıştı. İlacını söylediler. İlaç istemem Allahû Teâlâ şifasını verir, dedi. Hastalık uzadı ve ağırlaştı. "Bu ilacın hastalığı meşhurdur, al kısa zamanda iyileşirsin dediler." Yine "Hayır, istemem" dedi ve hastalık uzadı, arttı. O zaman vahiy gelip *"İlaç kullanmazsan, şifa ihsân etmem."* buyurulunca, ilâcı içti ve iyi oldu.

Vahiy gelip, Allahû Teâlâ buyurdu ki: *"Sen tevekkül etmek için, benim âdetimi, hikmetimi değiştirmek istiyorsun. İlaçlara, faydalı tesirleri kim verdi? Elbette ben yaratıyorum."* (85)

Sır Saklamak

Açığa çıkarılmayıp gizli kalması gereken sırlar, bir insanın şahsına ait olabileceği gibi başkaları tarafından kendisine güvenilerek emanet edilmiş sırlar da olabilir. Her ikisinin de önemi aynıdır.

Hz. Ali (r.a.):

"Sır senin esirindir: Onu dışarı çıkardığın, söylediğin vakit sen ona esir olursun." buyurmuştur.

Amr İbn-i Âs (r.a.) şöyle demektedir:

"Kalpler, sırların muhafaza olunduğu kaplar, dudaklar o kapların kilidi, diller de anahtarıdır. Öyleyse her insana sırrının anahtarını saklamak gerekir."

"İyi insanların kalpleri sır mezarlarıdır." Ölülerin mezarda gizli kalmaları gibi, sırlar da bu insanların kalplerinde sessiz ve gizlidirler.

Hasan-ı Basrî Hazretleri ifşayı hainliğe benzeterek;

"Arkadaşının sırrını konuşmak hainliktir." demiştir.

Hayatta bilinen herşey söylenmez. Bazı şeylerin gizli kalması gerekir. Özellikle evlilik hayatı ile ilgili olanlar başkalarına duyurulmamalıdır.

Resûlullah (s.a.v.) Efendimiz:

"Kıyâmet günü Allah katında insanların en şerlisi kendisine sır veren eşinin sırlarını yayan adamdır." (86) diyerek müminleri uyarmıştır.

Sır saklamak kişinin şahsiyetinin kuvvetliliğini gösterir.

---

85 Kimya-yı Saadet, sh: 729-752 (özet)

86 Müslüman Şahsileti, sh: 183.

Resûlullah (s.a.v.) Efendimiz sırra şöyle bir ölçü getirir;

"Kişi konuşma yaparken dönüp etrafına bakarsa, onun bu hareketi, konuşmasını dinleyenlerinin yanında emanet olduğuna delâlet eder." (87)

Adâleti Gözetmek

Cenâb-ı Hâk (c.c.) buyuruyor ki:

"Hiç şüphesiz Allah size, emanetleri ehline teslim etmenizi ve insanlar arasında hükmettiğiniz zaman adâletle hükmetmenizi emreder." (Nisâ sûresi, âyet : 58)

Müslüman haktan ayrılmaz. Şartlar ne olursa olsun adâleti gözetir.

Bu âdalet anlayışı, İslâm'da aşırı sevgi veya nefret gibi duygulardan, akrabalık gibi bağlardan etkilenmiyecek kadar hassas bir ölçüye bağlanmıştır.

Kadı Şureyh, Halife Emîrü'l mü'minin Hz. Ali ile zırhını çalan yahudiyi mahkemede yanyana oturtmuş ve ondan yahudinin çaldığını isbat eden bir delil istemiştir. Hz. Ali (r.a.) delil bulamayınca da Kadı Şureyh yahudinin lehine, Halife Hz. Ali (r.a.) aleyhine hükmetmiştir.

Hakka Çağırmak

Müslüman kendisinin ve etrafındakilerin hidâyetiyle yetinmeyip bütün insanların hidâyete kavuşması için uğraşır.

Bunun için de mümkün olduğu zamanlar da insanları hakka davet eder.

Resûlullah (s.a.v.) Efendimiz bu hususta şöyle buyurmuştur:

"Benden birşey işitip te onu işittiği gibi tebliğ eden kişinin Allah yüzünü ağartsın. Umulur ki tebliğ edilen, dinleyenden daha iyi anlar."

---

87 İhyâ-ı Ulum-id Din, cilt, 6, sh: 463.

Müslüman, bilgisinin azlığını mazeret gösterip davetten vazgeçemez aksine bildiğiyle İslâm'a davet görevini yapar.

Resûlullah (s.a.v.) ashâbına;

"Benden bir âyet de olsa tebliğ edin." diye emretmiştir. Söylenen güzel bir söz ile bir kimsenin kalbine hidâyet tohumu ekmek, bir müslüman için sâhip olduğu herşeyden çok daha kıymetlidir.

İyiliği Emr, Kötülüğü Nehy Etmek

Allahû Teâlâ (c.c.) Kur'ân-ı Kerim'de şöyle buyurmuştur:

"Sizden öyle bir cemaât bulunmalıdır ki, (onlar herkesi) hayra çağırsınlar, iyiliği emretsinler, kötülükten vazgeçirmeye çalışsınlar. İşte onlar murâdına erenlerin tâ kendileridir." (Al-i İmrân sûresi, âyet: 104)

Allahû Teâlâ bu âyetiyle bu önemli vazifeyi tüm müslümanların üzerine bırakıyor. Fakat diğer mü'minlerin madden, manen, fikren destekledikleri bir cematin bu vazifeyi hakkıyla yerine getirmesi durumunda bu fariza diğerlerinden belli ölçüde düşer. Ama yine de her mü'minin kendi çapında yapacağı teklif vazifeleri vardır.

Resûlullah (s.a.v.) Efendimiz de bir hadislerinde şöyle buyurmuşlardı:

"Sizden her kim bir münker görürse onu eliyle, buna gücü yetmezse dili ile değiştirsin. Ona da gücü yetmezse kalbiyle reddetsin. Bu (sonuncusu) ise imanın en zayıfıdır."

Evet, bu hadîs-i şerif iyiliği emretme, kötülükten men'etme gerekliliğinin her mü'minin üzerine vâcip olduğundan katîyyen ifade eder. Çoğu âlimler böyle söylemiştir. Fakat bâzı âlimlere göre, el ile gidermek hükümdar ve icra mevkiinde olanlara, dil ile gidermek âlimlere, kalb ile üzülmek ve buğzetmek halk üzerine vaciptir.

Müslüman, iyiliği emr, kötülüğü yasaklarken, akıllı, dikkatli, temkinli, insana nasıl yaklaşılacağını bilerek ve hikmetle işe koyulur.

Cenâb-ı Alah (c.c.) Resûlullah (s.a.v.) Efendimizin şahsında tüm mü'minlere hitapla *"Rabbinin yolunda hikmetli söz ve güzel öğüt ile davet et."* buyuruyor. (Nahl sûresi, âyet: 125)

Tebliğ eden, kendisini emri bil ma'rufa vermiş olan kimse nefret ettirici, rahatsız edici, kızdırıcı tutumlardan kaçınmalıdır. Abdullah ibn Mes'ud, perşembe günleri vaaz ederdi. Birisi O'na:

Bize her gün vaazetmeni isterdim, dedi. Bunun üzerine o:

Beni bundan alıkoyan sizi usandırmak istemememdir. Resûlullah (s.a.v.) bize usanç geleceğinden korktuğu için nasıl belli vakitlerde nasîhat etmişse ben de vaazı belli vakitlerde yapıyorum, dedi.

Özelikle içinde yaşlı, âciz ve hastaların bulunduğu bir topluluğa hitap ediliyorsa onların hallerini dikkate almalı, konuşmanın müddetini ona göre tâyin etmelidir. Müslümanın dikkat edeceği diğer bir husus da, sözlerini dinleyen tarafından anlaşılır olmasıdır.

Hz. Aişe (r.a.) Validemiz de:

"Resûlullah (s.a.v.)'in sözü, dinleyen herkesin anlayabileceği şekilde açık idi." demektedir.

Kanâatkâr Olmak

Kanâat bulunduğu kişiyi yücelten güzel bir huydur. Kanâat hârisâne hareketlerden kaçınmak başkalarının nimetlerine göz dikmeyip hakkına razı olmak, bir gönül huzuruyla yaşamaktır.

Resûlullah (s.a.v.) Efendimiz bir hadislerinde şöyle buyurmuştur:

"İktisad eden bir kimseyi Allah zengin, israf edeni de fakir eder. Kim ki Allah'ı anarsa Allah onu sever."

— Tedbîr mâişetin yarısıdır, denmiştir.

Resûlullah (s.a.v.) diğer bir hadîslerinde ise:

"İktisad (normal hareket), *güzel huy ve salih bir gidiş, peygamberliğin yirmi bir cüz'ünden bir parçadır."* buyurmuştur.

Kanâtta hürriyet ve izzet vardır.

Cenâb-ı Hak (c.c.) kanâatla tevekkülün alâkasını işaretle şöyle buyuruyor:

"Kim de Allah'tan korkarsa ona (darlıktan genişliğe) *bir çıkış yolu ihsan eder. Bir de ona ummadığı yerden rızık verir. Kim Allah'a tevekkül ederse O'na yeter."* (Talâk Sûresi, âyet: 2)

Zenginlik mal çokluğunda değil, zenginlik, gönül zenginliğindedir.

Niyet

Resûlullah (s.a.v.) Efendimizin meşhur hadislerinde şöyle buyurmuşlardır:

"Ameller ancak niyetlere bağlıdır. Her şahıs için ancak niyyet ettiği vardır. Binâenaleyh kimin hicreti Allah'a ve Resûlüne ise onun hicreti Allah ve Resûlünedir. Her kimin de, hicreti (niyyeti) *elde edeceği dünyaya veya evleneceği bir kadına ise, onun hicreti hicret ettiğine* (niyyet etiğine) *dir."*

Resûlullah (s.a.v.) Efendimiz diğer bir hadîslerinde ise:

"Muhakkak ki Cenâb-ı Hak, sizin suret ve mallarınıza değil, ancak kalbleriniz ve amellerinize bakar." buyurmuşlardır.

Beni İsrâil'den bir adam kıtlık zamanında bir kum tepesine çıktı ve bu kum tepesi buğday olsaydı hepsini fakirlere verirdim dedi. Bunun üzerine o vaktin peygamberine vahiy geldi. "O kimseye şöyle söyle. Allahû Teâlâ senin sadakanı kabul etti ve sana o kadar buğdayın olup hepsini sadaka vermekle elde edeceğin sevabı verdi."

Resûlullah (s.a.v.) Efendimiz şöyle buyurmuşlardır:

"İnsanlar dört sınıftır:

A- *Bir kişi ki, Allah ona ilim ve mal vermiştir. O da ilmiyle malında tasarruf eder. Bu durumu gören birisi: "Eğer Allah buna verdiğinin benzerini bana verirse, ben de onun yaptığı gibi yaparım."* der.

İşte bu iki kişi ecirde eşittirler.

B- Bir kişi ki, Allah ona mal vermiş (fakat ilim vermemiştir). O, cehâletinden ötürü malını har vurup harman savuruyor. Bunu gören başka bir kişi der ki:

– Eğer Allah buna verdiğinin benzerini bana verseydi onun yaptığı gibi yapardım!

İşte bunların ikisi günahta eşittirler.

Âlimler demişlerdir ki: Önce amele niyet etmeyi öğreniniz sonra amel ediniz.

Niyyetin Hakîkatı

İnsanda üç hususiyet muharrik(*) olmasaydı hiç hareket meydana gelmezdi. İlim, irâde (istek) ve kudret (gücü yetmek).

Bu üç muharrik, her işin önünde gelmektedir. Fakat hareket, kudrete tâbidir. Kudret de istek ve irâdeye tâbidir. Gereklilik ilme tâbi değildir. Çünkü kişi çok şeyi görür de istemez. Fakat bilmeden istemek de olmaz. Çünkü bilmediği şeyi insan nasıl isteyebilir. Niyet bu üçten yalnız istemektir.

İstek kendisini ayağa kaldıran ve işe sevk edendir. Bazan bir olur, bazan da iki maksad birşey de bir araya gelebilir. Maksadın iki olması şu, üç şekilde görülür:

"Birincisi: Fakir akrabasına; akrabası ve fakir olduğu için para vermesi gibi. Bu iki maksadın bir verecekti niyette birleşmesidir. Kalbinden bilir ki, fakir olmasaydı yine ve yine bilir ki, fakir olup akrabası olmasaydı yine verecekti.

İkincisi: Bilir ki akraba olup fakir olmasa idi veya fakir olup akraba olmasa idi vermeyecekti. Fakat ikisi bir şahısta toplandığı için verdi.

Üçüncüsü: Niyetin biri zayıf olur iş yapamaz, biri kuvvetli olur, yalnız başına iş yapar, fakat diğerinin yardımı ile bu işi daha kolay

---

* Muharrik: İyi veya kötüyü serheden güç, kuvvet.

başarır. Gece yalnız başına bir kimse namaz kılar, fakat yanında başkaları da olursa, namaz kılmak kendisine daha kolay gelir ve neşesi artar." (88)

Resûlullah (s.a.v.) Efendimiz:

"Mü'minin niyeti amelinden hayırlıdır." (89) buyurmuştur.

Bununla amelsiz niyetin, niyetsiz amelden üstün olduğunu demek istemedi. Çünkü niyetsiz amelin ibadet ve amelsiz niyetin tâat olmayacağı âşikârdır. Belki bunun mânâsı, tâatın beden ve kalb ile olmasındadır. Böylelikle ikiye ayrılmıştır. Ve bu ikisinden kalbe âit olanı daha makbuldür. Bunun da sebebi, amelden maksadın kalbin sıfatını değiştirmesidir. Kalbin niyet ve amelinden maksad, bedenin sıfatını değiştirmek değildir. İnsanlar zannederler ki, niyet amel için lüzumludur. Aslında amel niyet için gereklidir. Çünkü bütün maksad kalbin değişmesidir. Kurtuluş ve felâket kalbdedir. Beden araya girse de asla tâbi olarak girer.

Kalbin değişmesi aslında kişinin kesin yönelişiyle alakalıdır. Bu da yüzünü dünyadan âhirete çevirmek, belki dünya ve âhiretten Allahû Teâlâ'ya çevirmektir.

Kalp öyle yaratılmıştır ki onda bir istek ve hayır duygusu meydana gelince beden de ona uyarak kalkar ve bu sıfat kalbde daha kuvvetli ve sâbit olur. Meselâ yetime merhamet kalbe gelince, insan onun başını okşar ve bu merhamet daha kuvvetli olur. Yüzü dünyaya değil, âhirete çevirmek ve bu niyetle amel etmek isteği sâbit ve kuvvetli eder.

Amel, niyetten meydana gelse de istek ve niyeti kuvvetlendirmek içindir. İş böyle olunca niyetin amelden üstün olduğu anlaşılır. Çünkü niyet kalbin kendindendir, amel ise başka taraftan kalbe geçmektedir. Eğer kalbe geçerse işe yarar, geçmezse gaflet ve boş olur. Bunun için amelsiz niyet boş olmaz.

---

88 Kimyâ-yı Saâdet, sh: 682-683 özet.
89· İhyâ-ı Ulum-id Din, cilt, 10 sh: 22.

Amellerden Hangisi Niyet İle Değişir?

"Ameller üç kısımdır. Günah, tâat ve mübâh."

Belki de Resûlullah (s.a.v.)'ın *"Ameller niyetlere göredir."* buyurduğu için günahların da iyi niyetlerle yapılmasında, kişiyi iyi amellere sokacağını sandılar. Bu yanlıştır. Böyle bir niyetin buna tesiri olmaz. Şu kadar var ki kötü niyet, onu daha habîs ve aşağı yapar. Günah, niyetle sevap olmaz. Sevab, sevâb olduğu bildirilen şeyi yapmaktır.

İkinci kısım tâatlardır: Bunda niyet iki şekilde tesirini gösterir. Birincisi: Tâatın aslı sahih niyet ile tezâhür eder. İkincisi: Niyet ne kadar çok olursa sevab da o kadar fazla olur. Niyet ilmini öğrenen, bir tâat ile birkaç iyi niyet yapabilir ve hepsi tâat olur. Meselâ bir mescidde duruşu örnek verebiliriz.

Mescidde itikâf giren bir kimse niyet eder ki, burası Allah'ın evidir. Buraya gelenler Allahû Teâlâ'yı ziyaret etmiş olur. Çünkü Resûlullah (s.a.v.) buyurmuştur ki: *"Mescide giren, Allah'ı ziyârete gitmiştir."* İkincisi: Bir sonraki namazı gözetir. Resûlullah (s.a.v.) Efendimiz bir Hadîs-i Şerîflerinde: *"Namazı gözeten, namazdadır."* Üçüncüsü: Bunun için özünü, kulağını, dilini, elini ve ayağını kımıldatmamaya niyet eder. Bu bir nevi oruçtur. Hadis-i Şerifte: *"Mescidde oturmak ümmetimin ruhbâniyetidir."* buyurulmuştur. Dördüncüsü: Meşguliyetleri bırakır, kendini bütün varlığıyla Allahû Teâlâ'ya verir, fikir, zikir ve münacââtla meşgûl olur. Beşincisi: İnsanlara karışmaktan ve onların kötülüklerinden kurtulmuş olur. Altıncısı: Mescidde kötü birşey görürse men eder, iyi birşey görürse yapılmasını söyler. Bir kimse namazı iyi kılmıyorsa ona öğretir. Yedincisi: Dinini seven ve kayıran birisini bulup onunla din kardeşi olabilir. Bütün tâatlar da buna benzetilebilir.

Resûlullah (s.a.v.) Efendimiz şöyle buyurmuştur: *"Kula yaptığı herşey sorulacaktır. Gözüne sürdüğü sürme, parmağına sürdüğü kerpiç ve bir kardeşinin elbisesine dokunması bile sorulacaktır."*

Güzel koku kullanmak mübâhtır. Bir kimsenin Cuma günü güzel koku sürmesi, zenginliği ile övünmesi, gösteriş yapması veya yabancı kadınların gönlünü kazanması gibi kötü niyetlerle de olabilir. Burada iyi niyet Cuma'ya hürmet, Allah'ın evi olan camiye ta'zim, komşularına rahatlık ve başkalarını rahatsız etmemek için kendinden çıkan kötü kokuları örtmek ve böylece o kimseleri gıybet günahından kurtarmak, dimâğın saf olması için onu kuvvetlendirmek ve daha çok zikir ve fikir yapabilmek içindir. Bu ve bunun gibi düşünceler iyilik yapmak niyetinde olanlarda görülür ve her biri Allahû Teâlâ'ya yaklaştırıcı sebep olur. Geçmiş din büyükleri böyleydi. Yemek yerken, helâya giderken ve hanımları ile sohbet ederken, her birine ayrı ayrı niyet ederlerdi.

Hiçbir mübâh hayra sebeb olmaktan uzak değildir. Hayra niyet edilince sevabına kavuşulur. Meselâ; iyi bir mü'minin hanımı ile sohbet ederken niyetine, çocuğu olup Resûlullah Efendimizin ümmetinin çoğalmasına sebep; olmak hanımını rahat ettirmek, onu ve kendini günahlardan korumak istekleri girebilir.(90)

İhlâs

Cenâb-ı Hak (C.C.) Fâtiha sûresinde mü'minleri şöyle demeğe çağırıyor: *"Ancak sana ibadet ederiz ve ancak senden yardım dileriz."*

Deniliyor ki:

— İlim tohumdur, amel ziraat... Onun suyu ihlâstır!

İhlâsın Hakikatı

Cenâb-ı Hak buyuruyor:

"Size onların karnındaki işkembe pisliği ile kan arasından hâlis bir süt içiriyoruz ki, içenlerin boğazından âfiyetle geçer." (En-Nahl sûresi, âyet: 66)

Sütün hâlisliği, ancak onun içine kan ve pisliğin ve sütle katışması mümkün olabilen şeylerin karışmamasıyla mümkündür.

---

90 Kimyâ-yı Saâdet, sh: 688-689 (özet)

Yahyâ bin Muaz demiştir ki;

— İhlâs, ameli -tıpkı sütün ters ve kandan ayırd edilmesi gibi- ayıplardan ayıklar.

İhlâs, karışıksız demektir. İhlâsın zıttı işrak (katışmak)tır.

"İhlâs, bütün işleri Allah için yapmaktır."

Meselâ: Oruç tutan bir kimsenin maksadına, sıhhati için perhiz yapmak, yemek pişirmek ve hazırlamak sıkıntısından kurtulmak olsa, yolda kuvvetleneyim, daha sıhhatli olayım, etraf seyredeyim, şehirler göreyim, çoluk çocuk sıkıntısından kurtulayım, düşmanın zararlarından emin olayım düşünceleri hacc niyetine karışsa, konuşmamak sıkıntısından ve gönül darlığından kurtulmak niyetiyle de ders ve ilim okutulsa; vermemekten utanmak niyetiyle de fakire birşey verilse; hasta olduğu zaman kendisini de ziyarete gelsinler ve ona sitem etmesinler ve incitmesinler niyetiyle de hasta ziyaretine gidilse bunların hepsi az da olsa, çok da olsa ihlâsı bozar. Hâlis olan niyyet nefsin hiç pay almadığıdır.

Maksadlar ve insanlık sıfatları arasından saf ve hâlis işi çıkarmak işkembe ve kan arasından sütü ayırmak gibi zordur.

Bundan kurtuluş çaresi, kalbini dünyadan keserek Allah sevgisinin kuvvetlenmesidir. Kalbinde dünya sevgisi kuvvetli olan kimse ise namaz ve oruçta bile çok zor ihlâslı olabilir. Çünkü bütün ameller kalbin sıfatında olur ve ona doğru meyleder.

Havâriler, Hazreti İsa (a.s.)'dan sordular:

— Amellerden hâlis olan hangisidir?

Hz. İsâ (a.s.)

— O kimse ki Allah için amel eder ve o amelden ötürü hiç kimsenin kendisini övmesini sevmez. Onun ameli hâlis ameldir, diye cevap verdi.

El-Muhâsibî buyurdu: İhlâs, halkı Rabbin muamelesinden çıkarmaktır.

Doğruluk (Sıdk)

Cenâb-ı Hak (c.c.) buyuruyor ki:

"Mü'minlerden öyle erkekler vardır ki, Allah'a verdikleri sözde sadâkat gösterdiler." (Ahzâb sûresi, ayet: 23)

Sıdk doğruluk demektir. Sıdkı şu altı şeyde özetleyebiliriz.

Birincisi dilde sıdk: Kişi hiç yalan söylemez, ne geçmiş haberlerden ve ne bulunduğu hâlde, ne verdiği sözde yalanı görülür. Münâcaatında "yüzümü sana döndüm" dediği zaman, kalb yüzü dünyaya dönmüş ise yalan söylemiş olur, yüzü Allahû Teâlâ'ya dönmemiş olur.

İkincisi; niyette olur. Müslüman tâatinde yalnız Allahû Teâlâ'yı kastederse bu ihlâs olur. İhlâsa da sıdk denir.

Üçüncüsü; azmetmektedir. Sıddık olan vâli olsa adâlet etmeye, malı olsa sadaka vermeye, kendinden daha iyi idare eden bir kimse ortaya çıkınca, vâliliği ona teslim etmeye azmeder.

Sıddık daimâ iyiliğe azmetmeye kendinde büyük kuvvet bulan kimsedir. Nitekim Hz. Ömer (r.a.): "Ebû Bekir (r.a.)'in içerisinde bulunduğu bir kavme emir olmaktansa boynumun vurulması daha sevimlidir" diyerek iyilik ve maslahatta azmini göstermiştir.

Dördüncüsü; Sıdkı azme vefâ etmededir. Bunun hakkında Kur'ân'daki sahâbenin doğruluğunu misal verebilirz. *"Onlar Allah'a ahdettiklerinde sadık kaldılar."* (Ahzâb sûresi, âyet: 23)

Beşincisi; ameller kişinin kalbine bir sıfat vermelidir. Meselâ bir kimse ağır yürüse ve kalbinde bu vekâr olmasa sâdık olmaz. Bu sıdk gizli ve âleni olanını benliğe yerleştirmekle olur.

Resûlullah (s.a.v.) Efendimiz şöyle dua etmiştir:

"Yâ Rabbî, içimi dışımdan iyi eyle, dışımı çok iyi eyle."

Altıncısı; Mü'mini, kâmil mü'min yapan sıfatların söz ve fiil olarak yaşanması bu vasıfların kendi hayatına en iyi ve etkili şekilde tesirli olmasının sağlanması ile gerçekleşir. Zühd, takva, muhabbet, tevekkül, havf-reca, rıza ve sevk gibi hallerden her mü'minde biraz bulunur, fakat zayıf olur. Bunlarda kuvvetli olan sâdık olur.

Bu altı işte sâdık olup en üstün derecede olana sıddîk denir. Bunların bazısında sâdık olana sıddîk denmez. Derecesi sıdkına göre olur. Sözlerinde ve işlerinde doğru olmak müslümanın özelliklerindendir.

İyi İnsanlarla Yaşamak

Muttâki müslümanın bir ahlâkî davranışı da salihlerle bir arada bulunmak, onların takva ve amellerine yaklaşmaya çalışmaktır. Şuurlu bir müslüman insanların hayırlıları ile dost olur.

İyi bir insanla bir arada bulunmak, insanın kalbine rahatlık ve sevinç verir. Hiç hatırdan çıkmaması gereken Nebevî bir misâl:

"Salih arkadaş ile kötü arkadaşın misâli misk taşıyan ile körük üfleyenin misâli gibidir. Misk taşıyan ya sana hediye eder veya sen ondan satın alırsın. Veyahut da onda güzel bir koku bulursun. Körük üfleyen ise ya elbiseni yakar veya onda pis bir koku bulursun."(91)

Tefekkür

Kelime itibâriyle düşünmek, zihni bir hususta yormak gibi mânâlara gelen tefekkür İslâm'ın üzerinde ehemmiyetle durduğu bir husustur. Çünkü; İslâm'ın emirleri, nehiyleri, tavsiyeleri, üzerinde düşünmeyen, bu âlemde var olan herşeye zihin yormayan, vücûda gelen hâdiseleri düşünce süzgecinden geçirmeyen bir mü'min İslâm'ın yüceliğini anlayamaz.

Tefekkür Kur'ân'ın muhtelif yerlerinde emredilmiş ve Allah'ın yaratıkları üzerinde düşünmeyenler ayıplanmıştır. İşte şu âyette Allahû Teâlâ (c.c.) gerçek akıl sahiplerine işâret ederek şöyle buyuruyor:

"Onlar (o sâlim akıl sahibleri) *ayakta iken, otururken, yanları üstünde* (yatar) *iken* (hep) *Allah'ı hatırlayıp anarlar ve göklerin, yerin yaratılışı hakkında inceden inceye düşünürler. İşte onlar şöylece tesbih ve niyaz da bulunur dururlar.*

---

91 Müslüman Şahsileti, sh: 203.

Ey Rabbimiz... Sen bunları boşuna yaratmadın, sen münezzehsin, artık bizleri ateşin azabından koru..." (Âli İmrân sûresi, âyet: 191)

Hz. İsa (a.s.)'a: Ey Rûhullah, yeryüzünde, senin gibisi var mı? dendiğinde: "Evet vardır. Sözleri zikir, susması fikir (düşünce) ve bakışı ibret olmak için olan benim gibidir" buyurmuştur.

Resûlullah (a.s.) Efendimiz buyurmuşlar: *"Bir saat tefekkür bin sene ibâdetten iyidir."*

— Eğer insanlar Allah'ın azameti hakkında düşünseydi, Allah'a asla isyân etmezlerdi.

İbn-i Abbas (r.a.) anlatmıştır:

Bir kavim, Allah'ın zâtı hakkında düşünceye daldılar. Bunun üzerine Resûlullah (s.a.v.) şöyle buyurdu:

"Allah'ın mahlûkatı (yarattıkları) *hakkında düşününüz. Fakat O'nun zâtı hakkında düşünmeyiniz. Çünkü sizler Cenâb-ı Hakk'ı gereği gibi anlayıp kavramaktan âcizsiniz."* (92)

Düşünce bütün hayırların başlangıcı ve anahtarıdır. Düşüncenin meyvesi, ilim ve mevcut olmayan ma'rifeti elde etmektir. Kalbde bilgi hâsıl olduğunda kalbin durumu değişir. Kalbin hâli değişince de organların amelleri değişir.(93)

İnsan düşüncesinin alakadar olduğu hususlar çok çeşitli olmakla beraber bunları aşağıdaki dört sınıfta toplamak mümkündür.

Ma'siyyetler:

Bir insanın her gününün sabahında yedi âzâsının ve bütün bedeninin yapması mümkün fiilleri üzerinde düşünmesi gerekir ki, o anda bir günah işliyorsa onu bıraksın veya dün bir günah yaptı ise onu terketmek ve pişmanlık duymakla telâfi etsin veya içinde bulunduğu gününde bir günaha maruz kalması muhtemel ise ondan sakınmaya ve uzak durmaya çalışsın.

92 Gazâli'den Vaazlar, sh: 678
93 Gazâlî'den Vaazlar, sh: 678.

Tâatlar

Müslüman, ilk önce üzerine borç olan farzlara bakar. Onları nasıl edâ ettiğini, noksanlık ve kusurlardan nasıl koruyacağını, eksik olanlarını nasıl telâfi edeceğini düşünür. Müteâkiben ayrı ayrı her uzvunu tetkik eder. Allah'ın sevdiği işlerden o organla ilgili olan fiili nasıl yapacağını düşünür.

Bütün bunların yanında Allah'ın kendisinin emrine verdiği mal evlat ve mevkiyi yerli yerinde kullanarak nasıl hakkın rızâsına kavuşacağını tefekkür eder.

Helâk Edici Sıfatlar

Bu sıfatların merkezi kalbdir.

Bunlar kalbi istilâ eden şehvet, gazab, cimrilik, kibir, kendini beğenmişlik, riyâ, çekememezlik, kötü zan, gaflet, gurur ve benzerleridir.

Kişi kalbinde bu sıfatların bulunup bulunmadığını araştırır, varsa onları giderme yolları üzerinde düşünür. Zira tedâvi edilmeyen bu hususiyetler insanı helâke götürür.

Kurtarıcı Sıfatlar:

Bunlar tevbe, günahlara nedâmet, belalara karşı sabır, nimetlere şükür, korku, recâ, dünyaya karşı zühd, kullukta ihlâs ve sadakat, Allah sevgisi ve O'na derin hürmet, Allah'ın fiillerine rıza, O'na karşı huşû ve tevâzudur. Kul Allahû Teâlâ'ya yaklaştırıcı bu sıfatlardan kendisinde olmayanları araştırır ve bunları telâfi yollarını düşünür. Onlardan birine muhtaç olduğu vakit bu sıfatları ilimlerin, ilimleri de ancak düşüncelerin doğurduğunu bilmelidir. Bunların hepsini bir arada zikretmek istersek, bu hususta Kur'ân-ı Kerîm'i düşünerek okumaktan daha faydalı birşey bulunmaz.

Allahû Teâlâ'nın Mahlûkatı Hakkında Düşünmek

"Allahû Teâlâ'nın dışında, varlık âleminde olan herşey Allah'ın fiili ve yaratığıdır.

Kâinatın her zerresinde hayret verici acayiplikler, gariblikler vardır. Allah'ın hikmeti, kudreti, celâli ve azameti bunlarla açığa çıkar. Bunları saymanın imkânsızlığı âşikardır.

Kâinat, sınırı görülemeyecek kadar geniştir. Fakat hiçbir şey Allah'ın ilmi dışında değildir. Kâinat deyince akla sadece gördüğümüz âlem gelmemelidir. Melekler, cinler gibi göremediğimiz nice varlıkların da âlemi vardır. Bütün bunlar "Allahü Ekber" ibaresi yanında küçüktür. Çünkü kâinatı yaratan ve idare eden Allah'tır. Bütün bunları bilmek ve bunlar üzerinde düşünmek kişiyi gerçek iman ve salih amele götürmüyorsa kullar indinde önemli birşey gibi görünse de Allah indinde bir mana ve ehemmiyeti yoktur. Kâinat ilâhi bir sanat galerisidir. Allah (c.c.) varlığının alametidir. Kur'ân-ı Kerîm ise sonsuzluk rehberidir. Onun için Kur'ân'ın ruhlar üzerindeki tesiri sınırsızdır. Asıl tefekkürde bâtıldan hakka intikaldir.

Tefekkür gibi ibâdet yoktur.

Sâlih Kul İçin Mal Hayırdır

Allahû Teâlâ Hazretleri Kur'ân-ı Kerîm'inde bir çok âyetinde mala "Hayır" ismini vermiştir.

"Hem mallarınızı, hem de oğullarınızı çoğaltır ve size bahçeler yaratır, ırmaklar akıtır." (Nûh sûresi, âyet: 12)

Resûlullah (s.a.v.) Efendimiz de meşhur hadislerinde şöyle buyurmuşlardır:

"Salih mal, salih kişinin elinde ne güzeldir."

Diğer bir hadislerinde Resûl-i Ekrem (s.a.v.) *"Fakirlik neredeyse küfür olacaktı."* buyurmuştur. Âyet-i kerîmeler ve hadis-i şeriflerde malın yerilmesi ve övülmesine rastlayanlar bir tenakuz olduğunu zannetmemelidir. Bu âyet ve hadislerdeki espiri malı kullanma yönündendir. Belki mal, hem hayrın, hem de şerrin sebebidir. Basiret sahibi ve hayrı şerden ayırdeden bir kimse idrak eder ki malın memduh kısmı zemmedilen kısmının başkasıdır.

Malın Fâideleri

"Malın tehlike ve fâidelerini bilen bir kimse malın şerrinden sakınma, hayrını elde etme imkânına sahiptir.

Fâideleri: Bunlar da dünyevî ve dinî olmak üzere iki kısma ayrılır.

Dünyevî fâideleri herkes tarafından bilinir. Mâli kudrete sâhip olan kimse dünyada rahat yaşar. Fakirliğin endişesinden kurtulur.

Dinî fâidelerini ise üç nevide toplayabiliriz.

Birinci nevi:

Kişi malını ibadet veya ibadete yardım eden hususlarda harcarsa hayra yönelmiş olur. Hacc ve cihad için sarfedilen mal böyledir. Mâli kudreti olmayan bu ibadetlerden mahrum olur.

İbadeti takviye eden hususlara gelince: Kişi rahat ibadet yapmak için yemeğe, giyime, barınmağa, evlenme ve ev edinmeye ihtiyacı vardır. Bunları bulamayan kişinin kalbi her zaman bunları temin endişesine takılır. Bu sebeple insanın başkasına muhtaç olmayacak ölçüde mâli imkâna sahip olması iyidir.

İkinci nevî:

Halka sarfedilen maldır, bu dört kısma ayrılır.

1- Sadaka

2- İnsâniyet, ikram, mürüvvet

3- Namusu korumak

4- Çalıştırma ücreti

Sadaka: Onun sevabı ve cemiyetteki fâideleri herkesin malumudur. Mürüvvetten gaye, ziyafetler vermek, yardımda bulunmak gibi şeylerdir. İhsan, ikram ve verilen hediyeleri de içine alır. Bu sadakadan ayrı birşeydir. Böylece kişinin çevresi genişler dostu artar. Fakat, bununla gösteriş yapmamalı ve kibire kapılmamalıdır.

Namusu korumak hususuna gelince: Bununla kişiden şâirlerin hicvinin defi, sefihlerin hakaretinin önlenmesi ve aleyhte konuşmalarının durdurulması, şerlerinin uzaklaştırılması için verilen malı kastediyoruz. Bu mal da fâidesi acilen temin olunmakla beraber dinî nasiblerdendir. Nitekim Resûlullah (s.a.v.) Efendimiz şöyle buyurmuştur:

"Bir mal ki, mü'min onunla nâmusunu koruyor, o maldan ötürü o mümine bir sadaka sevabı yazılır!"

Verilen bir malla gıybet yapan, gıybetinin günahından alıkonulduğu gibi, düşmanın konuşmasından da sakınılmış olunur.

Çalıştırmaya gelince: Çalışmak, yorulmak, alın teri dökmek güzel olduğu gibi övülmüştür de. Bununla birlikte yapacağı bedenî çalışmalar bir kimsenin kendisini daha büyük menfaat ve maslahatlardan alıkoyuyorsa maddi imkânını kullanarak başka insanları çalıştırabilir. Zira kendisinin yapması gereken ilim, amel, zikir ve fikirle meşguliyetine çalışması manidir. Zikir bir kimsenin yerine başkası tarafından yapılması da tasavvur olunamaz.

Üçüncü nevi: Mal ile umumi hayırlar yapılır. Camiler, köprüler, tekkehâneler, dârülacezeler inşa edilip hayır için nice nice vakıflar kuruluyor. Bunlar ebedi hayırlardandır. Ölümden sonra da menfaati devam eder. Bir de, dilencilik zilletinden kurtulmak, fakirlik hakaretinden halâs olmak, halk arasında izzet ve cömertliğe varmak, arkadaşlar, yardımcılar ve dostların çok olması, kalplerde kendisine karşı ikram ve vakarın belirmesi gibi malın temin ettiği dünyevî fâideler vardır.(94)

Dua Etmek

Dua lügatta, ibadet mânâsınadır.

94 İhyâ, c.7-240-247 özet.

Nitekim, Nu'man bin Beşir, Resûlullah (s.a.v.) Efendimizden şu hadisi şerifi rivâyet etmiştir.

"Dua, ibadetin tâ kendisidir."

Allahû Teâlâ'ya boyun bükerek, yalvarıp iyiliği elde etmeyi veya kötülük ve sıkıntıdan uzak kalmayı istemektir.

Cenâb-ı Allah (c.c.) şöyle buyuruyor:

"Rabbiniz buyurdu ki: Bana dua (ibadet, kulluk) edin ki size karşılık vereyim. Bana kulluk etmeyi büyüklüklerine yediremeyenler alçalmış olarak cehenneme gireceklerdir." (El-Mü'min sûresi, âyet: 60)

"Müfessirler bu âyet-i kerîmenin tefsirinde diyorlar ki: Burada duadan murad ibadettir. Bundan anlaşılıyor ki, dua etmek namaz kılmak, oruç tutmak gibi bir ibadettir."

Resûlullah (s.a.v.) Efendimiz bir hadis-i şeriflerinde şöyle buyuruyorlar:

"Kul dua ile şu üç şeyden birisini muhakkâk elde eder:

Yâ kendisinden afvedilen günah,

Yâ kendisine dünyada iken verilen bir hayır,

Yahut da kendisi için azık olarak toplanmış ve âhirette alacağı bir hayır."

Âyet-i kerîme ve hadis-i şeriflerdeki dualar en güzel dualardır. Müslüman bunları öğrenmeli bunlarla dua etmelidir. Resûlullah (s.a.v.) Efendimizin kişinin hayatında rastlayabileceği her hususta duası vardır. Seleften bazıları, zillet ve fakirlik lisanıyla dua ediniz demiştir.

Deniliyor ki:

"Âlimler ve abdallar, dualarında yedi kelimeyi aşmazlardı. Nitekim Bakara sûresinin sonundaki âyetlerde bunu öğretmektedir. Çünkü Allahû Teâlâ kullarına dualarında bundan fazlasını haber vermemiştir."

Ebû Süleyman Dârânî diyor ki: "Allah'tan birşey isteyecek kimse önce Salâvât-ı şerîfe getirsin, sonra ihtiyacını istesin ve sonra Sâlâvat-ı şerîfe ile duasını bitirsin. Zira Allahû Teâlâ'nın iki taraftaki Salâvât-ı şerifeyi kabul ederken aradaki dileği de kabul etmemesi onun keremine yakışmaz." (95)

Duası Kabul Olanlar

"Âdil hükümdarların, mazlumların duaları red olunmaz. Sıkışmış ve daralmış olanların, salihlerin, velilerin, misafirlerin, iftar vaktindeki oruçlu kimselerin, anne ve babasını incitmeyenlerin, babanın oğluna, özellikle bedduası, henüz tevbe etmiş, yahut henüz müslüman olmuş kimsenin, bir müslümanın diğer müslümana gıyabında duası elbette kabûl olur. Bir kimseye ihsan edenlerin, özellikle hocaların duası ve bedduası süratle kabul olur demişlerdir. Hasta olan kimsenin duası da kabule şayandır.

Duanın Kabul Alametleri

Kesin olmamakla birlikte şu hususlar duanın kabulüne alamet kabul edilmiştir.

Dua eden kimseye duada iken, yahut duadan sonra, gayr-ı ihtiyâri huşu gelse, yahud aksırsa, yahud rahatlarsa, vücûdu titrese, yahud rahat olup yük altından çıkmış gibi hafiflese, o kimsenin duası kabul olmuş olur denmiştir.

Hâtimeden Korkmak

"Muttakilerin en büyük korkusu, son nefeste imanla gidip gitmemek korkusudur."

Günahı sebebi ile Allah'tan korkan, günah işlemekten vaz geçince niçin Allah'tan korkayım diyebilir. Büyük korku ezele ait korkudur. Acaba onun saâdetine mi, şekâvetine mi hükmolunmuştur. Bâsîret sahiplerinin korkusu bu sebeple, akıbetlerinin ne olacağın-

---

95 İhyâ, c. 3, sh: 129-135 Özet.

dandır. O korku hiç gitmez. Resûlullah (s.a.v.) Efendimiz Abdullah b. Mes'ud'un rivâyet ettiği bir hadislerinde şöyle buyurmuştur:

"... *Kendisinden başka hak ilâh olmayan Allah'a kasem ederim ki, içinizden öyle adam bulunur ki cennetliklerin amellerini yapa yapa kendisi ile cennet arasında bir arşından ziyade mesafe kalmaz. Derken* (hükm-i) *kitab ona galabe eder de cehennemliklerin yaptığı ameli yapar ve cehenneme girer.*

Kezâlik içinizde öyle adam bulunur ki, cehennemliklerin amelini yapa yapa kendisi ile cehennem arasında bir arşından ziyade mesafe kalmaz. Derken (hükm-i) *kitab ona galebe eder ve cennet ehlinin amelini yapar da cennete girer.*"

Bu ümmetin bütün evliyaları, arifleri; ayrıca, bütün mahlukatın dosdoğru olduklarına Allah (c.c.) katındaki yerlerinin yüceliğinin yanı sıra insanlar arasında da kabul gördüklerine şahit olduğu, kendilerinden keramet ve harikulade hallerin rivâyet edildiği, övgülerinin dillerde dolaştığı kimseler; iman ile ölmeye yani güzel sona verdikleri aşırı önemle tanınmışlardır. Hatta bu onları bir an bırakmayan en büyük endişeleri olmuş, güzel amellerine, gösterdikleri gayret ve çabalara güvenmiyerek insanların kendileri hakkındaki inanışlarına kanmayarak şu hadisi hatırlayıp korkmuş ve titremişlerdir.

Ebû Hureyre, Resûlullah (s.a.v.)'in şöyle dediğini rivâyet ediyor: *"Hiçbirinizi ameli kurtaramaz."* Ashab, "Seni de mi yâ Resûlallah?" dediler.

Peygamberimiz; *"Allah rahmetiyle kuşatmadıkça beni de... İstikâmet üzere olup orta yoldan ayrılmayın."* buyurdu. Bir İslâm büyüğü:

"Bir kimsenin elli sene tevhîd üzere olduğunu bilsem, yanımdan bir duvarın arkasına gitmek kadar uzaklaşsa, tevhîd üzere olduğuna şahitlik edemem! Çünkü kalp hali değişebilir ve neye döndüğünü bilemem" demiştir.

Hz. İsa (a.s.) havarilerine: "Siz günahtan korkarsınız; biz peygamberler küfürden korkarız." buyurmuştur.

"Sû-i hatime, ölüm zamanında imanın alınması, imansız gitmek demektir.

Bunun birçok sebebleri vardır. Lakin bunun ilmi örtülüdür."

Bilinen sebeblerden biri: "Bir kimsenin batıl bir bidate itikad etmesi ve ömrünü bu itikad üzere geçirmesidir. Bunun hata olabileceğini düşünmez. Ölüm yaklaşınca iş açığa vurulur. Hatta hatası kendine gösterilir. Bu sebeble, sahib olduğu diğer inançlar da şübheye düşmüş olur. Çünkü itikadına itimadı kalmaz ve şüphe üzere gider. Bu tehlike bidat sahibi içindir.

Diğer sebeb: Aslında imanın zayıf olması, dünya sevgisinin çok ve Allah sevgisinin az olmasıdır. Ölüm zamanında bütün arzu ve şehvetlerinin kendisinden alındığını, dünyadan kahır ile çıkarıldığını ve istemediği yere götürüleceğini görür ve kendisine böyle yapıldığını görünce, kötü düşüncesi artar, o az sevgi de kalmaz."(96)

Salih Muhitte Yaşamayı Tercih Etmek

Müslüman, müslüman bir muhitte yaşamaya teşvik edilmekte, müslüman olmayan muhitte ikametine cevaz verilmemektedir. Kanaatımızca yasağın çeşitli yönleri olmakla beraber bilhassa bunun kültür ve telkin yönü birinci planda nazara alınmıştır. İnsan, fıtratı icabı, muhitin emrivakisine mârûz olmakla dinî yaşayış ve tefekkürüne tesir edecek bir müddete ulaşmadan, yabancı bir muhitte kalabilir. Bu müddeti aştığı takdirde, *"Kim müşriklerle bir olur yani muvâfakat, refâkat, onunla beraber yürüme ve (onun diyarında) onunla ikamet ederse aynen müşrik gibi olur."* hadisinin tehdidine maruzdur. Böyle bir durumda ona, orayı terk (yani hicret) terettüp eder.

Gerekirse Hicret Etmek

"Yaşadığı muhit içtimai müesseseleri ile kendi temel prensiplerine zıd olur, bir başka deyişle şahsına ve ailesine vermek zorunda

96 İhyâ c. 9, sh: 73.

olduğu mütemadi terbiye ve telkine ters istikamette işlerse müslüman, o muhiti terk etmek "hicret etmek" zorundadır.

İmam-ı Mâlik'in ifadesiyle: "Münkerin açıkça işlendiği yerden göç etmek gerekir. Eğer kötülük gizli olursa sadece işleyene zarar verir."

Allahû Teâlâ Hazretleri buyuruyor:

"Nefislerine zulmeder oldukları halde meleklerin canlarını aldığı kimselere melekler şöyle derler: "Ne işte idiniz?" "Biz yeryüzünde zâif kimselerdendik, hicret etmekten acizdik" derler. Melekler de "Allah'ın arzı geniş değil miydi, siz de oraya hicret etseydiniz ya!" derler. İşte onların yeri cehennemdir. O ne kötü bir dönüş yeridir." (Nisâ sûresi; âyet: 97)

Müslüman, "içinde bulunduğu çevre şartlarını "diliyle, eliyle değiştiremediği gibi, bu şartlar kalbi buğzla tesirinden kurtulamayacağı icbari bir hakimiyyet ve şümule ulaşmışsa, orayı terketmek zorundadır."

"Gayr-i salih içtimai muhitin behemehal terketmekle ilgili olarak Kur'ân-ı Kerîm'de yahudilerin Mısır'dan çıkış hikâyesini, kavimlerinin, küfründen dolayı onları terkederek mağaraya giren, Ashâb-ı Kehf hikâyesini görüyoruz."

Allahû Teâlâ'ya en sevimli kimseler dinleri sebebi ile yurtlarını terkeden gariplerdir. Allahû Teâlâ kıyâmet gününde onları Meryem oğlu İsa (a.s.) ile baas eder.

Allah (c.c.) Yolunda Cihad Etmek

İslâm'da cihad; şartları, hükümleri, kendisine has prensipleri ile bütün dünya için bereket ve hayır kaynağı, insanlık için de bir rahmettir.

Cihâd İslâm'ın özelliklerinden, temellerinden ve Resûlullah (s.a.v.) Efendimiz'e en sevgili gelen amellerdendir.

Yüce Allah buyuruyor:

"Hiç bir fitne kalmayıncaya ve din tamamen Allah'ın oluncaya kadar onlarla savaşın." (Enfal sûresi, âyet: 39)

Cihâd birkaç çeşittir.

— "Mâlî cihâd. Bu, Allah (c.c.) sözü daha yüce olsun diye mâli yardımda bulunmaktır. Bu çeşit cihâd da oldukça önemli bir anlam taşır. İslâm ümmetinin hayatta yapacağı ister tebliği, ister ta'limî; ister siyasî, ister çatışma cihetiyle olsun, mali imkâna büyük çapta ihtiyaç söz konusudur.

Bir hadis-i şerifte buyurulmuştur:

"Kim Allah yolunda savaşan bir gaziyi teçhiz ederse, gerçekten o da savaşmıştır. Kim de savaşa çıkan bir gazinin ev halkını koruyup ilgilenirse, o da savaşa çıkmış sayılır." (97)

— Tebliği cihâd. Bu islâm'ı dil ile tebliğ anlamına gelir. Kâfirlere, münâfıklara, inkârcılara ve doğru yoldan sapanlara İslâm dâvetinin hak olduğunu kesin delillerle anlatmakla gerçekleşir.

Resûlullah (s.a.v.) Efendimiz buyurmuşlardır:

"Kim doğru yola davet ederse, ona uyanların ecirlerinden bir misli kendisine vardır. Bu onların ecirlerinden bir şey eksiltmez." (98)

— Öğretim yoluyla cihâd. Bu İslâm topluluğunu ilim, kültür ve fikir yönlerinden oluşturmak için gereken bütün gayreti sarfetmek ve İslâm'ın bir bütün olarak oluş, hayat ve insanla ilgili düşünce ve duygusunu en doğru şekilde yansıtmakla gerçekleşir.

— Siyâsi cihâd. Bu İslâm devletinin İslâm esaslarına, kapsamlı genel kaidelerine ve kısaca hüküm nizamında hâkimiyyetin yalnız Allah'a âit olduğuna göre kurulması için bütün Cehd-u gayreti sarfetmektir.

— Vuruşmak yoluyla cihâd.

Bu, her tağutun karşısına bütün gayret ve yeteneği ortaya koyarak durmaktır. Mü'min Allah'ın hükmüyle amel edilinceye kadar

---

97 Kütüb-i Sitte

98 Müslim

savaşır. Onun dâvetini yer yüzünde yaymaya çalışır. İster bu tağutlar islâm ülkelerinde, isterse dar-i harpte bulunsunlar hepsiyle sözü edilen mücâdele sürdürülür.

Cihâdın Mertebeleri

Cihâdın dört mertebesi vardır; nefisle cihâd, şeytanla cihâd, kâfirlerle cihâd, münâfıklarla cihâd. Allah katında en güzel ahlâk cihâdın bu her dört mertebesinin de tamamlanmasıdır.

Cihâd, insanın yalnız fisebilillah kılıç sallaması değildir. İnsanın annesine, babasına bakması da cihâddır. Evladına bakan da cihâddadır. Başkasına muhtaç olmamak için çalışan da cihâddadır.

Edeb

"Edeb" kelimesi lûgat yönünden, esâs itibâriyle, halkı yemeğe çağırmak, ziyafete davet etmek mânâsına gelen edb aslından türemiştir. Ta'dib, edeb vermek demektir. Günümüzde ahlâk, terbiye ve edeb kelimelerinin her biri diğerinin yerine kullanılmaktadır. Ahlâk-ı Hamîde'nin bir bölümü de edebdir. Edeb iki kısımdır. Biri; âdâb-ı muâşeret dediğimiz, aileden başlayarak cemiyyete doğru ve cemiyetin her tabakasına uzanan belli edeblerdir. Meselâ, talebenin hocasına, çocukların ebeveyn ve akrabalarına, vazifeleri gibi.

Bir de Mevlamıza karşı olan hürmet, saygı ve ta'zimin mukâbili, gönüllerimizde de hasıl olan edeb vardır. İbn-i Mübârek: "Edeb, mâ'rifet-i nefisden ibârettir." buyurmuştur. İnsanoğlu belli dönemlerden geçerek olgunlaşmaktadır. İslâm'da her türlü edebe verilen önem doruk düzeydedir. Şimdi halk arasındaki edeblerden bir kısmını görelim.

Misafirperverlik

Müslüman misâfirperver olur. Misafiri güler yüzle karşılar ve ona ikram etmeye koşar.

— Resûlullah (s.a.v.) Efendimiz meşhur hadislerinde şöyle buyurmuşlardır:

"Allah'a ve âhiret gününe iman eden misafirine ikram etsin."

Misafir kabul etmekten kaçınmamalı ve gelen misafire imkânlar ölçüsünde ikramda bulunmalıdır. Efendimiz (s.a.v.) şöyle buyurmuştur:

"Misafire ikram etmeyende hayır yoktur."

Hz. Enes (r.a.)'da şöyle demiştir:

–Misafirin girmediği bir eve melekler de girmez.

–Ansızın gelen misafirden de korkulmamalıdır. Gücünün yettiği ve hazır olanla iktifa edip ikramda bulunmalıdır. Çünkü Resûlullah (s.a.v.) Efendimiz buyurmuşlardır ki:

"Bir kişinin yemeği iki kişiye, iki kişinin yemeği dört kişiye, dört kişinin yemeği de sekiz kişiye yeter."

Hâtem el-Esam diyor ki:

"Acelecilik, beş yerde güzel ve sünnettir. Bunlardan biri de misafire yedirmek hususundadır.

Misafirliğe ev sahibinin maslahatını gözeterek, ancak o izin verdikten sonra gitmelidir.

Misafir olarak bir eve gidildiğinde üç günden fazla kalmamalıdır. Zira ev sahibinin, üç günden fazla kalan misafirden sıkılması çok görülen bir haldir ve belki de fazla kalması gitmesini istemesine sebeb olur."

Nitekim Resûlullah (s.a.v.) Efendimiz şöyle buyurdular:

"Ziyafet üç gündür, fazlası sadakadır."

Ev sahibi samimiyetle misafirin fazla kalması için israr ederse o zaman fazla kalabilir.

— "Her müslüman kişinin yanında misafir için bir kat yatak bulunması müstehabdır."

— Resûlullah (s.a.v.) Efendimiz diğer bir hadislerinde şöyle buyurmuşlardır: *"Misafir için, zorluklara ve zahmete girmeyiniz.*

Zira böyle yaptığınız takdirde ona buğzetmeye başlarsınız. Halbuki misafirden şikayet eden bir kimse Allah'tan da şikayette bulunup buğzetmiş olur."

— Gece kalacak misafir geldiği zaman, ev sahibinin yapması gereken, kıbleyi, helâyı, abdest alacak yeri göstermesidir. İmam-ı Mâlik Hazretleri, misâfiri bulunan İmam-ı Şâfî Hazretlerine bu şeyleri göstermiştir.

İmam-ı Mâlik (r.a.) yemekten önce misafirlerden evvel elini yıkayıp şöyle buyurdu:

"Yemekten önce yemek sahibinin el yıkaması daha uygundur. Çünkü o, misafirleri sofraya dâvet eder. Öyleyse herkesten evvel el yıkama hakkına o sahiptir.

Yemeğin sonunda ise herkesten daha sonra yıkamalıdır. Böylece sonradan gelenleri beklemiş ve onlarla yemek yemiş olur."

— Resûlullah (s.a.v.) Efendimiz bir hadislerinde şöyle buyurmuştur:

"*Misafir ağırlamanın sünnetlerinden biri de onu kapıya kadar uğurlamaktır.*"

— Diğer bir hadislerinde ise Efendimiz (s.a.v.):

"*Misafir gelirken kendi rızkıyla* (nasibiyle) *gelir ve giderken misafir edenlerin günahlarını götürüp onları günahtan temizleyerek gider*" buyurmuştur.

— Resûlullah (s.a.v.) Efendimiz başka bir hadislerinde şöyle buyurmuştur:

"*Ziyafet üç gün sürebilir makbul ve iyi olan ise bir gün bir gece devam edenidir. Allah'a ve âhiret gününe iman eden* (durumuna göre) *misafirine ikram ve ihsanda bulunsun. Allah'a ve âhiret gününe iman eden* (her nerede ve neye dâir olursa olsun) *hayır söylesin, yahut sükût etsin.*"

— Evzâî'ye soruldu:

"Misâfirin kerameti (ikramı) nedir?"

El-Evzâî:

— "Güler yüz ve tatlı sözdür", buyurdu.

— Resûlullah (s.a.v.) Efendimiz buyuruyor ki;

"Bir topluluğa misafir olan kimse onların izni olmadan oruç tutmasın. Bir topluluğun evine giren kendisine emredilen yere otursun. Çünkü onlar (ev sahipleri) *evlerinin durumunu daha iyi bilirler."* (99)

Yemek İkrâmında Bulunmak

Hz. Ali (r.a.) demiştir ki:

"Dostlarıma bir sa' yemek ikram etmem bir köleyi âzâd etmemden daha iyi geliyor bana."

İbn-i Ömer (r.a.) demiştir:

"Seferde güzel ve helâl yemeğin bulundurulması ve arkadaşlara ikram edilmesi, kişinin şerefli oluşuna delâlet eder."

Resûlullah (s.a.v.) Efendimiz de şöyle buyurmuşlardır:

"Sizin en hayırlınız, Allah yolunda yedireninizdir."

Diğer bir hadis-i şeriflerinde Resûlullah (s.a.v.):

"Din kardeşine doyasıya yediren ve kana kana içiren bir kimseyi Cenâb-ı Hak yedi hendek (çukur) *kadar ateşten uzaklaştırır. Bu çukurlardan ikisinin arasındaki mesâfe beş yüz seneliktir."* buyurmuştur.

Dostların, ünsiyet ve ülfetle kendilerine yetecek kadar bir yemek üzerinde içtima etmelerinin dünyaya bağlılıktan olmadığı söylenmiştir.

Resûlullah (s.a.v.) Efendimiz buyurmuşlardır:

"Sizden birinin sofrası önünde açılmış bulunursa kaldırıncaya kadar melekler onun için salât-ı şerîfe getirirler."

Seleften bâzıları arkadaşlarının gönlünü hoş etmek için cemaatla yediği zaman fazlaca yerdi. Tek başına yediği zaman ise pek az yerdi.

---

99 İhyâ c. 3, sh: 403-413. Özet.

Bir hadis-i şerifte Resûlullah (s.a.v.) şöyle demiştir:

"Üç şey vardır ki; insan onlardan hesaba çekilmez: Sahur yemeği, iftar yemeği, arkadaşlarla beraber yenilen yemek."

Fudayl bin İyad demiştir ki:

— Halk, ancak tekellüf ve zorlukları yüklenmekten ötürü bozuşuyor. Şöyle ki; birisi arkadaşını davet ediyor. Onun için bir çok zorluklara girişiyor ve dolayısıyle ikinci bir defa arkadaşının gelmesini böylece önlemiş oluyor.

Kişinin yanında ne varsa hepsini misâfirlere takdim etmesi ve böylece ailesine zarar verip onların kalblerini ezâ ve cefa ile doldurması da uygun görülmemiştir. Bir zât Hz. Ali (r.a.)'yi davet etmiş. Hazret-i Ali, kendisine şöyle demiş:

"Üç şartla senin davetine icâbet ediyorum:

- Çarşıdan bir şey getirmiyeceksin,
- Evinde olanı esirgemeyeceksin,
- Aile fertlerine zarar vermeyeceksin.

Selmân-ı Fârisi anlatmıştır.

"Allah'ın Resûlü, bizde bulunmayan bir şeyi misafir için hazırlamakla zorluk çekmememizi ve ancak elimizde bulunanı ikram etmemizi emir buyurdular."

Enes bin Mâlik ve diğer ashabdan (r.a.) rivâyet edilmiştir ki: "Onlar misafirlerine kuru ekmek ve hurmalardan mevcut olanı takdim ederek şöyle buyururlardı:

"Biz bilmiyoruz acaba kendisine yapılan ikramı hakir görenin mi, yahut yanında bulunan nimeti hakir görüp misafirine takdim etmekten çekinen kimsenin mi günahı daha büyüktür?"

— Süfyân-ı Sevrî (k.s.):

"Müslüman kardeşin ziyaretine geldiğinde, sakın ona "yer misin?" veya "sana yemek getireyim mi? deme. Hazır olanı derhal getir. Eğer yerse ne âlâ, yemediği takdirde kaldır." demiştir.[100]

---

100 İhya, c.3, sh: 375-386 Özet.

Ziyâfet Vermek

Allah rızâsı için ikramda bulunmanın fazileti hakkında bizlere çok sayıda hadis-i şerifler gelmiştir.

Resûlullah (s.a.v.)'a:

"İman nedir?" diye sorulduğunda:

Hz. Resûlullah (s.a.v.) cevâben:

"Yemek yedirmek ve selam vermektir." buyurmuştur.

— Bir ziyâfet veya ikramda bulunmak isteyen kişi takvâ sahibi ve dindar kimseleri davet etmeye bakmalıdır. Fâsık ve fâcirleri davet etmemelidir."

Resûlullah (s.a.v.) bir hadîslerinde şöyle buyurmuşlardır:

"Sen ancak müttakî bir kimsenin yemeğini ye ve yemeğini de sâlih bir kimseye yedir."

— Ziyâfete özellikle zenginleri değil, ekseriya fakirleri davet etmeye dikkat etmelidir.

— Müslümanın, ziyâfetinden akrabalarını mahrum etmemesi gerekmektedir.

— Dost ve tanıdıkların yakınlık derecelerini gözetip ona göre hareket etmesi lâzımdır.

— Verdiği davet ile gurura kapılıp övünmemelidir. Aksine, dostlarının kalbini kazanmayı ve Resûlullah'ın yemek yedirmek ve mü'minlerin kalbine sevinç sokmak hususundaki sünnetine uymayı kastetmeli ve sadece buna niyet etmelidir.

— Davete icâbet etmesi zor olan birisini çağırmamalıdır.

— Geldiğinde herhangi bir sebebden dolayı davette olanların rahatsız olacağı bilinen bir kimseyi de davet etmemelidir. (Çünkü davetlilerin huzurunu kaçırmak çok kötü bir şeydir.)

— Sâlih bir kimseye yemek yedirmek ibadeti hususunda ona yardımcı olmak demektir.

— Fâsık bir kimseyi doyurmak ise, kötü işlerinde onu takviye etmek ve ona destek olmak demektir.[101]

---

101 İhyâ-ı Ulum-id Din, cilt, 3, sh: 388-392 (özet)

Davete İcâbet Etmek

"Davete icâbet sünnet-i müekkededir, icâbetin farz olduğunu söyleyenler de vardır.

Tevrat'da veya semâvi kitapların bazısında şunlar yazılıdır: "Hastanın ziyareti için bir millik mesâfeye; cenâze teşyii için iki mil; davete icâbet için üç mil ve Allah yolunda bir arkadaşını ziyaret için de dört mil mesâfelik yol gitmelisin."

Davete icâbet etmenin edebleri beştir.

Birincisi:

Fakir-zengin ayırımı yapılmamalıdır.

Allah'ın yüce Resûlü köle ve fakir ayırmaksızın herkesin davetine icâbet etmiştir.

Ebû Turap En-Nahşâbi anlatmıştır:

"Bana bir yemek takdim edildi de (hiçbir mâni olmadığı halde yemekten) imtina ettim. Bunun üzerine ondört gün aç kaldım. Düşündüm ve bu cezanın sebebsiz yere reddettiğim davetten geldiğine kanâat getirdim."

İkincisi:

Davet edenin fakirliği ve rütbece yüksek olmaması, icâbete mâni teşkil etmediği gibi gidilecek mesâfenin uzaklığı da mâni teşkil etmemelidir.

Üçüncüsü:

Oruçluyum diye davete îcabetten imtina etmemelidir. Davete icâbet edip hazır olduktan sonra eğer orucunu bozmak arkadaşını sevindiriyorsa, nâfile orucunu hemen bozmalıdır. Orucunu bozup din kardeşine bahşettiği sevinçten elde ettiği sevap, nafile oruçtan elde ettiği sevaptan kat be kat üstündür. Bütün bu ahkâm nâfile oruç hakkındadır. [Farz oruç ise böyle birşey asla mevzubahis değildir.]

Eğer davet sâhibinin kalbî sevinci tamamıyla sabit olmamışsa, onun zâhiri sevincini tasdik ederek orucunu bozmalıdır. Eğer davet sahibinin samimiyetine kesin olarak inanmayıp zorakî davet tertibi olduğuna karar verirse, o zaman orucunu bozmamak için bahaneler iftar etmekten imtina etmelidir.

İbn-i Abbas (r.a.):

"Nâfile orucu, meclisteki arkadaşlarının kalbini hoş etmek için bozmak, iyiliklerin en faziletlilerindendir." demiştir.

Öyleyse bu niyetle nâfile orucu bozmak, bir ibadettir.

Dördüncüsü:

Yemekte şübhe varsa, yayılan örtüler helâlden değilse, davet yerinde ipekli sergiler serilmişse, gümüş kablar kullanılıyorsa, davet yerinin duvar veya tavanlarında canlıların boy resimleri bulunuyorsa, dînen münker olan çalgılar çalınıyorsa, haram oyunlarla meşgul olunuyorsa; gıybet, yalancı şahitlik, iftira, yalan ve benzeri yapılıyor ve dinletiliyorsa, böyle bir davete icâbet etmekten şiddetle kaçınmalıdır.

Bütün bu durumlar icâbete mâni oldukları gibi, müstehab olmasını ortadan kaldırıp haram ve mekruh olmasını icâbettirir. Davet eden, zâlim, bidâtçı, fâsık, şerli ve gösteriş meraklısı bir zorba ise, böyle bir kimsenin davetine icâbet etmemek gerekir.

Beşincisi:

Dâvete icâbetin gâyesi karın doyurmak olmamalıdır. Mü'min davete icabet etmekle Allah Resûlünün: *"Eğer kar'a*(*) *bile davet edilsem icâbet edeceğim."* sünnetine uymayı niyyet etmelidir.

Davete icâbet etmekle kişi icâbet etmemenin mahzurlarından korunmuş olur. Çünkü Allah'ın yüce Resûlü (s.a.v.):

"Çağıranın dâvetine (eğer dinî mahzur ve mazeret yoksa) *icâbet etmeyen şüphesiz Allah ve Resûlüne isyân etmiştir."* buyurmuştur. İcâbet etmekle mü'min kardeşine dostluk ve sevgisini ikram etmeyi niyyet etmelidir. Böylece Allah Resûlü'nün yolunda yürümüş olur. Nitekim Resûlullah (s.a.v.) şöyle buyurmuştur:

---

* Kar': Kabak (veya eti soyulmuş kemik) Ahter-i Kebir

"Kim ki mü'min kardeşine ikramda bulunursa, sanki o Allah'a ikram etmiştir." (102)

Büyüklere Saygı, Küçüklere Sevgi ve Merhamet

"Büyüklük yaşça olduğu gibi, ilim yönünden de olur. Dindarlık ve takvâda ileri giden kimse de büyüktür. Bunların hepsi de makam, mevki, şeref ve itibar bakımından diğer insanlardan daha ileridirler.

Sözünü ettiğimiz bu büyükler, eğer dinde ve dindarlıkta ihlâs üzere bulunur, Rablerinin indirdiği hükümlere sıkısıkıya bağlı kalırlarsa, diğer insanlara düşen vazife bunların kadr-u kıymetini bilmek, saygınlık ve değerlerini korumaktır."

Resûlullah (s.a.v.) Efendimiz şöyle buyurmuştur:

"Küçüklerimize merhametli olmayan, büyüklerimizin hakkını tanımayan kimse bizden değildir."

Başka bir hadis-i şerifte Efendimiz (s.a.v.):

"İhtiyar müslümana, Kur'ân tilâvetini terketmeyip onunla amel eden hafıza ve adaletli devlet reisine ikram Allah'a saygı ve takvadan sayılır."

"Resûlullah (s.a.v.) Uhud'da şehidleri ikişer ikişer defnederken soruyordu: *Hangisi daha çok Kur'ân ezberliyordu?* Kendisine işâret edileni kabre koymada öncelik tanıyordu."

"Resûlullah (s.a.v.) seferden dönünce, çocukları toplar, onları hayvana bindirir; kimini önüne kimini arkaya alırdı.

Kendisine küçük bir çocuk getirip isim koymasını ve dua etmesini söyleselerdi çocuğu kucaklardı. Hatta çocuk idrarını bile yapardı. Orada bulunanlar çocuğu kucağından almak isterlerdi de, Resûlullah Efendimiz (s.a.v.); "Bırakın, işini bitirinceye kadar dursun, onu korkutmayın, işini kesmeyin" buyurur, kalbi kırılmasın diye,

---

102 İhyâ-ı Ulum-id Din, cilt 3, sh: 392-398 Özet.

babasının yanında bir müddet daha oturur o dışarı çıkınca yıkardı."(103)

Selâmlaşmak

Selâmlaşmak çok yönlü faydalar sağlayan içtimâî bir vazifedir. İslâm'da selâmın önemine binâen üzerinde titizlikle durulmuş selâm için özel kâideler, esaslar konmuştur. Yüce Kitabımız Kur'ân-ı Kerîm'de Cenâb-ı Hak şöyle buyuruyor:

"Ey insanlar! Evlerinizden başka evlere, izin almadan seslenip sahiplerine selâm vermeden girmeyiniz. Eğer düşünürseniz bu sizin için daha iyidir." (Nûr sûresi, âyet: 27)

İki müslüman karşılaşınca birinin diğerine selâm vermesi sünnet, diğer müslümanın buna mukâbelede bulunması da farz veya vâciptir.

Bir kaç kişi bir kaç kişiye rastladığında içlerinden birinin selâm vermesi sünneti kifâye, diğerleri tarafından birinin mukâbelede bulunması da farz-ı kifâyedir. Bu halde hepsinin birden selâm verip alması icab etmez. Maamafih verecek olsala bu vazife yine ifa edilmiş olur. Selâmda [illegible]t olan; y[illegible]rüyenin ot[illegible]na araba ve binektekilerin yayalara, gen[illegible]in yaşlıla[illegible]a, azlığı ço[illegible]luğa, [illegible]e a selâm vermesidir." (104)

Selâm vermenin mekruh olduğu özel hal ve durumlar, "İslâm'da Âile Eğitimi" adlı kitapta şöyle sıralanmıştır.

— Abdest almakta olana,

— Hamamda bulunana,

— Yemek yemekte olana,

— Savaş halinde bulunana,

— Kur'ân okumakta olana,

— Allah'ı zikreder durumda bulunana,

103 İhyâ-ı Ulum-id Din, cilt 4, sh: 520.
104 Kur'ân-ı Kerim'in Türkçe Meâli, sh: 637.

— Hacc'da telbiye getirmekte olana,

— Cuma günü minberde hutbe okuyana,

— Fıkıh dersi verene,

— Ders ile meşgul bulunana,

— İlmî konuları anlatana,

— Ezan okumakta olan müezzine,

— İkâmet getirene,

— Tabii ihtiyacını gidermekte olana.

Bir erkek, kendi hanımına vesâir mahremi olan kadınlara selâm verir, bunlar dışındaki hanımlara selâm vermez. Selâm verirken rukûa yakın bir vaziyet almak da câiz bulunmamıştır.

Resûlullah (s.a.v.) Efendimiz selâm vermeyi teşvik için şöyle buyurmuştur:

"Şüphesiz insanlardan Allah'ın rıza, nimet ve hayırlarına en lâyık olanları selâma ilk başlayanlardır."

Hz. Enes (r.a.) bir gün çocukların yanından geçerken onlara selâm vererek, "Resûlullah (s.a.v.) böyle yapardı" demiştir.

Bu müslümanın uyması gereken bir metoddur. Çünkü çocuklara selâm vermek onların şahsiyetinin oluşmasında olumlu tesirler yapar. Kendisine selam verilen çocuk kendisine değer verildiğini düşünerek davranışlarını buna göre ayarlar.

Selâmın adablarından biri de selâmın, işitilecek kadar bir sesle yumuşakça verilmesi, uyuyan kimseyi uyandırmamasıdır. Selâmın bir meclise girilirken de kalkıp gidilirken de verilmesi gerekir.

Gayr-i müslimlerin verdiği selâma karşılık sâdece "Ve aleyküm" -size de- denir.

İslâm toplumunda müslümanlar ancak bir şekilde selâm verebilirler. O da karşıdaki bir kişi olsun, çok kişi olsun, "Esselâmu aleyküm" demektir. Selâmı alan da "Ve aleykumüsselâm" diye karşılık verir. Bunun dışındakiler dînen selâmın yerini tutmaz. Boş bir yere giren müslüman "Esselâmu âleyna ve alâ ibadillâhissalihin" der.

Bir kimsenin selâmını getirip tebliğ edene, "aleyke ve aleyhisselâm" diye karşılık verilir.

Bir mektupla selâm yazılmış olunca ya lisan ile veya yazılacak mektupta yazı ile "ve aleykesselâm" denilir. Cenâb-ı Hak (c.c.) yüce kitâbı Kur'ân-ı Kerîm'inde şöyle buyuruyor:

"Size bir selâm verildiği zaman, ondan daha iyisiyle selâm verin veya aynıyle mukabele edin." (Nisâ sûresi, âyet: 86)

Ashab-ı Kirâm'dan İmrân b. Husayn (r.a.) anlatmıştır:

"Bir adam, Resûlullah (a.s.) Efendimiz'e gelerek, "es-selâmu aleyküm" dedi. Resûlullah (a.s.) selâmını aldıktan sonra adam oturdu. Resûlullah (a.s.), "on.." dedi. Az sonra bir başka adam gelip "Es-selâmu aleyküm ve rahmetullah" dedi. Resûlullah (a.s.) onun selâmını alıp cevaplandıktan sonra da oturdu. Resûlullah (S.A.V.) Efendimiz: "Yirmi..." dedi.

Az sonra bir diğer adam geldi ve "es-selâmu aleyküm ve rahmetullahi ve berekâtuhu" dedi. Peygamber (a.s.) onun da selâmını aldıktan sonra adam oturdu. Peygamberimiz bu defa "otuz" dedi."[105]

"Selâm" Cenâb-ı Hakk'ın mukaddes isimlerinden biridir.

Müslümanlar hangi zaman ve mekânda olursa olsunlar İslâm'ın selâmını kullanırlar. "Selâm" diye geçiştirmek, mühimsememek olmaz.

Selâm; dünya ve âhiret meşekkatlerinden kurtulup emniyet, rahatlık, refaha kavuşmak mânâlarına gelir.

İslâm'ın selâmı, Allah'ın Adem (a.s.)'ı yarattığında ona öğrettiği selâmdır.

Aksırmak

İslâm, müslümana aksırma hâlinde nasıl davranması gerektiğini göstermiştir. Resûlullah (s.a.v.) Efendimiz bu hususta şöyle buyurmuştur:

---

105 İslâm'da Aile Eğitimi, cilt, 1, sh: 470.

"Biriniz aksırdığı vakit Elhamdülillah desin. Din kardeşi veya arkadaşı ona: Yerhamükellah (Allah sana rahmet buyursun) *desin. O da: "Yehdina ve yehdi kümullah"* ve *"yeslihu hâleküm."* (Allah bize de size de hidâyet versin ve halinizi ıslah etsin) *mukabelesinde bulunsun."* (106)

Aksıranın elini ağzına kapatması, mümkün mertebe sesini alçaltması aksırma âdâbındandır. "Yerhamukellah" duasına teşmit denir. Aksıran Allah'a hamdederse müstehab olmak üzere bu duayla mukâbele edilir. Allah'a hamdetmezse teşmit de yapılmaz."

İbrâhim en Nehâî demiştir ki:

— Kişi def'i hâcet yaparken aksırırsa orada Allah'ı nefsinden anmasında herhangi bir beis yoktur.

Meclislerde Esnememeye Çalışmak

Müslüman; mecliste veya birinin karşısında esnememeye, mümkün mertebe onu gidermeye çalışır.

Resûlullah (s.a.v.) Efendimiz bir hadislerinde şöyle buyurmuşlardır:

"Biriniz esnediğinde gücü yettiğince önlemeye çalışsın." Fakat esneme engellenemeyecek kadar güçlü geliyorsa, sol elin dışıyla ağız kapatılmalıdır.

Resûlullah (s.a.v.) Efendimiz'in diğer bir hadisleri de şöyledir:

"Biriniz esnediğinde elini ağzına koysun. Aksi takdirde şeytan girer." "İlim ve ictihad erbâbının çoğu bu hadîse dayanarak, ister namaz içinde, ister namaz dışında esneme esnasında eli ağzı üzerine koymayı müstehab saymışlardır. Esnerken ses çıkarmak ise mekruhtur.

Resûlullah (s.a.v.) Efendimiz şöyle buyurmuştur: *"Şüphesiz ki Allah, aksırmayı sever, esnemekten hoşlanmaz. O halde sizden biri-*

106 İhyâ-ı Ulum-id Din, cilt, 4, sh: 552.

niz esnerken, hah, haah! demesin. Çünkü böyle ses çıkarmak şeytandandır ve şeytan buna güler."

Selefi Sâlihin'den gelen rivâyete göre, kim esnemeyi durduracak şekilde kendine hâkim olur da, hatırından, Resûlullah (a.s.) Efendimiz'in hiç esnemediğini geçirirse, Allah'ın izniyle esneme ondan giderilir" buyurulmuştur.

İzin İstemek

Cenâb-ı Hak (c.c.) Yüce Kitabında şöyle buyuruyor:

"Ey imân edenler! Sağ elinizin sâhip bulunduğu (köle, câriye ve hizmetçileriniz) *ve sizden henüz ergen olmayanlar,* (odalarınıza girmek istediklerinde) *şu üç vakit sizden izin istesinler: Sabah namazından önce, öğle sıcağından* (bunalıp) *elbisenizi çıkararak* (bir tarafa) *koyduğunuzda ve yatsı namazından sonra... Bu üç vakit ayıp yerlerinizin açık olabileceği halvet zamanlarıdır. Bu vakitlerin dışında* (yanınıza girmelerinde), *birbirlerinize uğrayıp dolaşmanızda ne size ne de onlara bir sakınca yoktur.*

İşte Allah, böylece âyetlerini size açıklar; Allah bilendir ve hikmet sâhibidir." (Nûr sûresi, âyet: 58)

Cenâb-ı Hak, terbiyecilere, henüz ergenlik çağına girmemiş çocuklarına, ana-babalarının yanına üç vakitte izin almadan gitmemelerinin öğretilmesini emir buyuruyor.

Birincisi: "Sabah namazından önce. Çünkü bu vakitte insanlar genellikle yataklarında uyumaktadır.

İkincisi: Öğle sıcağı başlayıp etrafı kavurduğu zaman. Daha çok sıcak ülkelerde sıcaktan bunalanlar evlerine girip sokak kıyafetini atarak dinlenmeye çalışır.

Üçüncüsü: Yatsı namazından sonra. Bu vakitte ise uyku ve istirahat başlar. İşte bu üç vakitte çocukların izin almadan odaya girmelerinin yasaklanması, yani bu hususta iznin meşru kılınıp çocukların aile içinde disiplinli ve düzenli hareketlerinin sağlanması daha çok sözü edilen vakitlerde karı-kocanın açılıp serpildiklerini, başkalarının onları ve o vaziyette görmelerinin doğru olmadığı hikmetine yöneliktir. Tabiî bu üç vakit yasağı, ilk nazarda küçük çocuklar içinse de, aslında diğer bir âyetle bunun asıl çerçevesi belirlenerek ergen olan çocukların da bu üç vakitler izin alıp öylece ana-babalarının odalarına girmeleri emredilmektedir."[107] Allahû Teâlâ Hazretleri yukardaki âyeti takib eden âyette şöyle buyuruyor: *"Sizden olan çocuklar, ergenlik çağına girince, onlardan önce* (öylece yanınıza) *girsinler. İşte Allah size âyetlerini böylece açıklar. Allah bilendir, hikmet sâhibidir."* (Nûr sûresi, âyet: 59)

İslâm adabını anlamış bir müslüman başkasının evine izinsiz girmez. Zirâ bu izin isteme mecburiyeti Rabbânî bir emirdir.

İzin istemenin bazı edebleri vardır.

Birincisi: Kapının tam önünde durmayıp sağında veya solunda durmak.

Bu daha çok kapı açıldığı sırada yabancı bir kadının içeride bulunması ihtimaline binâen bir tedbirdir.

Resûlullah (s.a.v.) Efendimiz bu hususta şöyle buyurmuşlardır:

"İzin isteme ancak gözle bakmak için meşru kılınmıştır."

Diğer bir hadisi şerifte de şöyle buyurulmuştur:

"Evlere, kapılarına yönelerek gelmeyin, yan taraflarına doğru gelin size izin verilirse içeri girin, verilmezse geri dönün."

İkincisi: Önce selâm verilir, sonra izin istenir. Bu hususta Ebû Dâvud'dan gelen sahîh rivâyete göre, Beni Âmir kabilesinden bir adam, Resûlullah (a.s.) Efendimiz'in evinin kapısına gelip "gireyim mi?" diye müsaade istedi. Resûlullah (s.a.v.) Efendimiz hizmetçisine; *"Çık da o adama izin istemeyi öğret! "Önce, es-selâmu aleyküm, sonra da içeri girebilir miyim?" desin."* Peygamberimizin bu uyarısını duyan adam "es-selâmu aleyküm, içeri girebilir miyim?" deyince Resûlullah (s.a.v.) Efendimiz ona izin verdi.

---

107 Aile Eğitimi, cilt 1, sh: 473.

Üçüncüsü: İzin isteyenin kendisinin tanındığı isim veya künyesini söylemesidir.

Kendisine, içerden, "Kim o" denince, "ben" ve bunun gibi sâhibini tanıtmayan kelimeleri söylememelidir.

"Câbir (r.a.) demiştir ki: Nebî (s.a.v.)'e gelerek kapıyı çaldım. "Kim o?" diye sordu Ben:

— Benim, diye cevap verdim. Resûlullah (s.a.v.)'de "Benim, benim" diyerek benim bu cevabımı beğenmediğini ifâde ettiler."

Dördüncüsü: Kendisine "Geri dön" denildiğinde dönmesidir. Dönerken de içeri almayana karşı bir kızgınlık ve dargınlık düşünmemelidir. Çünkü Allah (c.c.)'ın emri böyledir.

"Size dönün denirse dönün. Bu sizi daha çok temize çıkarır. Allah yaptıklarınızı bilir." (Nûr sûresi, âyet: 28)

Katâde anlatmıştır: Muhacirlerden biri şöyle dedi; "And olsun ki, bütün hayatım boyunca bu âyetin taşıdığı buyruğu kendi nefsimde tatbik etmek için çok aradım, din kardeşlerimden izin istiyeyim de, onlar bana, "geri dön!" desinler, ben de gıpta ettiğim bir halde döneyim; ama ne yazık ki böyle biri çıkmadı."

Beşincisi: Ziyâretçi izin istemesi gerektiğinde üç defa tekrarlamalıdır.

Ebû Musa el-Eş'âri (r.a.), bu konuda Resûlullah (s.a.v.) Efendimiz'in şöyle buyurduğunu rivâyet etmiştir:

"İzin isteme üç defadır. Sana izin verilirse mesele yok, verilmezse geri dön!" (108)

Birinci izin istemeyle ikinci arasında dört rekât namaz kılınacak kadar bir süre beklemek uygun olur. Çünkü izin istenilen kimse bu sırada namaz kılmakta veya zaruri bir ihtiyacını gidermekte olabilir.

Altıncısı: Kapıyı şiddetle, kaba bir hareketle çalmamalıdır.

---

108 İslâm'da Âile Eğitimi, cilt 1, sh: 475.

Bilhassa ev sahibi onun babası veya hocası ya da fazilet sahibi bir kişi ise, buna dikkati daha da arttırmalıdır. Sahih rivâyete göre, Hz. Enes (r.a.) demiştir ki:

"Resûlullah (s.a.v.) Efendimiz'in kapıları parmaklarla çalınırdı" Selefi sâlihin ise, ilimde şeyhleri sayılan zatların kapılarını tırnaklarıyla tıkırdatırlarmış. Tabi bu şekilde bir tıkırdatma ev sâhibi kapıya yakınsa uygundur. Kapıya uzak bulunanların kapılarını, tahminen duyabilecekleri bir ölçüde çalmalıdır. Kapılarında zil bulunanların, zillerine hafif bir dokunma yeterli olsa gerekir.

Su veya Meşrubat İçmedeki Âdâb

— Müslüman su içmeye besmele çekerek başlar. Bitirince "el-Hamdülillâh" der. Ve iki veya üç nefeste içer.

Resûlullah (s.a.v.) Efendimiz su içme âdâbına işâret ederek şöyle buyurdu:

"Deve gibi bir nefeste içmeyin. İki veya üç nefeste için. İçeceğiniz zaman Besmele getirin, ağzınızı su kabından ayırınca da Allah'a hamd edin."

–Su içerken, oturmak müstehabdır.

Bu konuda, Hz. Enes (r.a.) demiştir ki: "Resûlullah (s.a.v.) Efendimiz adamın ayakta durup su içmesini men etti." Bunun üzerine râvi Katade diyor ki: Enes'e sorduk, "Ya yemek yemeği men'etmedi mi?" Enes'de cevaben: "Ayakta yemek yemek daha çok mekrûhtur."

"Resûlullah (s.a.v.)'ın ayakta da içtiği hususundaki hadislerden ayakta içmenin câiz olduğu anlaşılmaktadır.

— İçilecek su veya sıvıya üflemek mekrûhtur."

Bu hususta Resûlullah (s.a.v.) Efendimiz'in sünnetini İbni Abbas (r.a.) şöyle nakletmiştir: "Resûlullah (s.a.v.) Efendimiz içerisinde su veya herhangi bir sıvı bulunan kaba nefes vermeyi veya üflemeyi men'etmiştir."

— Altın ve gümüş kaptan su içmek men'edilmiştir.

Resûlullah (s.a.v.) Efendimiz bunun tehlikesini şöyle açıklamıştır:

"Altın veya gümüş kapta su içen kimse, karnında Cehennem ateşini döndürüp dolaştırıyor demektir."

— "Su tulum veya kırbasının ağzından içmek mekrûhtur."

Ebû Hüreyre (r.a.) şöyle demiştir:

"Resûlullah (a.s.) Efendimiz, su kırbası veya tulumunun ağzından içmeyi men etmiştir." Çünkü aynı kabın ağzına ağız dayayıp su içmek toplumun zevkine aykırı düşer, aynı zamanda sağlığa zararlı bir durum ortaya çıkabilir.

Müslümanın Yemek Yemesi

— Yemekten önce ve sonra eller yıkanır.

Resûlullah (s.a.v.) Efendimiz şöyle buyurmuştur:

"Yemeğin bereketi, başlamadan önce elleri yıkamak, bitirdikten sonra yine elleri, ağzı yıkamaktır."

— Müslüman besmele çekmeden yemeğe başlamaz. Sonunda da "el Hamdülillah" der.

Resûlullah (s.a.v.) Efendimiz bu hususa işâret ederek şöyle buyurmuştur:

"Sizden biriniz yemeğe başlarken şanı yüce Allah'ın ismini ansın. Başlarken Allah'ın ismini anmayı unutursa, yemek ortasında "Başında da, sonunda da Bismillah" desin."

— Yemeği sağ el ile yemek emredilmiş, sol elle yemek ise yasaklanmıştır.

Resûlullah (s.a.v.)'den bu hususta rivâyet edilen hâdisde O şöyle buyurmuştur:

"Biriniz yemek yediğinde sağıyla yesin ve içtiğinde sağıyla içsin. Çünkü şeytan soluyla yer ve soluyla içer."

Batı âdetlerine uyarak çatalı sol, bıçağı sağ ele alıp sağ eliyle kestikten sonra sol eliyle yiyenler sünnete muhalefet etmektedirler.

— Müslüman sofrada kendi önünden yemelidir.

Ömer b. Ebî Seleme (r.a.) anlatmıştır: "Ben henüz, Resûlullah (s.a.v.) Efendimiz'in gözetimi altında yaşayan bir çocuk idim. Yemek yerken elim kabın her tarafına uzanırdı. Bunun üzerine Resûlullah (s.a.v.) Efendimiz:

"A çocuk! Allah'ın ismini an, sağ elinle ye ve kendi önünden ye." buyurdu.

— Müslüman takdim edilen hiçbir yemeği beğenmemezlik etmemelidir. Ebû Hüreyre (r.a.) diyor ki: "Resûlullah (s.a.v.) Efendimiz hiçbir yemeği beğenmemezlik yapmadı, hiçbir yemeği ayıplamadı... İştahı olduğu zaman yedi, olmadığı zaman bıraktı."

— Ka'b b. Mâlik (r.a.) demiştir ki:

"Resûlullah (s.a.v.)'ı üç parmağıyla yerken gördüm. Yemeği bitirince parmaklarını yalardı."

— Resûlullah (s.a.v.) Efendimiz, parmakların yalanmasını ve yemek kabının silinmesini emrederdi. Resûlullah (s.a.v.) Efendimiz tabağı sıyırmanın önemine şöyle işâret ediyor:

"Sizler bereketin yemeğin neresinde olduğunu bilemezsiniz."

— Müslüman sırtı bir yere yaslamadan yemek yemelidir.

Resûlullah (s.a.v.) Efendimiz şöyle buyurmuşlardır:

"Ben, sırtımı bir yere yaslıyarak yemek yemem..."

— "Yemek yerken konuşmak müstehabdır."

Sahih rivâyetlere göre: Resûlullah (s.a.v.) Efendimiz sofra başında hem yemek yerdi, hem de münasebet düştükçe ashabıyla konuşur, sohbet ederdi.

— Ayrıca bir müslümanın, yemek yerken ağzından tiksindirici sesler çıkarmaması, yemeğine üflememesi ve çirkin bir manzara arzedecek şekilde büyük lokma olmaması gereklidir.

— Sofra başında daha yaşlı kimseler bulunduğunda yaşı küçük olanlar önce kendileri sofraya el uzatıp başlamazlar. Hz. Huzeyfe (r.a.) demiştir ki: "Bizler, Resûlullah (s.a.v.) Efendimizle beraber bir sofrada bulunduğumuz zaman Resûlullah (s.a.v.) elini uzatıp yemeğe başlamayınca biz başlamazdık."

— "Yemekten sonra sofra sahibi için dua etmek, müstehabdır."

Hz. Enes (r.a.)'in rivâyetine göre: Resûlullah (s.a.v.) Efendimiz, konuk olarak Sa'd bin Ubâde'nin yanına geldi. O da ekmekle zeytin yağı ikrâm etti. Efendimiz konulan yemeği yedikten sonra şöyle duâ etti: *"Oruçlular sizin yanınızda iftar etti iyi kişiler sizin yemeğinizi yedi, melekler sizi rahmet ve gufranla andılar."*

— Müslüman yere düşen lokmayı alıp tozlarını giderdikten sonra yemelidir. Resûlullah (s.a.v.) Efendimiz bu hususta şöyle buyurdu:

"Sizden birinizin lokması yere düşecek olursa, onu alıp üzerine bulaşan şeyleri giderdikten sonra yesin. Şeytana bırakmasın..."

Sağdan Başlamak

Buhârî ve Müslim, Enes (r.a.)'den şöyle rivâyet ettiler:

Resûlullah (s.a.v.)'e kuyu suyu karışmış bir süt getirildi. Sağında bir bedevî solunda ise Ebû Bekir (r.a.) vardı. Önce kendisi içti sonra bedeviye verdi ve:

"Sağdan itibaren buyurdu."

Sağdan başlamak İslâm âdabında önemli bir kuraldır.

Mecliste Nasıl Davranılır?

Meclis birkaç kişinin oturup sohbet ettiği yer demektir:

— Bir müslüman bir meclise girdiği zaman karşılaştığı kimselerle el sıkışır.

Resûlullah (s.a.v.) Efendimiz şöyle buyurmuştur:

"Herhangi iki müslüman karşılaşır da el sıkışırsa, mutlaka onlar henüz birbirinden ayrılmadan bağışlanırlar."

— Ev veya meclis sahibi misafirini nereye oturtacağını herkesten daha iyi bileceğinden, aynı zamanda bu husustada hak sahibi bulunduğundan, onun işâretine tâbi olmalıdır.

Meclisin ortasına gidip insanların açılmaları için sıkıştırmamalıdır.

Ashâb'dan Hz. Huzeyfe (r.a.) demiştir ki: "Resûlullah (s.a.v.) Efendimiz, bir meclise gelip de halkın ortasında oturanı kınamış, onun bu davranışını ayıplamıştır."

— Gelen, bulduğu yere oturmalıdır.

Hz. Cabir b. Semura (r.a.) demiştir ki: "Resûlullah (s.a.v.)'e geldiğimiz zaman bulduğumuz yere otururduk."

–Bağavî'nin rivâyetinde Resûlullah (s.a.v.) Efendimiz şöyle buyurmuşlardır: "Mecliste yerlerini aldığı zaman eğer birisi dışarıdan müslüman bir kardeşini çağırırda ona yer açarsa, çağırılan onun yanına gelsin. Çünkü böyle yapmak, çağırılan için bir ikramdır. Kardeşi onu bu ikram ve iltifata lâyık görmüştür. Eğer kendisine yer açmazsa o vakit daha geniş bir yer baksın. Orada otursun."

— İzinlerini almadan iki kişinin arasına oturulmaz.

Resûlullah (s.a.v.) Efendimiz bir hadislerinde şöyle buyurmuşlardır:

"Hiçbir kimseye, izinlerini almadan iki kişiyi ayırıp aralarına oturmak helâl olmaz."

— İbni Ömer (r.a.) demiştir ki: "Resûlullah (s.a.v.) şöyle buyurmuştur:

"Biriniz bir toplantıya geldiğinde kimseyi oturduğu yerden kaldırıp da kendisi oturmasın. Toplantıya, biri geldiğinde genişleyin ve yer açın."

İbni Ömer'e birisi yerini vermek için kalksa oraya oturmazdı.

— Mecliste bulunup bir hacetinden dolayı tekrar dönen kimse, ilk yerine geçer, oturur.

Resûlullah (s.a.v.) bu hususta şöyle buyurdu:

"Sizden biriniz bulunduğu meclisten kalkar, sonra geri dönüp gelirse, ilk yerine oturmaya daha layıktır."

— Meclisten ayrılmak istendiğinde izin istenir.

— Mecliste bir takım kusur ve günahlar işlenebilir. Bu bakımdan mecliste olan şeylere keffâret duası okumalıdır.

İçeri Giren Kimseyi Ayakta Karşılamak

"İçeri giren kimse konuk, yolcu, ilim adamı ya da yaşlı bir kimse olabilir. Bunların önünden kalkıp karşılamak sünnettir. Hz. Âişe validemiz (r.a.) diyor ki: "Yücelik, nezâket, ve hediye bakımından Resûlullah'a benzer bir kimse görmedim; kalkmasında, oturmasında bu güzel huyları çok belirgin idi. Nitekim kızı Fâtıma (r.a.) içeri girince, Resûlullah (s.a.v.) ayağa kalkıp onu karşılar ve yanıbaşına oturturdu. Peygamber (s.a.v.)'de onun yanına gittiğinde ayağa kalkıp babasını saygı ile karşılar, kendi yerine oturtup gereken edep ve terbiyeyi göstermekte kusur etmezdi." Ebû Hüreyre (r.a.) anlatmıştır.

— "Resûlullah (s.a.v.) Efendimiz bizimle oturur, tatlı konuşmalarıyla bizleri aydınlatırdı. Ayağa kalkınca biz de kalkar ve O, hane-i saâdete girinceye kadar ayakta beklerdik."

Sahîh rivâyete göre; ensâr'ın ileri gelenlerinden Sa'd b. Muâz (r.a.) Mescid-i Saâdet-e yaklaşırken, Resûlullah (s.a.v.) onu gördü ve yanında oturanlara: "Efendimizin veya hayırlınızın önünden kalkın!" buyurdu.

İlim ehliyle müctehid imamlar bu hadislerin tamamını dikkate alarak ilim ehlinin, faziletli kişilerin önünden belli zamanlarda ve münasip yerlerde ayağa kalkmanın câiz olduğuna istidlâl edip açıklık getirmişlerdir.

Resûlullah (s.a.v.) Efendimiz'den "ayağa kalkılmaması" hakkında sâbit olan rivâyete gelince bu, gelen kişinin zâtını kasdedip kalkmaya, ona karşı el bağlayıp durmaya hamledilmiştir. Ayrıca, diğer milletlerin kendi büyüklerine has bir ta'zimle kalkıp kibir ve gurura yol açan bir kalkış anlamında yorumlanmıştır. İçeri giren büyüklerine yer verip oturttukları halde bazıları ayakta elpençe beklerler ya işte bu doğru değildir."(109)

Büyüğün Elini Öpmek

Toplumsal edep ve terbiyeden biri de büyüklerini elini öpmektir. Çocukların bu anlayış içinde yetiştirilmesi gerekir.

— "Bilinmesi için Zeyd bin Sâbit'e bir deve getirilip yaklaştırıldı. Orada hazır bulunan Abdullah İbni Abbas (r.a.), koşup özengisini tutarak binmesine yardımcı oldu. Zeyd bin Sâbit, buna râzı olmak istemedi ve "Ey Resûlullah'ın amcasının oğlu! Sen uzaklaş" diye ricâda bulundu. İbni Abbas (r.a.) ise hizmetini yerine getirdi ve "büyüklerimize ve ilim adamlarımıza böyle saygılı olmakla, hizmet etmekle emrolunduk" dedi. Bunun üzerine Hz. Zeyd, onu, "Elini kaldır, bana göster" dedi. İbni Abbas (r.a.) elini kaldırınca Hz. Zeyd (r.a.) tutup onu öptü ve "Biz de Resûlullah (a.s.) Efendimizin ailesi ve akrabasına böyle saygı göstermekle emrolunduk" dedi.

— Ebû Mâlik el-Eşcâî (r.a.) anlatıyor: "Bir gün, Ashab-ı Kirâm'dan İbni Ebî Evfa (r.a.) ile karşılaştım. Ona, "Resûlullah'a bey'at ettiğin elini bana uzatır mısın" dedim. Uzatınca tutup onu hürmetle öptüm.

Yakını Ölen Kimseye Tâziyede Bulunmak

"Tâ'ziye'nin mâ'nâsı; ölen kimsenin yakınlarına güzel sözlerle, Peygamber (s.a.v.) ve ashabından rivâyet edilen ifâdelerle sabır

---

109 Aile Eğitimi, cilt 1, sh: 458-459 (özet)

tavsiye etmek ve tesellide bulunup üzüntülerini hafifletmek mânevî destek vermektir.

Tâ'ziye, isterse ölenin yakını zımmî (gayr-i müslim vatandaş) olsun, müstehabdır.

Resûlullah (s.a.v.) Efendimiz şöyle buyurmuştur:

— *"Bir mü'min, başına gelen musîbetten dolayı din kardeşine ta'ziyede bulunursa, mutlaka Allah ona kerâmet kaftanı giydirir."*

Ölenin küçük, büyük bütün yakınlarına tâ'ziye vermek daha uygun olur. Bu hususta kadın ve erkeklerin hepsine definden önce veya sonra üç gün içinde tâ'ziyede bulunmak müstehabdır. Ancak tâ'ziyede bulunan veya tâ'ziye edilen kimseler üç gün hazır bulunmazlar da, başka bir yerde olurlarsa o takdirde üç günden sonra tâ'ziye vermekte bir sakınca yoktur.

İmam Nevevî (r.a.) Tezkîre adlı eserinde demiştir ki:

— Tâ'ziyede kullanılacak sözde bir sınır ve engel yoktur. Hangi sözlerle yerine getirilirse, müstehab uygulanmış olur. Ancak arkadaşlarımız müslümanın müslümana şu sözlerle tâ'ziyede bulunmasını müstehab görmüşlerdir. "Allah ecrini çoğaltsın, sabır ve dayanmanı güzelleştirsin, ölünün kusurlarını bağışlasın, günahlarını temizlesin."

— İslâm dini, ölen kimsenin ev halkına yemek hazırlayıp onlara götürmeyi müstehab kılmıştır. Çünkü onlar ölenin tekfin, teçhiz, defin ve sâir işleriyle meşguldürler. Aynı zamanda başlarına gelen musîbetten(*) mânen yaralıdırlar.

Nitekim Resûlullah (s.a.v.) Efendimiz şöyle buyurmuştur:

"Câfer'in ev halkına yemek hazırlayın, çünkü başlarına kendilerini meşgul edecek bir musibet gelmiştir."

Mezhep imamları, ölenin ev halkının, insanlarının toplanıp yemeleri için yemek hazırlamasını ittifakla mekrûh görmüşlerdir. Ama günümüzde ölenin ev halkının yemek hazırlaması veya tâ'ziye es-

---

(*) Musîbet: Ölüm ve başa gelen sıkıntılar için Kur'an-ı Kerîmde de musibet kelimesi kullanılmıştır, yoksa bu kelime bela uğursuzluk manaları verilerek yazılmamıştır.

nasında gelenlere yemek sunması, ikramda bulunması, kötü bir bid'at hâline gelmiştir. O halde tâ'ziye de bulunan kimse kendisine takdim edilen yemekten uygun bir sözle geçiştirip kaçınmalıdır. Çünkü bu âdet Resûlullah (s.a.v.) Efendimiz'in sünnetine ters düşmektedir.

— Tâ'ziyede bulunana karşı sabır gösterilir. Bu da, tâ'ziye esnasında Kur'ân okunduğunda, saygı ile dinlemek, musibeti hafifletecek konuşmalar yapmak, selef-i sâlihin'den rivâyet edilen söz nakledildiğinde nezâketle onları dinlemek, aynı zamanda bunun gibi tâ'ziyeyle ilgili hususlara dikkat etmekle gerçekleşir.

Bunun dışında, kendisine tâ'ziyede bulunan kimselere karşı gülmek, anlamsız sözler sarfetmek, münasebetsiz şeylerden söz etmek veya güldürücü fıkralar anlatmak doğru değildir.

Ölene karşı merhamet duygusunu izhar etmek, üzüntüsünü belirtmek, onun güzel ve yararlı hasletlerini anlatmak tâ'ziyenin faziletli yanlarından biridir.

— Tâziye esnâsında görülen kötü şeylerden dolayı iyilikle nasihatta bulunmalıdır.

Tâ'ziyede bulunan kimse, bu esnada birtakım bid'ât ve münasebetsiz şeyle karşılaşabilir. Ölenin resminin ortaya konulması, sigara içmek, musiki havasıyla gönüllere hüzün vermek veya tâ'ziyeye gelenlere yemek sofrası kurmak gibi dînen men'edilmiş şeyleri yapmak bu cümledendir. Bütün bunlar, tâ'ziye adâbına ve yerine aykırıdır.

O halde tâ'ziyede bulunan kimse bu gibi durumlarla karşılaşınca yapacağı şey, hakkı ortaya koymakta cesaretli olmak, iyilikle öğüt verip Allah (c.c.) yolunda kınayanın kınamasından endişe duymamasıdır.

Kutlama, Tebrik

Kutlamalar sevgi ve kardeşlik bağlarını kuvvetlendirir. Müslümanlar arasındaki ilgi ve alâkanın devamını ve kuvvetlenmesini sağlar.

Resûlullah (s.a.v.) Efendimiz şöyle buyurmuştur:

"Kim din kardeşini sevdiği bir hususla sevindirmek için karşılayıp kutlarsa, Aziz ve Celîl olan Allah da onu kıyâmet günü sevindirir."

— Kutlama münasebetiyle sevinçli olmaya ve sevgi göstermeye özen gösterilir. (110)

— Kutlama lâtif sözlerle, güzel ve seleften rivâyet edilegelen dualarla yerine getirilir. Kimleri ve nasıl tebrik edeceğimizi de şöyle sıralayabiliriz:

— "Çocuğu dünyaya geleni kutlamak:

Hz. Hüseyin ile Hasan-ı Basrî'den rivâyet edildiğine göre onlara şöyle demek müstehabdır: "Size bağışlanan çocuğunuz mübârek olsun; onu bağışlayana şükrettiniz; iyilik ve faziletine eriştiniz. Çocuk sağlık içinde güç ve kuvvetine erişsin, delikanlı olsun!.."

Kutlanan baba veya ananın ise şöyle karşılık vermesi müstehabdır: "Allah seni de mübârek kılsın, üzerine bereket indirsin ve sana da onun bir benzerini ihsân buyursun!.."

— Seferden döneni esenlikle kutlamak:

Seferden dönen din kardeşimizi şu sözlerle kutlamak müstehabdır:

"Sana esenlik verip selâmete eriştiren ve bizi tekrar seninle bir araya getirip birleştiren ve sana ikrâmda bulunan Allah'a hamdolsun!"

Bu sözler selef-i salîhin'den rivâyet edilmiştir.

— Hacc ibâdetini yerine getirip dönen kimseyi şu sözlerle kutlamak müstehabdır.

"Allah haccınızı kabul buyursun; günahlarınızı bağışlasın; geçiminizi tazelesin, harcadığınızın yerini doldursun!"

— Nikâh akdini kutlamak:

---

110 İslâm'da Aile Eğitimi, cilt, 1, sh: 493.

Nikâh akdi yapıldıktan sonra karı-kocadan herbirine şöyle diyerek kutlamak müstehabdır: "Allah sizi mübârek kılsın, üzerinize feyiz ve bereket indirsin. İkinizi hayır ve iyilik üzere biraraya getirsin."

— Bayram kutlaması:

Bayram namazı kılındıktan sonra müslümanın kendi din kardeşine "Allah bizden ve sizden kabul buyursun!" demesi müstehabdır.

— Kendisine iyilikte bulunan kimseyi kutlamak:

Kendisine iyi davranıp iyilikte bulunan kimseyi şu sözlerle kutlamak müstehabdır: "Allah, çoluk çocuğunda ve malında seni mübârek eylesin ve sana hayırlı mükâfatlar ihsân buyursun!"

— Bir imtihanı kazanan bir belâdan kurtulan, bir nimete erişeni de kutlamak İslâm âdâbındandır.

Hediyeleşmek

Çocuğu doğana, zor bir işi başarana veya evlenen kimseye münâsip hediyeler vermek müstehabdır. Çünkü bu hususta teşvik edici hadisler mevcuttur.

Resûlullah (s.a.v.) Efendimiz bu hususta şöyle buyurmuştur:

"Hediyeleşin ki birbirinizi sevesiniz."

Başka bir hadislerinde ise şöyle buyurmuşlardır:

"Hediyeleşin; çünkü hediye göğüsteki kin ve kızgınlığı giderir."

Hediye, işitmeyi ve duyguyu giderir. Hediye verenin kusuru görülmez, sözleri işitilmez olur.[(111)] Hediye Allah (c.c.) tarafından güzel bir rızıktır. Sizden birine hediye verildiğinde onu kabul etsin ve kendisi daha güzelini versin.

Hastayı Ziyaret Etmek

Hastayı ziyaret, İslâm'ın itina gösterdiği hususlardan biridir.

Resûlullah (a.s.) Efendimiz buyurmuşlardır ki:

---

111 Ramüz-el Ehadis. 1-239.

"Hastaları ziyaret edin. Aç kimseleri doyurun. Esirleri serbest bırakın."

İslâm, tavsiye yollu hastayı ziyaret edip hal ve hatırını sormayı, emretmiştir.

Ashab'dan Berâ' bin Âzib (r.a.) anlatıyor:

"Resûlullah (s.a.v.) Efendimiz bize hastayı ziyaret etmeyi, cenazeyi teşyi etmeyi, aksırana teşmiti (yerhamukellah demeyi), yemin edenin yeminini kabul etmeyi, mazluma yardımı, davete icâbeti ve selâmı açıktan açığa çokca vermeyi emretti."

İslâm, hastayı ziyaret edip hâlini sormayı, müslümanın müslüman üzerindeki haklarından saymıştır.

Resûlullah (s.a.v.) Efendimiz bu husustaki hadis-i şeriflerinde şöyle buyurmuşlardır.

"Müslümanın müslüman üzerindeki hakkı beştir:

1- Verdiği selâmı almak.

2- Hastalandığı zaman ziyaret etmek.

3- Vefat ettiğinde cenâzesini kabre kadar uğurlamak.

4- Davet ettiğinde icâbet etmek.

5- Aksırıp "el-Hamdülillah" dediğinde, "yerhamukelllah" demek."

– Resûlullah (s.a.v.) Efendimiz bir hadislerinde ziyaretin süresi hakkında şöyle buyurmuşlardır.

"Üç günden sonra hastanın ziyareti bir devenin sağılması kadar sürmelidir." (yâni ziyaretçi pek fazla oturmamalı, az oturup kalkmalıdır.)

İbni Abbas (r.a.) da şöyle demiştir:

–Bir defalık hastayı ziyaret sünnettir. Bir defadan fazla olanlar nâfiledir.

Tâvûs buyurmuştur:

–Hasta ziyaretinin en faziletlisi en hafifidir.

Resûlullah (s.a.v.) Efendimiz buyurmuşlardır.

"Hastayı ziyaret etmeyi gün aşırı yapınız. Ve o ziyaretten sonra iki gün ara verip dördüncü günde ikinci ziyareti yapınız."(112)

"Hasta ağır ise, o takdirde ziyareti hafif tutup fazla oturmadan ayrılmak daha uygundur. Hasta o durumda değil de dost ve tanıdıklarının sohbetine ihtiyâç duyuyor, yalnızlıktan sıkılıyorsa, itidal haddini aşmamak üzere bir süre oturmakta sakınca yoktur.

Hastanın yanına sık sık değil de gün aşırı ya da haftada bir iki defa gidip sormak daha uygun olur; tabiî hastanın durumu buna elverişli ise."

— Hasta ziyaretine gidildiğinde, hastayı sağ el ile sıvazlayıp ona dua etme hususunda Hz. Âişe (r.a.) Validemiz demiştir ki: "Resûlullah (s.a.v.) Efendimiz ev halkından hastalananları sormaya gider ve sağ eliyle onları okşayıp şöyle dua ederdi: *"Ey insanların Rabbi olan Allahım! Hastalığını gider, şifa ver, sen şifâ verensin; senin şifândan başka şifâ yoktur öyle bir şifâ ver ki, hiçbir ağrı, sızı bırakmasın."*

— Hasta ziyaretindeki usullerden biri de, hastanın başucunda oturmaktır.

Bu hususta İbni Abbas (r.a.) demiştir ki: "Resûlullah (s.a.v.) Efendimiz bir hastayı ziyarete gittiğinde onun başucunda oturur ve sonra yedi, defa şöyle dua ederdi: *"ESELÜLLAHE'L-AZÎM, RABBE'L-ARŞİ'L AZİM EN YEŞFİYEKE"*, Hastanın hemen eceli gelmemişse, o ağrı ve sıkıntıdan kurtulup şifâ bulurdu.

— Hastaya şifa ve uzun ömür ümidiyle telkinde bulunup gönlünü hoş tutmalıdır.

— Hastaya, acı ve sızı duyduğu yerine elini koyup me'sûr(*) duâlardan okuması hatırlatılır.

Ashâb'dan Osman b. Ebî Âs (r.a.) demiştir ki: "Bedenimde hissettiğim bir ağrıdan dolayı Resûlullah (s.a.v.) Efendimiz'e başvurup derdimi anlattım. Resûlullah (s.a.v.) Efendimiz bana şunu tavsiyede

---

112 İhyâ-ı Ulum-id Din, cild. 4, sh: 565.

(*) Me'sûr: Resûlullah ve ashabından gelen dualar.

bulundu: *"Elini bedenin üzerine koy ve şöyle de: BİSMİLLÂH* (üç defa) *EUZÜ Bİ İZZETİ'LLAHİ VE KUDRETİHİ MİN ŞERRİ MA ECİDU VE UHAZİRÜ* (yedi defa) *tekrarla."*

— Resûlullah (s.a.v.) Efendimiz'in Ömer b. Hattab'a (r.a.) şöyle tavsiye buyurduğu rivâyet olmuştur.

"Bir hastanın yanına girdiğin zaman, hasta sana dua etsin. Çünkü hastanın duası meleklerin duası gibidir."

İki Kişinin Üçüncü Bir Şahıs Yanında Fısıldaşması

İslâm'ın müslümanlardan istediği edep kurallarından biri de iki kişinin üçüncü bir şahıs varken, kendi aralarında gizli konuşmamalarıdır.

Peygamber (s.a.v.) Efendimiz:

"Üç kişi olduğunuzda insanlara karışıncaya kadar iki kişi diğerini terkederek gizli konuşmasın. Çünkü bu onu üzer."

Ancak iki kişinin konuşmasını gerektiren bir durum olursa üçüncü şahıstan izin istenmeli ve ondan özür dilemelidir.

Camiye Girme Adabı

"Camiye giden kimsenin her adımı için bir sevap verilir ve bir günahı da af edilir.

"Cami kapısına gidince, evvelâ sağ ayak içeri atılır ve şu duayı okunur. "İlâhî, bize rahmet kapısını aç" sonra içeri girilir.

İçerde cemaat varsa, selâm verilir, kimse yoksa, yine şu şekilde selâm verilir. "Esselâmü aleynâ ve alâ ibâdillâhissâlihin" ve üç defa, "Sübhânellâhi velhamdülillâhi ve lâilâhe illallahü vallahü ekber velâ havle velâ kuvvete illâ billâhil aliyyil azîm" diyerek oturulur, sonra tesbîh ve tehlil(*) edilir.

(*) Tehlil etmek: "Lâilahe illallah" sözünü tekrar etmek demektir.

— Resûlullah (s.a.v.) Efendimiz de şöyle buyurmuşlardır:

"Sizden biri camiye geldiğinde oturmadan önce iki rekât namaz kılsın!"

Dinimizde buna "tahiyyetü'l mescîd" namazı denir.

— Allahû Teâlâ Hazretleri temizlik hususunda şöyle buyurmaktadır:

"Ey âdem oğulları! Her mescide güzel ve temiz elbiselerinizi giyerek gidin." (A'raf sûresi, âyet: 31)

Camilere, mescitlere giderken temiz ve buralara uygun şekilde giyinmelidir."

— Soğan, sarımsak gibi yiyeceklerin kokularından cemaat rahatsız olacağı için müslümanlar özellikle mescitlere giderken bu gibi hususlara çok dikkat etmelidirler.

Resûlullah (s.a.v.) Efendimiz bu konuda şöyle buyurmuştur:

"Sarımsak veya soğan yiyen kimse mescidimizden uzak dursun."

— "Bir mâzeret yokken camilerde dünya kelâmı etmek, mekruhtur."

Hz. Resûlullah (s.a.v.) bu hususta şöyle buyurmuştur:

"Son zamanlarda öyle bir millet olacak ki, onların konuşması mescitlerde cereyan edecektir. Allah'ın onların bu tarz mescitlere girmelerine ve oturmalarına bir ihtiyacı yoktur."

— "İ'tikâfta olmayanın camilerde alış-veriş etmesi, yitiğini kaybedenin bunu duyurması ve araması gibi dünyevî meşguliyetler de mekruhtur."

Bir hâdis-i şerifte Allah'ın Rasûlü (s.a.v.) şöyle buyurmuştur:

"Mescitte yitiğini arayan birinin sesini yükselttiğini duyan kimse, ona: Allah o yitiği sana geri çevirmesin, desin. Çünkü mescitler bunun için yapılmamıştır."

— Camiden çıkarken sol ayak dışarı atılır. Ve şu dûa okunur.

"Allahım! Rahmet ve mağfiretini, selâmet ve esenliğini Efendimiz Muhammed (s.a.v.) üzerine indir."

Okunan Ezanı Dinlemek

Ezan; lûgatta ilan etmek, bildirmek demektir. Dinde ise birtakım mübârek sözlerden ibârettir. İslâm dininin şiârıdır. Ezan okuyan zâta, "müezzin" denir.

"Ezânı Muhammedi vasıtası ile halka hem namaz vakitleri ve cemaatle namazların kılınacağı yer bildirmiş, hem de namazın felâh ve necâtâ (kurtuluşa) sebep olacağı söylenilmiş oluyor, bununla beraber bütün cihana karşı da islâm dininin en mukaddes esasları ilân edilmiş bulunur."

"Ezanı ve ikâmeti işiten kimsenin bunları kendi kendine müezzin gibi okuması ve ancak "Hayyaalessalât, hayyaalelfelâh" denirken kendisinin: "Lâ havle velâkuvvete illâ billâh" demesi ve sabah ezanında müezzinin: "Namaz uykudan hayırlıdır" demesine karşı da, "sadakte ve berrirte" yâni "sadıksın, gerçeksin, doğru söylemiş bulunuyorsun" diye icâbette bulunması müstehaptır. Ezanı işiten kimse, cünüp de olsa bu şekilde icâbet eder. Çünkü bu bir senadır. Fakat hayızlı ile müfesa icâbet etmez. Zira onlardan bir icâbet-i fiiliyye olan namaz, sakıt olduğundan böyle bir icâbeti kavliye de sakıt bulunur.

Ezanı işiten kimse, ilk "Eşhedü enne Muhammeden Resûlullah" denilirken, "Sallallâhü aleyke yâ Rasûlallah," der ki, "Allah Teâlâ sana salât etsin ey Allah'ın Peygamberi" demektir.

İkinci defa, "Eşhedü enne Muhammeden..." denilirken, "Kurrete ayni bike yâ Resûlallah" der ki, "Gözüm seninle ruşen olsun" meâlindedir. Ve bunları derken baş parmaklarının tırnaklarını yahut şehâdet parmaklarının uçları içine öperek gözlerine sürer ki bu müstehaptır.

Ezanı işiten bir müslüman sonunda ezan duasını okumalıdır. Çünkü böyle dua eden şefaâtı hak kazanmış olur."[113]

---

113 Büyük İslâm İlmihali, sh: 184.

Hz. Âişe (r.a.) ezanı her zaman dinlerdi. Sordular: "Ey mü'minlerin anası! Niçin ezân okunurken işini terk ediyorsun?" Cevâben dediler ki: "Ben Resûlullah'dan (s.a.v.) işitdim ki, "Ezan okunurken iş işlemek dinde noksanlıktır." Onun için ezân okunurken işimi terk ederim."

"Ezan okunurken işitenlerin söze nihayet vermeleri, hattâ Kur'ân okuyan kimsenin de durup ezanı dinlemesi efdaldir. Diğer bir kavle göre mescit içinde veya kendi hanesinde Kur'ân okumakta bulunan kimse, kıraatına devam eder, meğer ki kendi mahallesi mescidinde ezan okunur olsun. Maahâza ezan esnasında işitenlerin söz söylemelerinde bir kerahat olmadığı da beyan olunmaktadır."

Kur'ân-ı Kerîm Okunurken Dinlemek

Cenâb-ı Allah (c.c.) bu hususta yüce kitabında şöyle buyuruyor:

"Kur'ân okunduğu zaman hemen onu dinleyin ve susun ki merhamet olunasınız." (A'raf sûresi, âyet: 204)

"Bir mecliste Kur'ân okunurken orada bulunanların onu dinlemeyip söz söylemeleri câiz değildir. Bir mâni yok ise o mecliste oturup tilâvet olunan âyetleri dinlemek müstehabtır, büyük sevaba vesiledir."

"Kur'ân okunurken dinlemek ve susmak, Hanefi Mezhebi'ne göre vâciptir."

Dinlenilmeyen yerde yüksek sesle Kur'ân okumak, okunurken gülmek, bir şeyle oynamak, etrafa, hele günahlı şeylere bakmak da câiz değildir. Kur'ân okunan yerde sonradan işe başlayan günaha girer."

"Cünüplük, hayız ve nifas hâlinde olanlar Kur'ân-ı Kerîm'i okuyamazlar, fakat başkalarının okuduğu Kur'ân-ı dinleyebilirler, kalblerinden geçirebilirler."

"Kur'ân dinleyenin okunan tarafa dönmesi lâzımdır. Eğer arkası kıbleye gelecekse o zaman yan döner. Temiz olmayan yerde, açık insan bulunan yerde Kur'ân-ı âşikâre okumak, câiz değildir."

Kur'ân-ı Kerîm okunurken onu dinlemenin üzerinde bu kadar durulmasının sebebi; Allah kelâmı olmasından ve O'nu hakkıyla anlamanın ancak iyi dinlemekle mümkün olabileceğindendir. İyi dinleyen iyi anlar. İyi anlayan da anladığı doğrultuda iyi amellere yönelir. Zaten Kur'ân okunurken dinlemeyip gürültü çıkarmak müşrik âdetindendir.

İnkâr edenler: *"Bu Kur'ân'ı dinlemeyin, okunurken gürültü yapın, belki bastırırsınız."* dediler. (Fussilet sûresi, âyet: 26)

Allahû Teala'nın Ahlâkı İle Ahlâklanma

"Veli olmak için, Allahû Teâlâ'nın ahlâkı ile ahlâklanmalıdır." demişlerdir. Bu şu demektir. Allahû Teâlâ'nın sıfatlarına uygun sıfatlar evliya da hasıl olur.

Fakat bu benzerlik, yalnız isimdedir ve uygunluk, sıfatların topluluğundadır. Yoksa, sıfatların hususiyetlerinde beraberlik olmaz. *"Allahû Teâlâ'nın ahlâkı ile ahlâklanınız."* emrini anlatırken, Hace Muhammed Parisa (k.s.) "Tahkikat" ismindeki farisi kitabında buyuruyor ki:

— Allahû Teâlâ'nın bir ismi *"Melik"* dir. Bu herşeye hakim, galib demektir. Talib tasavvuf yolunda ilerlerken, kendi nefsine hakim, galib olur ve başkalarının kalblerine tesir etmeye başlarsa, bu sıfat ile ahlâklanmış olur.

— Allahû Teâlâ'nın bir ismi de *"Semi"* dir. Allah (c.c.), işiticidir. Talib doğru sözü herkesten kabul eder ve gizli hakikatları kalbinin dikkati ile dinlerse bu sıfatla huylanmış olur.

— Bir sıfat da *"Basir"* Allahû Teâlâ her şeyi görür. Talibin kalp gözü açılır ve feraset ışığı ile kendi ayıplarını ve başkalarının iyi huylarını görürse, başkalarını kendinden daha üstün bulursa, Allahû Teâlâ'nın her an gördüğünü düşünerek, hep Allahû Teâlâ'nın beğendiği şeyleri yaparsa, bu sıfatla huylanmış olur.

— Bir sıfat da *"Muhyi"* dir. Allahû Teâlâ diriltıcidir. Talib unutulmuş sünnetleri canlandırır, meydana çıkarırsa, bu sıfatla sıfatlanmış olur.

— Bir sıfatı da *"Mümit"* dir. *"Mümit"* öldürücüdür demektir. Talib sünnetlerin yerine yerleşmiş olan, bid'atleri men eder, yok ederse, bu sıfatla sıfatlanmış olur.

Bütün sıfatlar, bunlar gibidir.(114)

"Takva" Ne Demektir?

Kur'ân-ı Kerîm'in bütün insanlar hakkında yegane değer ölçüsü olarak kabul ettiği takva psikolojik manada bir korku değildir.

— Günahlardan tam bir hassasiyetle korunmak.

— Şüpheli görünen ve bilinen her şeyi terketmek.

— Âhirette insana zarar verecek şeylerden sakınmak.

— Allah (c.c.)'a derin bir şekilde saygı duymak, her türlü faaliyetlerde Allah rızasını başka bütün taleplerin üstünde tutmak, O'nun rızasını kaybetmeye yol açacak davranışlardan sakınmaktır.

— Allah (c.c.)'ın haram kıldığı şeyleri terkedip farz kıldığı şeyleri yerine getirmek.

— İnsanı Allah (c.c.)'tan uzaklaştıracak her şeyden kaçınmak gibi mânâlara gelir.

Kalbdeki Düşünceler

Kalbe gelen düşünceler altı çeşittir:

1- Nefsten gelen düşünceler,

2- Şeytandan gelen düşünceler,

3- Ruhtan gelen düşünceler,

4- Melekten gelen düşünceler,

5- Akıldan gelen düşünceler,

6- Yakini olan düşüncelerdir.

---

114 Mektubat. 5-107.

Nefs ve şeytandan gelen düşünceler kötüdür.

Ruhtan ve Melekten gelen düşünceler: Doğruluğu, Allahû Teâlâ'ya itaati emreder.

Akıldan gelen düşünceler: Bazen nefsin, bazen de ruh meleğin emrettikleri emreder.

Yakini olan düşünceler: İmanın özü ve ilmin menba'ıdır. Bu evliya içinde seçilmiş olanlara mahsustur. Bu ledünni ilmidir.

Ledünni ilmi, Hak ile fani olmuş, dış görüşünlerinden kaybolmuş, farz ve sünneti müekkedelerden başka bedence yapılan ibadetleri batın taatına dönmüş, sevilmiş, seçilmiş ve beğenilmiş ve süzülmüş zatlara mahsustur. Onlar daima kalbleri ile murakabededirler. Onların amelleri her çoğalmakta, marifetleri canlanmaktadır.(115)

Şeytanla İçten Çarpışma

Şeytan ile içten mücadele ve çarpışma kalb ve iman ile olur. Şeytanla mücahede edildiğinde yardımcı ve dayanak Allahû Teâlâ'dır.

Kâfirler ile cihâd, kılıç ve diğer silâhlarla zahirde yapılır. Bunda yardımcılar kumandan ve arkadaşlar olur. Ümid edilen ise cennettir. Eğer mü'min kâfirlerle mücahedede ölürse, mükafatı ebedi cennette kalmaktır. Şeytanla mücahede de ve ona muhalefet yolunda ecel sebebi ile ölüm olunca Allahû Teâlâ katındaki karşılığı, Allahû Teâlâ'yı görmektir.(116)

Güzel Ahlâkın Afeti

— Zerafetin afeti, sakf -övünmek ve mânâsız söz-dür.

— Şecaâtın afeti, serkeşliktir.

— Semahatın -hoşgörünün-afeti, minnet etmektir.

— Güzelliğin afeti, kibir göstermektir.

— İbadetin afeti, fetret -gayretten sükuna düşmek- tir.

---

115 Günyetüt-Talibin, sh: 161

116 Günyetüt-Talibin, sh: 162.

— Sözün afeti, yalandır.
— İlmin afeti, unutkanlıktır.
— Hilmin afeti, hoppalıktır.
— Asaletin afeti, tefahur –öğünme–dir.
— Cömertliğin afeti, israftır.
— Dinin afeti, heva –nefsine uymak–tır.(117)

Mü'min Beş Türlü Şiddet Arasındadır

— Müslüman kardeşi onu çekemez.
— Münafık ona buğz eder, sevmez.
— Kâfir onun canına kasteder.
— Kendi nefsi onunla uğraşır.
— Şeytan onu şaşırtmaya çalışır.(118)

117 Ramuz el-Ehadis, 1-4.
118 Ramuz el-Ehadis, 1-231.

İkinci Bölüm

Ahlâkı kötü olan nefsini azaba verir.

Kötü ahlâk öyle bir fenalıktır ki onunla beraber çokca yapılan haseneler faide vermez.

Kötü ahlâk kalplerin hastalıkları ve nefislerin zilletidir.

Ruhsal Hastalıkların En Müzmini Kötü Huylardır

Zinnur-u Mısri (r.a.) Hazretlerine "Düşünce ve üzüntüsü çok olan kimdir?" denildiğinde, "Ahlâk bakımından insanların kötüsü, fenası ve şereflisidir" demiştir.

Kötü huylar âhirette de helâk olma sebebidir.

Abdulkadir Geylani Hazretleri buyurmuştur: "Hangi halinle gururlanırsın? Halbuki sen, aldanma diyarı olan dünyada şeytanın sancağı altındasın.

Dünya istekleri, nefsin arzuları, vesveseler, şeytanın kötülükleri güzel göstermesi gibi düşman birlikleri her tarafını sarmıştır. Sen ise namaz, oruç, zekat ve hac gibi zahiri ibadetlerine, uzuvlarını ve organlarını zahirde görünen günahlardan men etmene mağrur oldun. Kalbin ise kalbe ait ibadetlerden, vera, takva, zühd, sabır, rıza, kanaat, tevekkül ve işleri Allah-û Teâlâ'ya ısmarlama, yakin elde etme, gönül selameti, cömertlik, ihsan, hüsn-ü zan, güzel huy, iyi geçinme, güzel marifet ve taattan, doğruluk ve ihlastan ve bunlara benzer şeylerden boş ve uzaktır. Belki sen kötü ahlâk, her çeşit üzüntü, dünya ve âhiretini harab eden her çeşit helâk edici belâlarla, günden güne artan günahlarla dolusun. Cenâb-ı Hakk'ın yarattıkları hakkındaki hüküm ve kazasına itiraz etmek, Allah'û Teâlâ'nın verdiği sözde şüphe etmek, kin, çekememezlik, hiyanet etmek, dünyada yüksek makam sahibi olmak istemek, başkaları tarafından övülmek arzusunda olmak, Bakara sûresi ikiyüzaltıncı *"Kendisine Allah'û Teâlâ'dan kork dendiği zaman, izzeti günahta sayar."* Âyet-i kerimesinin bildirdiği yüksek manaya göre, Allah-û Teâlâ'nın kulları üzerine kendini büyük görmek, kızmak, inat etmek, cahilce gayret göstermek, buğzetmek, düşmanlık, bahillik, tama dünyaya rağbet etmek, iyiliklerden kaçmak, kibir, ucub, azamet göstermek, yani kendini büyük görmek, başkalarından saygı beklemek, zenginlere hürmet edip fakirleri aşağı tutmak, iki yüzlülük, malayânî, kendi kötü halini bırakıp başkalarının hallerini araştırmak ve incelemek, Allah-û Teâlâ'nın emrini yerine getirmede gevşeklik göstermek, yapmadığı bir şeyle medh olunmayı arzu etmek, nimetin Allah-û Teâlâ'dan olduğunu ve yalnız onun vergisi olduğunu unutup o nimeti kendine, yahut o nimeti elde etmede alet durumunda olanlara izafe ve nisbet eylemek, yalnız dış görüşüne saplanıp kalmak, asla, öze bakmaktan, şeriatın hududunu korumaktan uzak olmak, gibi kötü işlerle sonsuz helâka götürecek çirkin huylarla dolusun." (1)

Kötü Huylu İnsan Önce Kendine Kötülük Yapar

Kur'ân-ı Kerim'in birçok ayetinde, inkarcılık ve şirkten başlamak üzere, her türlü kötülüklerin işlenmesi ve yapılması kişinin kendi nefsine zulmetmesi şeklinde ifade edilmiştir.

Hz. Adem ile Hz. Havva hatalarını anladıklarında *"Rabbimiz! Biz gerçekten kendimize zulmettik."* (Araf sûresi, âyet: 23) demişlerdir.

Hz. Musa'da, bir Mısır'lıya olan girişiminden sonra hatasının farkına varmış ve: *"Rabbim, kendime zulmettim. Beni bağışla."* diye dua etmiştir. (Kasas sûresi, ayet: 16)

Yüce Allah (c.c.) bir âyet-i kerimede şöyle buyuruyor: *"Kim Allah'ın sınırlarını aşarsa, muhakkak ki nefsine zulmetmiş olur."* (Tâlak sûresi.)

Ahlâki emir ve yasakların dahil olduğu İslâmi hudutların dışına çıkanlar herşeyden önce kendisine kötülük eder.

---

1 Günyetü't Talibin, sh: 187.

İnsan daha çok kendisini aldatma garipliğini gösteren bir varlıktır. Onun bu garipliğinin en tipik örneğini ruhunun fırsatlarını nefsinin fırsatlarına feda etmesidir.

İnsanların çoğu akıllarının ve vicdanlarının ikazları ile kötü olduğuna kanaat getirmelerine rağmen birçok fenalıkları işlemeye devam eder.

Kötülüklerden vazgeçiş ve iyiliğe yöneliş, hep yarınlara bırakılır. Bir hadis-i şerifte: *"İnsan bir hata işlediği vakit, bu hata onun kalbini lekeler."* buyurulmuştur. Hatalar çoğaldıkça vicdanın safiyeti, basireti ve irade üzerindeki hakimiyeti de zayıflar. Yüce Allah buyuruyor: *"Eğer iyilik etmiş olursanız kendi nefisleriniz için iyilik etmiş olursunuz ve eğer fenalık etmiş olursanız kendi nefisleriniz için etmiş olursunuz."* (İsra sûresi, ayet: 7)

Âdemoğlu sabaha erişince azalarının hepsi hal lisanı ile ona şöyle der: Bizim hakkımızda Allah'tan kork, zira biz sana aidiz. Sen müstakim olursan biz de doğru oluruz. Sen müstakim olmazsan biz de öyle oluruz.

Her Kötülüğün Sebebi Cehâlettir

Cehâletten şiddetli fakirlik yoktur. Çünkü her kötülüğün kaynağı cehâlettir.

Âlimin günahı bir günahtır. Cahilinki iki günahtır. Âlim günaha düşmesiyle azab olunur. Cahil ise hem günaha düştüğü, hem de öğrenmediği için azab olunur. Dinin afeti üçtür: Fasık âlim, cahil ve zalim reisler, cahil sofular.

Cenâb-ı Hak buyuruyor: *"Tövbe indallah ancak o kimseler içindir ki bir cehâletle bir kötülüğü işlerler de az sonra tövbekar olurlar..."* (Nisa sûresi, âyet: 17)

Tefsircilerin çoğunluğuna göre bu âyetteki "cehâlet" kelimesi, sadece hata eseri olarak ve haram olduğunu bilmeden kötülük işlemeyi değil kasdi kötülükleri de içine almaktadır. Çünkü her ne suretle olursa olsun kötülük işlemek bir cehâlettir.

Ahlâki hükümleri çok iyi bilmesine rağmen, bunlarda kusurlu hareket etmeye cesaret eden insan da bu manada cahildir.

Yüce Allah buyuruyor: *"...Ve cahiller onlara hitabettikleri vakit "selamet" le derler."* (Furkan sûresi, âyet: 63)

İnsanlara sıkıntı veya eziyet verecek bir söz veya davranış ancak cahil olan kimseden hasıl olur. Mısır'lı araştırıcı Ahmet Emin'e göre bu âyet, Peygamber Efendimizin risaletinden önceki döneme "Cahiliyyet devri" onu takip eden döneme "İslam devri" denilmesinin sebebini göstermektedir. Zira öyle görülüyor ki, "cahiliyye" kelimesi, ilmin zıddı olan ve nazari bilgilerden yoksunluğu ifade eden "cehl"den değil, fakat ameli bilgisizlik, yani sefahat, serkeşlik mânâsındaki "cehâlet"ten gelmektedir.[2]

Resulullah (s.a.v.) Efendimiz bir münakaşa sırasında Hz. Bilâl (r.a.)'e "Kara kadının oğlu" diyerek hakaret eden Ebi Zer (r.a.)'e *"O'nu anasının renginden dolayı ayıplıyorsun öyle mi, demek ki sende hala cahillik varmış."*[3] buyururken, kötü ahlâkı kasdetmişti.

Selâm ve İslâm kelimesi aynı köktendir.

Selâm ise daha ziyade kurtuluş ve esenlik mânâsını ifade etmekte ve bu mânâsı ile Kur'ân-ı Kerim'de birçok âyette geçmektedir.

"Selâm" kelimesi Furkan sûresinin 63. âyetinde, İslam'ın bir barış ve dosluk dini olduğunu ifade edecek tarzda kullanmıştır.

Müslüman, çatışmayı ve zıtlaşmayı ortadan kaldırmaya uğraşan kimsedir, iyi insandır.

İyilik, ahlâk güzelliği, günah ise, içi tırmalayan ve insanların haberi olmasını istemediğin şeydir.

İmam-ı Gazâlî (k.s.) "Kötü ahlâk Allah'ın tutuşturulmuş ateşine -ki onun acısı kalblere girer- açılan kapılardır." der.

---

2 Ahmed Emin, Fecrul-İslam, sh: 69.
3 Buhari, İman, 22.

Din Şuuru Olmadan Ahlâk Şuuru Uyanmaz

Dinî şuurun zayıfladığı toplumlarda ahlâkî düşüşlerin çokca olduğu görülmektedir. Bir gün Allah'ın huzuruna dönüp yaptıklarının hesabını vereceği kaygısının kalplerden çekilmesini, ahlâkî sorumluluk düşüncesinin silinmesi takip etmektedir. Hürriyet düşüncesi, her türlü ahlâkî kayıtlardan sıyrılma arzusu halini almaktadır. Dinî otoritenin yerini hiçbir güç dolduramaz. İnsan kalbini ancak iman sayesinde selâmete yöneltebilir. Mü'min çirkin bir iş yaptığında veya kötülük işlemek suretiyle kendine zulmettiğinde hemen günahlarının bağışlanmasını diler. Yaptığında bile bile ısrar etmez.

İman insanda kalbî ve ahlâkî bir şuur halini almadıkça o insan, ideal bir ahlâkî şahsiyet olarak düşünülemez. Bir âyeti kerimede bu husus şöyle ifade edilmiştir.

"Fakat Allah size imanı sevdirdi ve onu kalblerinize zinet kıldı, inkarcılığı, günahkarlığı ve isyanı da size çirkin gösterdi." (Hucûrat sûresi, âyet: 7)

Müflis Kime Denir?

Ebu Hureyre'den rivâyet edilmiştir:

Resûlullah (s.a.v.) Ashab-ı Kiramına buyurdu ki: *"Kıyâmet gününde ümmetimden müflis olan kimdir bilir misiniz?"* Ashab-ı Kiram, "Bize göre müflis, altın ve gümüşü olmayandır." deyince, Resûlullah (s.a.v.) Efendimiz: *"Kıyâmet gününde ümmetimin müflisi, namaz, oruç ve ibadetlerle gelen, bir kimseye sövmüş, birine iftira etmiş, birinin malını yemiş, birinin kanını dökmüş, diğerini dövmüş olduğundan ve yaptığı cevr ve zulme karşılık hak sahiplerine sevaplar verilen, sevapları bitince, hak sahiplerinin günahları kendisine yükletilen ve cehenneme atılan kimsedir."* buyurdu.

Müslümanda Bulunması Gereken Hasletler

Münebbihe'nin oğlu Veheb: *"Kötü ahlâk, kırılmış testi gibidir. Ne yamalanır ne de gerisin geriye dönüp çamur olabilir."* demiştir.

Yüce Allah buyuruyor: *"Ve hüsrana uğramıştır, Allah'ın azdırdığı kimse..."* (Eş-şems sûresi, âyet: 10)

Öldürücü zehirler, beyin dağıtıcı felaketler, mahvedici rezaletler kulu Allah'tan uzaklaştırıcı habislikler, sahibini şeytana tabi kılıcı olan kötü ahlâklar bilinmelidir ki insan onlardan korunsun.

Öfke

Gadap (öfke) ruhi bir durumdur. Doğuştan var olan bir dürtüdür. Bu duyguyu insan tabiatına Cenâb-ı Hak yerleştirmiştir. Öfke kuvvetinin menşei kalptir.

Öfkeyi tefrit, ifrat ve i'tidal (orta yol) diye üç kısımda incelemek mümkündür.

Tefrit: Öfke kuvvetinin yokluğu veya zayıflığıdır. Buna korkaklık denir. Çünkü bu hal aile ve akrabaya karşı gayretsizliği veya hamiyetsizliği meydana getirir.

İfrat: Gadabın aşırı olanıdır. Öfkenin, akıl ve dinin emrinden çıkmasıdır. Kişiyi vahim sonuçlara götürür. İnsan üzerinde zahirde ve bâtında çeşitli tepkiler meydana getirir. Ruhi ve bedeni zararları vardır.

Zahirde; yüzün kızarması, boyun damarlarının kabarması, âzaların şiddetle titremesi, konuşmanın yüksek sesle olması, hareketlerin kontrolün dışına çıkması gibi davranış bozuklukları görülür. Öfkelenen kişinin sûreti çirkinleşir, fâhiş konuşur. Bazıları söver dahi. Gadab bazı zamanlarda âniden ölüme bile sebebiyet verebilir.

Kalbte (bâtında) ise, kin tutmak, hased etmek, gıybet etmek, sırlari ifşa etmek, sevinmelerine üzülmek şeklinde çeşitli kötü davranışlar meydana gelir.

İ'tidal: Aklın ve dinin işaretini bekleyen öfkenin, İslâm'da övgüye değer bir yeri vardır. Bu öfke, gayretin gerektiği yerde kabarır, yumuşaklığın gerektiği yerde söner. Öfkeyi bildirilen hudutlarda tutmak, Cenâb-ı Hakk'ın kullarını mükellef kıldığı istikamette olmak demektir. Bu öfkenin nefsi, dini, iffet ve namusu korumada büyük yararları vardır.

Hz. Enes (r.a.) anlatıyor:

"Resûlullah (s.a.v.) Efendimizi hiç bir zaman kendi nefsinden yana intikam alır görmedim, ancak ilâhî hürmet çiğnendiği zaman intikam almakta hiç tereddüt etmemiştir. Böyle bir durumda o, insanların en çok öfkeleneni olurdu. İçinde Allah'ın gazabını çeken bir husus olmadığı takdirde, iki şey kendisine arzolunduğunda, onlardan mutlaka kolay olanını seçerdi. İçinde ilâhî gazabı çeken bir durum söz konusu olduğunda ise, ondan en çok uzaklaşan biri olurdu."

Zarar Doğuracak Öfkeye Hâkimiyet

Yahyâ aleyhisselâm, İsâ aleyhisselâma:

— Hangi şey daha şiddetlidir? diye sordu. İsâ aleyhisselâm:

— Allah'ın gadabıdır, dedi.

Yahyâ aleyhisselâm:

— İnsanı Allah'ın gadabına yaklaştıran nedir? diye sordu.

İsâ aleyhisselâm:

— Senin öfkelenmen, yani insanların kızmasıdır, dedi.

Yahyâ aleyhiselâm:

— Gadabın kaynağı nedir? dedi.

İsâ aleyhisselâm:

— Kibir, böbürlenmek, kendini büyük görmek ve körü körüne taassub, cevabını verdi.

Allah'ın Resûlü (S.A.V.):

"İnfaz etmeye gücü yettiği halde öfkesini yutan kimseyi Allah, kıyâmet günü bütün insanların önünde çağırır ve hangi huriyi arzu ettiğini kendisine haber verir." buyurmuştur.

Resûlullah (S.A.V.) Efendimiz, insanın kızgınlık anında öfkesine sahip olabilmesi üzerinde çok durmuş, bu hususta insanlara çeşitli tavsiyelerde bulunmuştur.

Hak Teâlâ, Âl-i İmran sûresinin 134. âyetinde, öfkenin yenilmesi hususunda insanlara tavsiyede bulunmuş ve buna uyanları medhu senâ etmiştir.

"Onlar bollukta ve darlıkta sarfederler, öfkelerini yenerler, insanların kusurlarını affederler. Allah iyilik yapanları sever."

Yine Kur'ân'da kötülük ve öfkeyi, en güzel şekilde savmamız, cahillerden yüz çevirmemiz emrediliyor.

Cenâb-ı Hak şöyle buyuruyor:

"İyilikle kötülük bir değildir. Sen artık (kötülüğü) en güzel şekilde sav. O vakit seninle aranızda düşmanlık bulunan kimse sıcak bir dost gibi olur. Buna ancak sabredenler erişebilir ve buna ancak büyük pay sahibi olan kavuşabilir." (Fussilet sûresi, âyet: 34-35)

"Rahmân'ın kulları o kimselerdir ki, yeryüzünde alçakgönüllü yürürler: Cahiller onlara söz attığı vakit "selâmetle" derler..." (Furkan sûresi, âyet: 63)

Öfkeyi Yenmenin Faydaları

1- Âl-i İmran sûresinin 134. âyetinde ve devamında "Öfkesini yenenler" için cennetin hazırlandığı haberi veriliyor.

2- Cenâb-ı Resûlullah (s.a.v.) Efendimiz:

"Kim gazabını savarsa, Allahû Teâlâ da ondan azâbını def eder." buyuruyor.

3- Başka bir hadis-i şerifte de şöyle buyrulmaktadır:

"Öfkesini yenen eğer dileseydi, o öfkesinin gereğini yerine getirirdi. Böyle bir kimsenin kalbini, kıyâmet gününde Allah, rızasıyla doldurur."

4- Öfkeyi yenmenin sevabı büyük olur.

Resûlullah (s.a.v.) Efendimiz bu hususta şöyle buyurmuştur: *"Allah rızası için yuttuğu öfke yudumundan, ecir bakımından daha büyük bir yudum yoktur ki, kul onu yutmuş olsun."*

5- Kulun kalbi iman ile dolar.

Resûlullah (S.A.V.) Efendimiz buyurdu:

"Yutulan hiçbir yudum yoktur ki, Allah nezdinde kulun yutmuş olduğu öfke yudumundan daha sevimli olsun. Kul bunu yuttuğu takdirde Allah onun kalbini iman ile doldurur."

6- Hûrî seçiminde serbest bırakılır.

Bu konudaki bir hadis-i şerifte şöyle buyurulmaktadır: *"Kim ki infaz etmeye kuvvet ve kudreti olduğu halde öfkesini tutarsa, Allahû Teâlâ'ya kıyâmet günü bütün halka karşı, onu davet eder; tâ ki onu hangi hûriyi dilerse almakta serbest bırakır."*

7- Allah'ın (c.c.) rahmeti kula ulaşır.

8- Allah (c.c.) o kimseyi sever.

Resûlullah (S.A.V.) Efendimiz şöyle buyurmuştur: *"Üç şey (huy ve haslet) kimde bulunursa, Allah onu rahmetinde konuklar, rahmetiyle onu örter ve onu sevgisine lâyık olanlardan kılar:*

1- Bir ni'met verildiği zaman ona şükreden,

2- Gücü yettiği zaman (gazap etmeyip) afv eden,

3- Gazaba geldiği zaman gevşeklik ve zayıflık gösterip fenalık yapmayan."

Şer'ân ve Aklen Lüzumlu Olmayan Hususlardaki veyahut Lüzumlu ve Lâyık Olanından Daha Çok ve Şiddetli Olan Gadabın Âfetleri

— Cenâb-ı Hak, kadim olan kitaplarının bazılarında şöyle buyurmuştur: *"Ey Ademoğlu! Öfkelendiğin zaman beni hatırla ki ben de öfkelendiğim zaman seni hatırlamış olayım ve yok edilecekler arasında seni yok etmemiş olayım."*

Allah'ın (c.c.) kullar üzerindeki kudreti, insanın gazap ettiği kişi üzerindeki kudretinden çok daha büyüktür.

İbn-i Abbas Hazretleri der ki:

— Resûlullah (s.a.v.) Efendimiz şöyle buyurmuştur:

"Kesinlikle (bilinsin ki) cehennemin bir kapısı vardır. O kapıdan ancak Allah'a isyan etmek sureti ile öfkesini icra edip gönlünü rahat ettiren kimseler girer."

— Şiddetli gazaptan dolayı insandan öyle söz ve fiiller sâdır olur ki, bunlar imanı ifsad edebilir.

— Gadap eden ile edilen arasında düşmanlık baş gösterir, araya kin girer. Dargınlık meydana gelir. Her birinde, diğerinin kötülüğünü istemek vs. gibi müslümana yakışmayan duygular oluşur.

— Gadap anında kişinin sureti çok çirkin bir görünüm alır.

Öfkeyi Kabarttıktan Sonra Yenmenin Çâresi

İnsanı öfkelendirecek bir sebep meydana geldiğinde, hiddetine kapılıp onun tesiri altına girmemesi için o kişinin, hemen öfkeyi yenmenin faziletini bildiren âyetleri ve hadis-i şerifleri düşünmesi, öfkenin zararlarını hatırlaması gerekir. İnsan ne vakit öfkesini yenerse Allah (c.c.) için yenmelidir. Bunun Allah (c.c.) nezdinde sevabı çok büyüktür.

Amelî tedbirlere gelince:

— İstiâze (Eûzu besmele okuyarak Allah'a (c.c.) sığınmak):

— Öfkeyi gidermek için özel bir duada bulunmak.

Hz. Aişe (r.a.) Validemiz anlatıyor: "Öfkeli bulunduğum bir sırada Peygamber (s.a.v.) içeri girdiler, burnumun ucundan tutarak: *"Yâ Aişecik! Şöyle dua et,"* buyurdular. *"Ey Muhammed'in Rabbi olan Allah'ım! Günahlarımı bağışla, kalbimin öfke ve kinini gider. Beni şeytandan koru."*

Resûlullah (S.A.V.) Efendimiz:

"Sizden biriniz öfkelendiği zaman, ayakta ise hemen otursun. Böyle yapmakla öfkesi geçerse (ne alâ) değilse uzansın." buyurmuştur.

— Eğer oturmak veya uzanmakla da öfkesi geçmiyorsa o zaman soğuk su ile abdest alınalı veya gusletmelidir. Zira ateşi ancak su söndürür.

Resûlullah (s.a.v.) Efendimiz bu hususta şöyle buyurmuştur:

"Herhangi biriniz kızdığı zaman su ile abdest alsın. Çünkü kızmak ateştendir."

— İbni Abbas (r.a.) Resûlullah (s.a.v.) Efendimizin şöyle buyurduğunu bildirmiştir:

"Öfkelendiğin zaman sus."

Öfkelendikleri zaman öfkelerine hakim olan kimseler, hem bu dünyada, hem de âhirette bunun faydalarını göreceklerdir. Çocuklarımızı bu hususta da ciddi bir şekilde eğitip öfkelerini yenmeye alıştırmalıyız. Ergenlik çağına ulaştıklarında öfkelerini yatıştırmayı becerebilir bir hale gelsinler.

İnsanın öfkelenmeyi değil, öfkelenmemeyi bir adet haline getirmesi gerekir.

El Mehdi (bin Muhammed bin Abdullah el-Abbâsi) bir kişiden kızdı (intikam almak istedi) Şebîb ona dedi ki:

— Cenâb-ı Hak için, Cenâb-ı Hak'tan daha fazla kızma!

Mehdî "O adamı bırakınız diye emir verdi."

Bir defasında bir savaş esnasında Hz. Ali, kâfir ordusundan birini yakalayıp yere yatırarak imana gelmesini, yoksa öldüreceğini söylemiş. Kâfir imana gelmeyi reddedip Hz. Ali'nin yüzüne tükürmüş. Bunun üzerine Hz. Ali ona "Serbestsin" demiş. Kâfir bu duruma çok hayret etmiş. Hz. Ali'ye bu davranışının sebebini sormuş. Hz. Ali şu cevabı vermiş:

"Ben seni yakaladım, Allah'a imana davet ettim. Eğer bana hakâret etmeyerek kabul etmeseydin seni o zaman öldürecektim. Çünkü bu harp idi, Allah için olacaktı. Halbuki sen hakâret ederek beni öfkelendirdin. Eğer bu takdirde seni öldürmüş olsaydım kendi nefsim için öldürmüş olacaktım. Araya kendi nefsim girdiğinden seni öldürmekten vazgeçtim." Hz. Ali'nin bu sözlerini dinleyen kâfir derhal imana gelmiş.(4)

Hıkd-Kin

Hıkd, bir kimsenin bir başkasına olan düşmanlığını kalbinde tutması, yani ona karşı kin beslemesi, intikam alabilmek için fırsat beklemesidir. Kinin, şer'an hükmü ise şöyledir: Eğer kin beslenen kimseye, onun yaptığı zulüm sebebiyle değil de sadece iyilikle emr, kötülükten men etmek gibi haklı ve adalete uygun bir sebepten dolayı kızılıyorsa, bu haramdır. Ancak haksız bir zulmünden dolayı kin tutuluyorsa, haram değildir.

Hakkını ondan almaya güç yetiremiyorsa, onu kıyâmet gününe bırakması gerekir. Fakat affetmesi daha iyidir.

Cenâb-ı Hak bu hususta şöyle buyuruyor:

"Eğer afv ederseniz, bu takvaya daha yakındır." (Bakara sûresi, âyet: 237)

Hakkını almaya güç yetirse dahi yine de kişinin iman ve irfanına yakışan affetmektir. Bu, güç yetiremediği zaman yaptığı aftan daha üstün bir davranıştır. Hakkını tamamen almaktan da üstündür. Fakat bazan adalet dahilinde tıpatıp haklaşmak, aşağıda belirtilen bir takım arızi sebeplerden dolayı afv etmekten daha iyidir. Mesela;

Bazan afv etmek zalimin zulmünün artmasına sebep olabilir. Bunun gibi tıpatıp haklaşmak ise zalimin zulmünün azalmasına veya hiç kalmamasına vesile olur. Fakat haktan fazlasını almak, zulüm ve haksızlıktır.

---

4 İhyâ, c. 7-7-35 Özet.

Resûlullah (s.a.v.) Efendimiz: *"Mü'min kinci değildir."* buyurmuştur.

Kin, kızmanın meyvesidir. Hiddet ve intikam hırstan doğar. Acziyetleri sebebiyle intikam alma gücünde olmayan kimselerin hiddet ve gadapları, içlerinde birikir. Bu birikim kini doğurur. Kindarlıktan bir takım mahzurlar meydana gelir.

— O kimseye karşı hased -çekememezlik- duyulur.

— Gıybeti yapılır.

— Sırrı varsa ifşa edilir.

— Onun hakkında yalan söylenir.

— Alay edilir.

— Küçümsenir.

— Onunla alâka kesilir.

— Kindâr kişi hasmının başına gelen belâlara sevinir, kavuştuğu nimetlere üzülür.

— Ona borcu varsa vermez, kendisini haklarından mahrum bırakır.

Bunların hepsi de haramdır. Kendisine kin güdülen kimseye karşı kin sebebi ile güler yüzlülük, yardım, onun ihtiyaçlarını gidermek gibi müslümanın sevap kazanmasına vesile olacak güzel hasletler terkedilir.

Ebû Dâvud'un Ebû Hüreyre (r.a.)'den yaptığı rivâyette, Resûlullah (a.s.) Efendimiz buyurmuşlardır ki:

"Hiç bir mü'mine diğer mü'min kardeşiyle üç günden fazla düşmanlık beslemek (onunla küs durmak) helâl olmaz. Üç gün geçtikten sonra ona rastlayacak olursa, (ona kavuşsun) ve selâm versin, selâmını alırsa, ecir ve sevâba ortak olurlar; almazsa günahkâr olarak döner."

Diğer bir rivâyette de şu fazlalık var: "Kim üç günden fazla küsü tutup düşmanlık ederse, cehenneme girer. Bu cezâ ve azâbın va'dolunması, küsü ve düşmanlığın dünyevi gâyelere mâtuf olmasından dolayıdır. Âhiret, te'dip, günah ve isyân gibi sebeblere dayanıyorsa câizdir, belki müstehaptır; belli bir vakit takdir etmemek şartıyle."[5]

Süyûti'nin rivâyetine göre, Abdullah bin Ömer (r.a.) kendi öz oğluna darıldı ve ölünceye kadar bir daha onunla konuşmadı. Çünkü Hz. Abdullah'ın oğlu, babasının kendisine rivâyet ettiği Resûlullah'ın bir hadisini seçip kendine düstur almamıştı. Resûlullah'ın (a.s.) erkeklerin, kadınları mescidlere gitmelerini men'etmelerini doğru bulmayıp bunu yasaklamıştı, engel olmamalarını emretmişti. Hz. Abdullah (r.a.) eşini mescide gitmekten men eden oğluna bu hadisi hatırlattığı halde o hadisi önemsemeyip engel olmaya devam etmişti.

Gıybet

"Gıybet" ekseriya dil ile olur. Allahû Teâlâ'nın korudukları hâriç, bundan kimse kurtulamaz. Çok büyük günahtır.

Kutâde (r.a.) buyurur: "Kabir azâbı üç kısımdır: Üçte biri gıybet, üçte biri söz taşımak, üçte biri de elbisesini bevilden korumamaktır". Hz. İsa (a.s.) havârileri ile ölü bir köpeğin yanından geçiyordu. "Bu hayvan ne pis kokuyor" dediklerinde, Hz. İsa (a.s.): "Onun beyaz dişleri ne güzeldir" buyurdu. Bununla onlara, neyi görürlerse, iyi taraflarını söylemelerini öğütlüyordu. Bir domuz Hz. İsa (a.s.)'nın yanından geçti. "Selâmetle git" buyurdu. "Yâ Rûhallah! Domuza da böyle söylenir mi?" dediklerinde: "Dilime iyilikten başka bir şey alıştırmak istemiyorum" buyurdu. Gıybet tanıdık bir kimsenin arkasından, onun hakkında duyduğu zaman üzüleceği şekilde konuşmaktır."

Allahû Teâlâ yüce kitabında buyuruyor:

"Kiminiz de kiminizi arkasından çekiştirmesin. Sizden herhangi biriniz ölü kardeşinin etini yemekten hoşlanır mı? Ondan tiksinirsiniz." (Hucûrat sûresi, âyet: 12)

5 Tarikat-ı Muhammediye, sh: 191-192.

Resûlullah (s.a.v.) Efendimiz de:

"Müslümanın her müslümana canı, malı ve ırzı haramdır." buyurmuştur.

İbn-i Hibbân'ın Ebû Ümâme (r.a.)den yaptığı rivâyette, Resûlullah (s.a.v.) Efendimiz şöyle buyurmuştur:

(Kıyâmet günü) *insanın kitabı* (amel defteri) *açık bir şekilde kendisine verilir. Defterine bakınca, yâ Rabbi! Benim iyiliklerim nerede? Dünyada bunca hesanatta bulundum. Onların hiç biri defterimde yok, der. Cenâb-ı Hak ona şu cevabı verir: "Onları insanlar hakkında yaptığın gıybetlerle sildim, gıybetini yaptığın kimselerin defterine yazdım."*

Hazret-i Hüseyin'in oğlu Ali (r.a.), birinin gıybet ettiğini görünce:

— "Gıybetten kaçın! Çünkü gıybet, insan köpeklerinin yiyeceğidir." demiştir.

Bir gün Resûlullah (s.a.v.) Efendimiz ashaba:

"Gıybetin ne olduğunu biliyor musunuz?" diye sordu.

Ashâb-ı Kirâm:

"Allah ve Rasûlü daha iyi bilir" dediler.

Resûlullah (s.a.v.) Efendimiz:

"Gıybet; bir kardeşiniz hakkında, onun hoşlanmayacağı şeyleri söylemektir." buyurdu.

"Ya söylediğim şeyler, kardeşimde varsa?" denildi.

Resûlullah (s.a.v.) Efendimiz:

"Eğer senin dediğin şeyler kardeşinde varsa muhakkak onun gıybetini yapmış olursun. Eğer dediğin şeyler kendisinde yoksa bu defa muhakkak ona iftira etmiş olursun." buyurdu.

Gıybetin Çeşitleri

"Gıybet yalnız dil ile değil, göz kırpma, imâ, işâret ve yazmak ile de olur. Bunların hepside haramdır."

Gıybete Sevkeden Sebepler

— Bir sebeple bir kişiye kızgın ve kırgın olmak. Veya ona kin beslemek.

— Mevki, ilim ve mal sâhibi olan bir kimseyi, insanların övüp beğenmesini çekemeyip insanların yakın ilgisini, sevgisini ondan uzaklaştırmak için aleyhinde olmak.

— Başkalarının kusurlarını anlatarak kendini övmek istemek.

— Dostlar arasındaki gıybet konuşmalarında onlara uymak.

— Kusurlu ve kötü iş yapanlarla alay etmek, onlara gülmek.

— Bir kimsenin kötü bir hâli meydana çıkınca, bildiği bir başkasının günâhının da açığa çıkmasını istemek.

— Bir de Allahû Teâlâ'nın indinde günâh olan bir şeyi yapana kızmak, şaşmak, şefkat duymaktan gıybet olur. Bu şaşkınlık, kızmak, şefkat esnasında o kimsenin adını söyler ve insanların onu bilmesini ister. Bu da gıybettir.

Gıybet Edeni Tasdik Etmek

Gıybeti tasdik etmek de gıybettir. Hatta gıybet yapılan yerde (tasdik etmese dahi) susan da gıybetçiye ortaktır. Ancak, diliyle gıybetçilerin gıybetine karşı çıkmaktan korkan, kalbiyle gıybeti benimsemezse bu kuralın dışında kalır ki, gıybete ortak olmamış olur.

Resûlullah (s.a.v.) Efendimiz buyurmuştur:

"Dinleyen gıybetçilerden birisidir."

Gıybet dört türlüdür.

Şeyh Alaaddin Abidin gıybet hakkında şu bilgiyi vermektedir.

İster ölü olsun, ister hayatta bulunsun bir müslüman veya bir zımmiyi gıybet haramdır.

Gıybet; bunlardan birini, kendisinde olan bir hasletle -hoşuna gitmeyecek şekilde- arkasından ayıplamaktır. Eğer arkasından söylenenler onda yoksa buna buhtan denir ki, bu daha büyük bir günahtır.

Muayyen bir şahsı ayıplama kasdı anlaşılan hareketlerin hepsi gıybet sayılır. Bir kimsenin yürüyüş ve konuşma taklitlerini yapmak ve onu ayıplar şekilde hikâye etmek yine gıybete girer.

Gıybet bazan da küfür olur; gıybet etmekte olan bir şahsa "Gıybet etme" denir de, o: "Bu gıybet değildir; çünkü ben doğru söylüyorum." cevabında bulunması gibi.

Gıybet bazan nifak olur; ismini vermediği bir kimseyi, onu tanıyan yanında gıybet edip kendini iyi durumda görmek gibi...

Gıybet bazan günah -masiyet- olur; günah olduğunu bildiği halde muayyen bir şahsı gıybet etmek gibi...

Gıybet bazan mübah olur: Fıskı zahir olanı veya bid'at sahibini gıybet etmek gibi...

Bir fasıkın kötülüğünden insanları korumak ve sakındırmak için onu gıybet etmenin sevabı vardır. Çünkü bu fenalıktan alıkoymadır.

Gıybet Ölünün Etini Yemeye Benzetilmiştir

Ölü hayvan eti yemek haramdır. Hele kokmuş ise daha çirkindir. Bunun zararı yiyene aittir. Yiyeni maddeten ve manen zehirler ve yalnız kendini helâk eder. Gıybetin ise cemiyete zararı vardır.

Rüyasında ölü eti yediğini gören bir kimse, halkın gıybetinde bulunuyor demektir.

Gıybetin Özürle Câiz Olması:

İmam-ı Gazâlî, bu hususta şu özürleri bildiriyor:

1- Kadı ve sultanın yanında, görülen zulmü söylem [illegible]
Ya da kendisine yardımcı olacak kimseye uğr [illegible]
anlatılabilir. Fakat mazlûmun, kendisine f [illegible]
cak kimselere zâlimin zulmünü anlatma [illegible]

2- Kişi günah işlenen bir yer görür v [illegible]
bir kimseye haber verip onlara [illegible]
anlarda da câizdir.

3- Fetva sormaktır. Meselâ "hanımım, babam veya başka birisi bana şöyle yapıyor veya söylüyor" dese gıybet olmaz. Ama en iyisi, bir kimse şöyle yaparsa ne cevap verirsiniz, şeklinde sormaktır. İsim söylerse de câizdir.

4- Bid'at sâhibi veya hırsıza îtimat edenlere, onların zararından korunmaları için, o kimseleri tanıtmak veya evlenecek yahut bir şey satın alacak kimseye, onun zararlı ve ayıp olduğunu bildirmek daha iyidir.

5- Bir ayıp ve kusuru kendisine lâkap alan kimseden bahsetmek gıybet olmaz. Böyle tanındıkları için üzülmezler. Başka isimle çağırmak daha iyidir.

6- Günah işlemekten utanmayanları anlatmak câizdir.

Gıybet Yapanın Karşısında Ne Yapmalı?

1- Önce, gıybet yapılmasını men etmeli, emr-i bil ma'ruf ve nehyi anil münkerde bulunmalıdır.

2- Dinlemezlerse gıybet meclisinden kalkıp gitmelidir.

3- Ya da gıybeti yapılanı müdafaa etmelidir.

Resûlullah (s.a.v.) Efendimiz bu hususta şöyle buyurmuştur:

...herhangi bir mü'min zelil ediliyor- ... halde yardım etmiyorsa, Allah ... önünde zelil eder."

...t etme", demezse ve kalbi ... gıybet etmiş olur. Zirâ ... ıybete ortak olur.(6)

... ından, bedeninden, ... mayacağı bir şekil-

Gıybet Yapmamanın Çâresi

Gıybet hakkındaki âyet-i kerîme ve hadîs-i şerifleri düşünmek; yaptığı her gıybetin, amel defterinden sevabını azaltacağını, gıybet ettiği kişinin defterine geçirileceğini hatırlamaktır.

Gıybetin Keffâreti

"Gıybet yapana farz olan, pişman olmak, tevbe etmek ve yaptıklarından dolayı üzülmektir. Ancak böyle yapmakla Allah'ın hakkının altından çıkmış olur. Sonra gidip gıybetini yaptığı kimseden helâllık isteyecektir. Ona yapmış olduğu zulmün altından ancak böyle kurtulur.

Gıybetini yaptığı kişiden helâllık istediği zaman; mahzun, üzgün, yaptığından dolayı pişmanlık duymalıdır. Çünkü riyâkâr bir kimse, bâzan, gıybetini yaptığı kimseden nefsinin müttakî olduğunu göstermek için helâllık ister. Halbuki içinde, gıybetten dolayı, pişmanlık diye bir şey yoktur. Şu halde böylece ikinci bir günahı işlemiş olur!".

Hz. Âişe Vâlidemiz (r.a.) bir kadın için, *"uzun dillidir,"* deyince Resûlullah (s.a.v.) Efendimiz, *"Sen onun gıybetini yaptın. Git kendisinden helâllık iste."* buyurmuştur.

İmkânı varsa gıybet eden helâllık ister. İmkânı yoksa gıybeti yapılan şahıs, gâib veya ölü ise onun için istiğfar eder, duâ da bulunur, çokça hayır yapar, sevâbını ona bağışlar.

İbni Ebî Dünyâ, Taberânî ve diğerlerinin Câbir bin Abdullah (r.a.)'dan yaptıkları bir rivâyette: *"Gıybet zinâdan daha büyüktür."* buyurulmuştur. Bunun üzerine sorulmuş:

— Bu nasıl olur?

Resûlullah (s.a.v.) Efendimiz şu cevabı vermiş:

"Kişi zinâ eder, sonra tevbeye gelir. Umulur ki, Allah onun tevbesini kabul eder. Gıybet eden kendini, gıybetini yaptığı kimseye afv ettirmedikçe mağfiret olunmaz."

İmam-ı Gazâlî: "Şâyet afvetmezse, onu övmeli, bağlılığını, sevdiğini bildirmeli, yalvarmalı, gönlünü almalı ve hakkını helâl ettirmelidir. Yine helâl etmezse hak onundur. Fakat bu hareketler, sevap olarak yazılır." demektedir.(7)

Bazısı sorabilir: Acaba helâl etmek farz mıdır? diye.

"Hayır! Farz değildir. Çünkü başkasına hakkını helâl etmek teberrudur, bağıştır. Teberru ise fazilettir, farz değildir. Buna rağmen helâl etmek güzeldir."

Gıybet yapılmayan, gıybet dinlenilmeyen bir âile yuvasında, İslâm'ın bu terbiyesini de alarak yetişmiş bir insan tüm yaşantısında her halde gıybeti hep kerih görecektir. Bu günahtan uzak duracaktır.

Sû-i Zan

Cenâb-ı Hak, Kur'ân'da şöyle buyuruyor:

"Ey îman edenler! Zannın bir çoğundan kaçının. Çünkü bâzı zan vardır ki, günâhtır..." (Hucûrat sûresi, âyet: 12)

"Allah ve mü'minler hakkında vehim ve şüphe yollu sû-i zan sâhibi olmak, haramdır. Sû-i zan aslı olmayan kuruntuların kişide üstün gelmesinden kötü ahlâktan doğar.

Sû-i zann'ın karşıtı, hüsn-ü zandır. Allah ve mü'minler hakkında hüsn-ü zan beslemek vâciptir."

Hüsn-ü zan; (güzel sanma), bir kimsenin veya bir hâdisenin iyiliği hakkındaki vicdânî kanaat, demektir.

Hiç bir kimse hakkında yok yere sû-i zan'da bulunulmamalıdır. Herhangi bir kimse hakkında bilgisizce "pek iyi bir zâttır" diye hükmetmek, hüsn-ü zann'ı suistimal etmek olacağından mezmum (kötü) bulunmuştur.

Resûlullah (s.a.v.) Efendimiz zan hususunda şöyle buyurmuştur: *"Allah hakkında hüsn-ü zan beslemek, güzel ibâdetlerdendir."*

---

7 İhyâ-i Ulum-id-Din, cilt 6, sh: 498-542 özet.

Beyhakî'nin Vâsile (r.a.)'den yaptığı bir rivâyette, Resûlullah (s.a.v.) Allahû Teâlâ'nın şöyle buyurduğunu zikrediyor:

"Ben kulumun bana olan zannı yanındayım. Hayır zannederse, onun için o (hayır) *vardır; şer zannederse, onun için o* (şer) *vardır."*

Yahya İbn Eksemi rüyâda görmüşler. "Allahû Teâlâ sana ne yaptı?" diye sormuşlar. Demiş ki: Beni suâle çekti. "Ey şeyh sen böyle böyle yaptın" buyurdu. Çok korktum ve: "Yâ Rabbi, bana seni böyle tanıtmadılar" dedim. "Nasıl tanıttılar" buyurdu. Dedim ki bana Abdürrezzâk, ona Muammer, ona Zehrî, ona Hazret-i Enes (r.a.), ona Resûlullah (s.a.v.) Efendimiz, ona Cebrâil (a.s.), ona siz bildirmişsiniz ki: *"Ben kuluma beni zannettiği ve benden beklediği gibi olurum."* Ben sizden rahmet bekliyordum. Buyurdu ki: "Cebrâil (a.s.) doğru söyledi. Resûlüm doğru söyledi, Enes doğru söyledi. Zehrî doğru söyledi. Muammer doğru söyledi. Abdürrezzâk doğru söyledi. Sana rahmet ettim." Bunun üzerine bana hil'at verildi. Cennet hizmetçilerini yanıma gönderdiler. Eşi olmayan sevinçlere kavuştum."

"Mü'minler hakkında hüsn-ü zanna gelince: "Mü'minler hakkında şüphe edilen hususlarda hüsn-ü zan sâhibi olmak menduptur. Bilhassa adâleti açık olan müslüman hakkında sû-i zan beslemek haramdır, onun şüpheli tarafını salah üzerine hamletmek (hüsn-ü zan beslemek) müstehaptır."[8]

Kalbin sırlarına ancak, gâipleri çok iyi bilen Allah vâkıftır.

"Kişinin başkası hakkında kötü düşüncede bulunmaya hakkı yoktur. Ancak te'vil kabûl etmeyecek derecede açık olan durumlar karşısında bu hakka sâhiptir. Hakikatine muttalî olamadığı yerlerde kalbine gelenler şeytandandır. Şu halde, hemen onu yalanlaması gerekir. Zira şeytan fasıkların en kötüsüdür."[9]

Cenâb-ı Hak, Kur'ân'da şöyle buyuruyor:

---

8 Tarikat-ı Muhammediye, sh: 211-214.

9 Gazâlî'den Vaazlar, sh: 427.

"Ey iman edenler! Eğer bir fâsık size bir haber getirirse onu tahkîk edin (Yoksa) bilmeyerek bir kavme sataşırsınız da sonra yaptığınıza pişman olursunuz." (Hücûrat sûresi, âyet: 6)

Süfyân-i Sevrî (r.a.)'ye göre sû-i zan iki kısımdır: Birisi günâhtır, sâdece zannedip hüküm vermek gibi, diğeri günâh değildir, zannedip hüküm vermemek gibi.

Kötü Zannın Oluşmasının Alâmeti

Zann ile beraber kalbin daha evvelki durumunun değişmesidir. Kalpte o kişiye karşı bir nev'i nefret meydana gelir. İkram etmekten, onu aramaktan, kendisine yardım etmekten, üzüntüsü ile kederlenmekten geri durulur. Kalpte hissedilen aleyhteki bu duygular, kendisini diğer âzâlarda da gösterir.

Cenâb-ı Hak, Kur'ân'da buyuruyor:

"Bilmediğin şeyin ardına düşme. Doğrusu kulak, göz ve kalb bunların hepsi o şeyden sorumlu olur." (İsra, sûresi, âyet: 36)

Kalpte ve âzalarda su-i zanna yer verilmemelidir. İmam-ı Gazâlî şöyle demektedir, "Sû-i zan için, (bunu anlaman senin zeki oluşundandır, sür'atle intikal ediş kâabiliyetindendir) gibi vesveselerin kalbe gelmesi şeytanın aldatmacalarıdır. Ve şeytan devamlı insana şu vesveseyi verir:

"Muhakkak mü'min Allah'ın nuruyla bakar."

Resûlullah (s.a.v.) Efendimiz şöyle buyurmuştur.

"Muhakkak Allah, müslümanın kanını, malını ve hakkında kötü zan yapmayı haram kılmıştır." [10]

Müslümanların insanlar hakkında zâhirde görecekleri ile hükmetmeleri, zan, şüphe, evham ile karar vermemeleri öğütlenmiştir.

---

10 İhyâ-i Ulum-id-Din, cilt 6, sh: 530.

Tecessüs

Gıybet, sû-i zan ve tecessüs aynı âyette yasak kılınmıştır.

Allahû Teâlâ şöyle buyuruyor:

"Ey İnananlar! Zannın çoğundan sakının, zira zannın bir kısmı günahtır. Birbirinizin suçunu araştırmayın (tecessüste bulunmayın); *kimse kimseyi çekiştirmesin; hangi biriniz ölü kardeşinin etini yemekten hoşlanır?"* (Hucûrat sûresi, âyet: 12)

Tecessüsün mânâsı: Allah'ın kullarını, Allah'ın örtüsü altında bırakmamak, onların gizli taraflarına muttali' olmaya çalışmak, bir şeyin iç yüzünü araştırmak demektir.

Kalbinde sû-i zan bulunan kişi, bu zanla yetinmeyip ayrıca tedkik ve tahkik de ister.

Müslümanların noksanlıklarını araştırmak, teşhir etmek onlara eziyet verir.

İbn-i Mes'ud (r.a.)'dan rivâyet edilmiştir ki, ona bir adam getirildi ve şöyle denildi:

— Bu filandır. Sakalından şarap damlıyor, dedi ki:

— Biz kusur aramaktan nehyolunduk. Ancak bize bir şey (apaçık) görünürse ona göre durum alırız.(11)

Müslüman, müslümanların noksanlarını araştırmanın kötü bir davranış olduğunu bilmelidir. İster görmüş, ister duymuş olsun, mâsiyeti açıklamaktan çekinmelidir.

Resûlullah (s.a.v.) Efendimiz şöyle buyurmuştur:

"Mâ'siyetleri açığa vuranların dışında ümmetimin hepsi affedilmiştir. Biri gece bir iş işler. Sonra da Allah onun yaptığını örtmüş olarak sabahlar. (Başkası ona): *Ya filân! Sen dün akşam şöyle şöyle yaptın, der. Rabbi onu örterek geceler, sabahlayınca Allah'ın sırrını açıklar. İşte bu* (ma'siyeti) *açığa vuranların işlerindendir."*(12)

---

11 Müslüman Şahsiyeti, sh: 185.

12 Müslüman Şahsileti, sh: 187, 190.

Yalan Vaad

Cenâb-ı Hak, Kur'ân'da:

"Ey iman edenler! Allah ve insanlar arasında verdiğiniz sözleri ve yaptığınız bağlantıları yerine getiriniz." buyurur. (El-Mâide sûresi, âyet: 1)

Resûlullah (s.a.v.) Efendimiz de:

"Vaad, borç gibi veya daha üstündür." demiştir.

Cenâb-ı Hak, Kur'ân-ı Kerîm'inde, vaadinde sâdık olanları övüyor:

"Muhakkak İsmail vaadinde sâdıktı." (Meryem sûresi, âyet: 54)

İmam-ı Birgîvi: "Niyetinde sözünü tutmamak olmakla beraber vaadini bozmak, yerine getirmemek de bir nev'i yalandır." der.

İbrahim en-Nahaî'ye sorulmuş:

— Bir kişi, başkasına belirli bir zamanda buluşmayı söz veriyor, fakat gelmiyor. Acaba öbür kişi ne yapmalıdır?

Cevabı şu olmuştur:

— Gelecek namaz vaktine kadar bekleyecektir.

İbn Mes'ud (r.a.), bir söz verdiği zaman dâima "İnşâallah" dermiş.

Cenâb-ı Hak, şöyle buyuruyor:

"Herhangi bir şey için, Allah'ın dilemesi dışında: "Ben yarın onu yapacağım" deme." (Kehf sûresi, âyet: 24.)

"Söz verirken "inşâallah" (Allah dilerse) sözünden, kesinlik mânâsı anlaşılırsa -bir mâzeret olmadıkça- bu söze vefâ göstermek gerekir."

Kişi söz verirken tutmamağa niyetli ise bu nifâkın tâ kendisidir.

Resûlullah (s.a.v.) Efendimiz bu hususta şöyle buyurmuştur:

"Üç şey kimde bulunursa -oruç da tutsa, namaz da kılsa ve kendisini müslüman da sansa- o, münâfıktır: Konuştuğu zaman yalan söyleyen, söz verdiği zaman sözünden cayan, i'timat olunduğu vakit emânete hıyânet eden."

Bu tehditler, söz verirken yapmamağa azimli olan veya özürsüz yere vaadinde durmayan kimseler hakkındadır. Ama verdiği sözü yerine getirmeye azimli olup da özrü sebebi ile ifa edemeyenler -görünüşte münâfık gibi iselerde- münâfık olmazlar. Bununla birlikte kişinin münâfıklığın hakikatinden kaçındığı gibi şeklî münâfıklıktan da kaçınması gerekir. Mecbûriyet dışında kendisini ma'zur göstermeye kalkışması doğru değildir.[13]

Yalan Söz Söylemek

Allahû Teâlâ, yalancılar hakkında Kur'ân-ı Kerim'de şöyle buyuruyor:

"Yalan söylemekte oldukları için de onlara acıklı bir azap vardır." (Bakara sûresi, âyet: 10)

Hasan-ı Basrî Hazretleri;

"Daha evvelce şöyle deniliyordu: Gizli ile açığın, söz ile fiilin, çıkış ile girişin değişik olması münâfıklıktandır. O temel ki, onun üzerinde münâfıklık binâsı yükselmiştir, o bina yalancılıktır" demiştir.

Bir hadîs-i şerifte:

"Yalan rızkı eksiltir." buyurulmuştur.

Hz. Âişe Vâlidemiz demiştir ki:

"Resûlullah'ın ashâbına, yalandan daha ağır ve şiddetli gelecek bir ahlâk yoktur."

"Resûlullah, ashâbından bir kişinin yalan söylediğine muttali olursa; onun mübârek göğsünden menfi tesiri silinmezdi. Tâ ki, o kişinin yapmış olduğu yalandan tevbe ettiğini bilinceye kadar..."

Kişinin kendini babasından başkasına nispet etmesi ve rüyâyı aslından başka bir şekilde anlatmak da bir nev'i yalandır.

---

13 İhyâ-i Ulum-id-Din, cilt 6, sh: 464-467 özet.

Kişi, insanlardan duyulan şeylerin doğruluğunu öğrenmeden başkalarına nakletmemelidir. Başkalarının naklettikleri şeyin doğru veya yalan olduğunu öğrenmeden aktarmayı Resûlullah (s.a.v.) Efendimiz, haram olan yalandan saymıştır.

Resûlullah (s.a.v.) Efendimiz şöyle buyurmuştur:

"Kişiye, her duyduğunu haber vermesi günâh olarak kâfidir."

Başka bir hadis-i şerifte de şöyle buyurulmuştur:

"İnsanları güldürmek için yalan söyleyenlere yazıklar olsun."

Çocuklara karşı da olsa sözlerimizin sorumluluğunun inceliğini, çocuklara yalan hususunda eğitmenin ne kadar erken yaşlarda başladığını bize hatırlatan bir haberi Amr'ın oğlu Abdullah şu şekilde anlatmıştır:

"Resûlullah (s.a.v.) Efendimiz bizim evimize geldi. O zaman küçücük bir çocuktum. Oynamak için gidecektim. Annem:

— Ey Abdullah! Gel! Sana bir şey vereceğim, dedi.

Resûlullah (s.a.v.) Efendimiz:

— *Sen ona ne verecektin?* diye sordu.

Annem:

— Hurma verecektim, cevabını verdi.

Resûlullah (s.a.v.):

— *"Dikkat et! Eğer ona hurma vermeyecek olsaydın, senin bu söylediğin defterine yalan olarak geçecekti."* buyurdu.

Ömer İbni Abdülaziz:

"Yemin ederim. Uçkurumu bağlamaya başladığımdan beri yalan söylemiş değilim." demiştir.(14)

Yalanın en kötüsü bühtan (iftira)dır.

Resûlullah (s.a.v.) Efendimiz bu hususta şöyle buyurmuştur:

"Yalan (kâmil) *îmânın zıddıdır;* (ikisi bir yerde bulunamaz). *Yalanın en kötüsü, bühtan* (iftira)*dır."*

---

14 İhyâ-i Ulum-id-Din, ccilt, 6-469-480 özet.

İftira Etmek

İftira; bir kimsenin söylemediği ve yapmadığı bir şeyi yaptı ve söyledi diyerek ona isnat etmektir. Çok kötü bir yalan çeşididir.

Bühtanın en kötüsü, Allah ve O'nun Rasûlüne iftirada bulunmaktır.

Cenâb-ı Allah, Kur'ân'da şöyle buyuruyor:

"Allah'a karşı yalan uydurandan veya hak kendisine gelmişken onu yalanlayanlardan daha zâlim kimdir? Kâfirlere cehennemde barınacak yer mi yok?" (Ankebut sûresi, âyet: 68)

İbn Ebî Dünyâ bu hususta şu hadis-i şerifi naklediyor:

"Kim ilimsiz fetvâ verirse, bunun günâhı fetvâyı veren üzerinedir." İlimsiz, bilgisiz, Resûlullah (s.a.v.) Efendimizden hadis rivâyet edilemez.

Allahû Teâlâ, "iftira" için:

"O vakit ki onu -iftirayı- *dillerinizle karşılayıp kabul ediyordunuz. Kendisine sizin bilginiz olmayan şeyi ağızlarınızla söylüyordunuz ve onu kolay sanıyordunuz. Halbuki o, Allah katında pek büyüktür."* buyurmaktadır. (Nur sûresi, âyet: 15)

Bühtan (İftira)nın Tevbesi:

— İftirayı terketmeye azmetmek,

— İftira ettiği kimseyle -mümkünse- helâllaşmak.

— Evvelce bu iftirayı kimlerin yanında söylemişse, onların yanında yalan söylediğini (iftirada bulunduğunu) ifade etmektir. (15)

Yalan Yere Yemin Etmek

Resûlullah (s.a.v.) Efendimiz buyurmuşlardır ki:

Beş şey için hiç bir keffâret yoktur.

1- Allahû Teâlâ'ya eş -ortak- koşmak,

2- Haksız yere adam öldürmek,

15 Tarikat-ı Muhammediye, sh: 309.

3- Mü'mine bühtan (iftira) da bulunmak,

4- Harpte cepheden kaçmak,

5- Haksız yere bir malı almak için yalan yere yemin etmek. Fakat yalanın ve bühtanın en kötüsü, yalan yere şahitlik yapmaktır.

Resûlullah (s.a.v.) Efendimiz: *"Kim müslüman bir kimsenin malını yalan yere yemin etmek sureti ile alırsa Allah, cehennemi ona vacib, cenneti de haram kılar."* buyurmuştur. Bunun üzerine ashaptan biri:

— Ey Allah'ın Resûlu! Az birşey de olsa böyle midir? diye sorunca Resûlullah (s.a.v.) Efendimiz:

— *"Evet, sivak ağacından bir çubuk dahi olsa, böyledir,"* diye cevap vermişlerdir.(16)

Yalan Söylemeye İzin Verilen Yerler

"Yalanın ciddisi ile şakası arasında bir fark yoktur. Ancak üç yerde ve ona yakın manada yalan söylemek câizdir."

Resûlullah (s.a.v.) Efendimiz şöyle buyurmuştur:

"Yalan ancak üç (mes'elede) *helâl olur:*

1- Erkeğin karısını hoşnut etmek için yalan söylemesi,

2- Harpte yalan söylemek, (çünkü harp hiledir),

3- İki müslümanın arasını bulmak için yalan söylemek."

Ebû Dâvud'un Ümmü Gülsüm (r.a.)*'den yaptığı rivâyette: "Kadın* (kocası ile iyi geçinmek için) *ona yalan söyleyebilir. Bir de zalimin zulmünü defetmek ve bir hakkı ihya etmek için..."* buyurulmuştur. (17)

Çocuğa yalandan verilen söz veya korkutmak için ileride ceza vermekten bahsetmek mübah olan yalanlardan sayılmıştır. Bunun gibi yerlerde mübah olan (yalan) da âlimlerce pek uygun bulunma-

16 Tarikat-ı Muhammediye, sh: 306.
17 Tarikat-ı Muhammeadiye, sh: 311.

mıştır. Başkasının sırrını gizlemek de mübah yalan addedilmiştir. Sevban (r.a.) şöyle demiştir:

"Yalanın hepsi günahtır. Ancak bir müslümana menfaat veren veya ondan zararı defeden yalan müstesnadır."

Târiz

Hz. Ömer (r.a.):

"Târiz yolu ile konuşmakta kişiyi yalandan kurtaran bir taraf vardır" demiştir. "Târiz, sözden anlaşılan zahiri mananın zıddını irade etmek, demektir. Ama lügat itibariyle murad olunan manayı taşıması lazımdır. Sâdece niyet kâfi değildir. İhtiyaç anında tariz câizdir."

İbrahim en-Nehâi, evinde iken hoşlanmadığı bir kimse geldiğinde hizmetçisine -yalancı olmaması için- şöyle tenbih edermiş:

— O kişiye, mescide bakayım, de; "burada değil" deme!

Başkasının gönlünü hoş tutmak kastıyla yapılan tarizler mübah görülmüştür.

Bazı hususlar mübalağalı şekilde anlatılır. Kişinin bir-iki defa arayıp bulamadığı bir kişiye "yüz kere aradım, sizi bulamadım" demesi gibi. Bunda bir beis yoktur.

Fakat, bir defa aradığı halde: "Yüz kere aradım" derse bu sözü ile yalancı olur.

Birisine, "Buyur, yemek ye" dendiğinde, o kimsenin "Benim iştahım yok" demesi, çok yerde adettir.

"(Eğer iştahı olduğu halde böyle diyorsa) böyle demesi -doğru bir gaye güdülmediğinde- yasaklanmıştır ve haramdır."

"İhtiyaç ve zaruret olmadan ne tariz, ne de açık yalan câizdir. Şu farkla ki, tariz yalandan ehvendir." (18)

18 İhyâ-i Ulum-id-Din, cilt 6, sh: 495.

Müslüman Yalan Söylememeye Çok Dikkat Etmelidir.

Ebu Şebib'in oğlu Meymun'den şöyle rivâyet edilmiştir:

Bir mektup yazmak için oturdum. Bir yerine geldiğim de durdum, eğer oraya bir kelime ilave edersem mektubu süslendirmiş olurum. Fakat bunun yanında yalan söylemiş olurum. Bunun üzerine onu terketmeyi azmettim. Fakat Kâbe tarafından şöyle çağırıldım: *"Allah iman edenleri sabit sözle dünya ve âhiret hayatında sabit kılar."* (İbrahim sûresi; âyet: 27)

Bir Hadis-i şerif:

"Kendisine yedirilmeyen bir yemeği yemiş gibi gösteren bir kimse veya kendisinin olmadığı halde "benimdir" dediği, kendisine verilmediği halde "bana verildi" diyen bir kimse kıyâmet gününde riya ve iftiranın iki elbisesini giyen bir kimse gibidir."

Sabih'in oğlu Hâlid'e denilmiş:

— Acaba bir tek yalan söylediği için kişiye "yalancı" denilir mi?

Cevabı:

— Evet! denilir, olmuştur. (19)

Hased

Resûlullah (s.a.v.) Efendimiz, müslümanların hasedden son derece uzak durmalarını tavsiye etmiştir. Hased, ancak bir nimete karşı yapılır. Kendisinde ni'met bulunan kimsenin nimetini hoş görmemektir.

Hasan-ı Basri'ye hasedden sorulmuş: "O, şiddetli bir keder ve üzüntüdür. Meydana çıkarılmadıkça kişiye zarar vermez." demiştir.

Bir hadis-i şerifte şöyle buyurulmuştur:

"Muhakkak Cenâb-ı Hakk'ın verdiği ni'metlerin de düşmanları vardır. Bunlar da Allahû Teâlâ'nın kendi fazlı kereminden verdiği kimselere hased eden, onları çekemeyenlerdir."

---

19 İhyâ-i Ulum-id-Din, cilt 6, sh: 475.

Zekeriyya aleyhisselâm da Allahû Teâlâ'nın şöye buyurduğunu haber veriyor:

"Hased eden, benim ni'metime düşman olan, kaza ve kaderime kızan, kulların arasında yapmış olduğum taksimata razı olmayan bir kimsedir."

Resûlullah (s.a.v.) Efendimiz başka bir hadislerinde:

"İhtiyaçlarınızın yerine getirilmiş olduğunu gizlemekte onlara yardım talep ediniz. Çünkü her ni'met sahibi hased edilir."[20] buyurmuşlardır.

Denilmiştir ki:

1- "Kibirden kaçının! Çünkü kibir, Allah'a karşı işlenen ilk günahtır." (Bakara sûresi, âyet: 34)

2- Hârislikten de kaçınmak gerekir. Çünkü hârislik (hırs), Âdem Aleyhisselâm'ı cennetten çıkarmıştır.

3- Hasedden de sakınınız! Çünkü Âdem'in oğlu Kâbil, kardeşi Hâbil'i hasedi yüzünden öldürmüştür. (El-Mâide sûresi, âyet: 27)

Hased, kişiyi ve toplumu tedirgin eden bir duygudur.

"Hased; kişinin dinine zararı olmaksızın, dünyevî iyilik ve düzeni kapsayan ilâhi ni'metin, toplumda sevmediği herhangi birinin elinden gitmesini veya o ni'metin ona ulaşmamasını istemek veyahutda bu tarz hased edeni sevip benimsemektir. Bu hususta bir istek ve arzu olmaksızın hased kişinin gönlüne düşecek olursa, buna karşılık kişi de içinden bundan dolayı bir hoşnutsuzluk hissediyorsa bunda bir beis yoktur. Fakat içinde bundan dolayı ona karşı bir hoşnutsuzluk hissetmiyorsa veya kendi isteği ile böyle bir şey (hased) içine (gönlüne) vâki oluyor ve ondaki ni'metin elinden gitmesini istiyorsa veya nimetin ona ulaşmasını istemiyorsa ve bu duygunun gereği ile amel ediyor veya bu duygunun bir kısım izleri hareketlerinde belli oluyorsa, bu haram olan bir haseddir. Yok eğer gereği ile

---

20 İhyâ-i Ulum-id-Din, cilt 7, sh: 78, 82. Özet.

amel etmiyor ve eseri hareketlerinde görülmüyorsa, kalpte mevcud olan hasedin sadece kendisi ise, bu da hasettir; ancak haramlığında ve sâhibinin günahkâr olup olmadığından ihtilaf edilmiştir." Hasedi kısaca; nimetin ona hak kazanmış veya lâyık olmuş kimsenin elinden çıkıp gitmesini temenni etmek, bazan de bunun için çaba sarfetmek olarakda tarif edebiliriz.

Hasedin Yerilmesi

Resûlullah (s.a.v.) Efendimiz şöyle buyurmuştur:

"İnsanlar birbirlerine hased etmedikleri müddetçe hayır üzeredirler."

Hased, gıybet etmek, yalan söylemek, sövmek v.s. gibi günahlara da sebep olur.

— Hasetçilik, şefaâttan mahrum olma sebeplerindendir.

Resûlullah (s.a.v.) Efendimiz şöyle buyurmuştur:

"Hasetçi, ikiyüzlü (koğucu) *ve kehânette bulunan benden değildir* (Benim sünnetim üzere amel edenlerden değildir); *ben de onlardan değilim."*

Bir hadis-i şerifte de şöyle buyurulmaktadır:

"Hasedden sakınınız! Çünkü haset, ateşin odunu yemesi gibi iyilikleri yer bitirir."

Hased, taat ve ibadeti ifsad eder.

"Hasedin iyilikleri yemesinden maksat, onun kat kat olan fazlasını yemesidir. Çünkü Ehl-i Sünnete göre, günah ve isyan sebebi ile ameller boşa gitmez. Veya böyle bir hased giderek neticede küfre sebep olabilir."

Hasan-ı Basri buyurmuştur:

"Ey Âdemin oğlu! Neden kardeşinden hased ediyorsun? Eğer ona nimeti veren, onun nezdindeki bir şerefinden dolayı o nimeti kendisine vermişse, o halde sen Allah'ın ikram ettiği bir kimseden neden hased ediyorsun? Eğer bunun gayrısı ise sonucu ateş olan bir kimseden neden hased ediyorsun."

Hased ancak iki şeyde vardır (câizdir):

Resûlullah (s.a.v.) Efendimiz şöyle buyurmuştur:

"Ancak iki haslette hased vardır. (câizdir):

1- *Bir kişi ki, Allah ona mal vermiş, o da bu malı hak yolda sarfetmiştir.*

2- *Bir kişi ki, Allah ona ilim vermiş, o da kendisine verilen ilimle amel etmiş ve o ilmi halka öğretmiştir."*[21]

Gıpta

"Kişi (kalpten geçen hasedle), hased edilen kimsenin nimetinin yok olmasını istemez de kendisi için o nimetin bir mislini isteyecek olursa bu hased değil, gıpta ve güzel şeyi arzu etmektir; haram sayılmaz; bilakis dinî hususlarda menduptur, dünyevî hususlarda ise istenilmeyen bir hırstır." "Bâzen de buna münâfese denilir."

Başkasının elindekine göz dikmeden, onun mahvolmasını istemeden, onun serveti gibi bir servete sahip olmayı arzu etmekte bir beis görülmemektedir.

Münâfese, lûgatta "nefaset" (imrenmek) kökünden gelir.

Cenâb-ı Hak, şöyle buyuruyor:

"Onun (içinde şarap bulunan kabın) *mührü misktir. Artık imrensin imrenecekler..."* (El-Mutaffifîn sûresi, âyet: 26)

Gayret

"Hased edilenin elindeki nimet, sahibi için dine bağlanmasına vesile olmuyor, bilakis onun fesat çıkarmasına ve günah işlemesine sebep oluyorsa ve bir başka kişi de böyle bir nimetin yok olmasını veya o adama ulaşmamasını istiyorsa bu, Allah rızasını gözeten mü'minin gayretinden ileri gelmektedir ve onun için menduptur."

Gayret; lûgatte, herhangi bir hakta başkasının ortak olmasını hoş karşılamamaktır. Dine, imana, namus gibi değerlere tecavüz edenlere karşı müdafaa için harekete geçmek anlamına gelir.

---

21 İhyâ-i Ulum-id-Din, cilt 7, sh: 79-94. Özet.

Allah'ın gayreti, kulunun hayasızlıklara, nehiylere gitmesini menetmesidir. Çünkü kulun bu gidişinde, Allahû Teâlâ'ya ortak olma korkusu vardır; şöyle ki: Kulun ibadetsiz, emir ve nehye bağlanmaksızın dilediğini yapmasıdır.

Mü'minin gayreti ise kendi nefsine karşı, kutsî aile yuvasının ferdlerini hayasızlıklardan ve ona önhazırlık olan şeylerden men etmekte heyecan duymak ve bu gibi şeyleri men etmekte en ufak müsamahayı bile kalpten çıkarıp atmaktadır. İşte bu gayrette de kendilerine ait hakka ortak olmak isteyenin müdahalesini hoş karşılamama azmi vardır. Böyle bir gayret ise vaciptir.

Resûlullah (s.a.v.) Efendimiz bir hadislerinde şöyle buyurmuştur: *"Şüphesiz ki Cenâb-ı Allah* (mü'min kuluna karşı) *gayret gösterir.* (Onu nefsinin ve şeytanın tesirinden kurtarmak için bir takım şeylerden men'eder) *Mü'min de* (diğer mü'minlere karşı) *gayretli davranır,* (onlara iyilikle emreder, kötülükten de men'eder) *Muhakkak ki Allah'ın gayreti, haram kıldığı şeylere mü'minin yaklaşmasına karşıdır."* (22)

Hasedin Mertebeleri

1- Hased ettiği kimsenin elindeki nimetin yok olmasını istemektir. Bu nimet ister kendi eline geçsin, ister geçmesin, yeter ki onda bulunmasın. Hasedin en kötü olanı budur.

2- Hased ettiği kimsenin elindeki nimetin kendi eline geçmesini istemektir. Meselâ, birinin güzel bir evi vardır. Kişinin, bu benim olsa, demesidir. Arzusu o nimete sahip olmaktır. Sıkıldığı husus nimetin kendisinde olmamasıdır, başkasının o nimetle nimetlenmesi değildir.

3- Hased ettiği kimsenin elindeki nimetin aynının veya benzerinin kendisinde olmasını istemektir. Şayet o nimet veya benzeri eline geçmeyecekse, başkasının da ona sahip olmasını arzu etmemektir.

---

22 Tarikat-ı Muhammediyye, sh: 180.

4- Hased ettiği kimsenin elindeki nimet gibi bir nimetin kendi elinde de olmasını istemek fakat, onun elindeki nimetin yokluğunu arzu etmemektir. Bu kısım dünyalık hususunda ise affedilmiştir. Din hususunda ise menduptur. Üçüncü kısımda yerilen vardır, yerilmeyen vardır. İkinci kısım, üçüncüden hafiftir. Birinci kısım ise tamamen yerilmiştir. İkinci kısma hased demekte biraz genişlik vardır. Ancak yerilmiştir. Çünkü Cenâb-ı Hak bu hususta şöyle buyurmaktadır:

"Bir de Allah'ın bazınıza diğerinden fazla verdiği şeyleri temenni etmeyin." (En-Nisa sûresi, âyet: 32)

Bu sebeple başkasına verilenin aynısını değil de benzerini temenni etmek yerilmemiştir, aynısını temenni etmek yerilmiştir.(23)

Hasedin Sebepleri

— ***Azizlenme:*** Bu, başkasının kendi üzerine yükselmesini çekememektir.

— ***Kibirlenme (tekebbür):*** Tabiatında, nimete kavuşan bir insana karşı kibirlenme olan kimse, birisi nimete erişecek olursa, onun kibirlenmesini götüremeyeceğinden ve onun hizmetinde bulunup eskisi gibi ona uyamayacağından endişe duyar ve onun nimetinin elinden gitmesini arzular.

— ***Baş olma sevdası ve mevki arzusu:*** Bu duygulara sahip kimseler, tek ve rakipsiz olmayı, makam ve rütbede kimsenin kendilerine ortak olmamasını isterler.

Meselâ, kahramanlıkta, ilim, ibadet, sanat, güzellik, servet veya benzeri bir nimette kendisine ortak veya denk olan bir kimsenin mevcudiyetini duysalar, bu nimetin ondan gitmesini talep ederler.

— ***Düşmanlık ve kin:*** Bu ikisi, hasedi doğuran sebeplerin en başında gelir. Kişi, herhangi bir sebeple kendisine eziyet eden veya gayesine ulaşmakta kendisine engel olan şahsa kalben kızmaya başlar ve ona karşı kin besler. Kinden de intikam alma hissi doğar. Kişi intikam almaktan aciz kalırsa, ümidini zamana bağlar. Düşmanına bir bela isabet ettiğinde o musibetin kendisi sebebiyle isabet ettiğini zanneder. Çok defa bunu Allah katında nefsinin değerli olduğuna yorar, düşmanının başına gelen musibetin, kendisinin yaptığı buğza karşı bir mükafat olarak verildiğini düşünür.

Düşmanına bir nimet verildiğinde ise canı sıkılır. Genellikle hatırına Allah (c.c.) nezdinde bir kıymeti olmadığı gelir. Çünkü kendisine eziyet edenden Allah intikam almamış, aksine onu nimetlendirmiştir. (24)

Hasedin Giderilmesinin Çaresi

"Hased, kişinin dinine ve dünyasına zarar verir, hased edilen kimseye ise zararı dokunmayıp aksine onun hem dünyasına, hem de dinine menfaat sağlar." (25)

"Hasedin dindeki zararı; Allah'ın kazasına, takdirine razı olmamak, O'na asi olmak, kullarına verdiği nimeti beğenmemek, adaletine baş kaldırmak ve bu yüzden Allah'tan (c.c.) gelen şeyleri inkâr edip vacip olan nasihatı mü'minlere kötü fikir ve fena niyet beslemektir ki, bunların hepsi de haramdır.

Dünyadaki zararı ise; gam, keder, üzüntü ve nefis daralması (ruhî sıkıntı)dır. Hased edilene ise bir zararı yoktur. Çünkü kişinin hasedi ile o nimet ondan ayrılmaz, ayrıca günahkar da olmaz. (26)

Bu hususdaki faydalı amel ise şöyledir:

Kişinin, hasedinin telkin ettiği şeylerin zıddını nefsine zorla yaptırmasıdır. Meselâ, hasedi onu beddua etmeye sevk edecek olsa dahi o, haset olunan kimsenin elindeki nimetin artması için dua edecektir.

Hasedin zıddı, nasihat ederek herkes hakkında hayır istemektir.

---

23 İhyâ-i Ulum-id-Din, cilt, 7, sh: 89-98 Özet.
24 İhyâ-i Ulum-id-Din, cilt 7, sh: 100-106 Özet.
25 Gazalî'den Vaazlar, sh: 461.
26 Tarikat-ı Muhammediye, sh: 188.

Hırsızlık

Hırsızlık: Başkasına ait bir malı gizli yoldan haksız olarak almaktır. Çalışmadan, emek sarfetmeden mideyi haram ile doldurmaktır. Vücûda hareket veren kanı başkasının malıyla yenilemektir. İnsan hakkına sahibinin rızasını almadan tecavüz etmektir. (27)

Kur'ân-ı Kerim'de bu hususta şöyle buyurulmaktadır:

"Erkek hırsızla kadın hırsızın -haksız yoldan elde ettiklerine bir ceza ve Allah'ın (insanlara) *ibret verici bir azabı olmak üzere- ellerini kesin! Allah mutlak galiptir ve yegâne hüküm ve hikmet sahibidir. Fakat* (hırsız) *yaptığı o haksız hareketinden sonra tevbe edip* (dönüş yapar), *kendisini düzeltirse, şüphesiz ki Allah onun tevbesini kabul eder. Çünkü Allah çok bağışlayan ve çok merhamet edendir."* (Maide sûresi, âyet: 38-39)

İslâm hukukunda şartlar gerçekleştiği takdirde, hırsızın elinin kesilmesinin gerekli görülmesi, adalet ölçülerini, insaf çerçevesini, merhamet ve şefkat sınırlarını aşan bir ceza kabul edilmemelidir. Hırsızlığın cezası âyete istinad etmektir. Allah ise yegâne hüküm ve hikmet sahibidir. Her suça takdir edilen cezanın en uygununu o bilir.

"Can ve mala tecavüz edilir de onların cezası alenî ifa edilirse, diğer insanlar bundan ibret alırlar. Dolayısıyla o cezaya çarptırılmamak için güzel ve doğru yolu kendilerine şiâr edinirler." (28)

Başkasının az veya çok olsun malını, haksız olarak ve rızası olmayarak almak, yani çalmak veya gasbetmek haramdır.

Hümeze-Lümeze

Yüce Allah buyuruyor:

"Arkadan çekiştiren, gözü ile kaşı ile eğlenen her bir kimsenin vay haline..." (Hümeze sûresi, âyet: 1)

27 Büyük Günahlar, Celal Yıldırım, cilt, 1, sh: 61.
28 Mustafa Uysal, Mülteka el-Ebhur, cilt 2, sh: 303.

Hümeze-Lümeze sıfatları üzerinde farklı mana ve yorumlarda bulunulmuştur.

İbn-i Abbas (r.a.) "hümeze"yi "kattat" ve "lümeze"yi "ayyab" ile tefsir etmiştir ki, birincisi, söz götürüp getiren; ikincisi ise durmadan kusur arayıp suçlamada bulunan iftiracı demektir.

İbn-i Zeyd'e göre: Hümeze, insanlara eliyle dokunup hakaret eden ve onları davranışlarıyla incitendir. Lümeze; insanlara sözle hakaret edip haksız yere ayıplayandır.

Koğuculuk

Yüce Allah (c.c.) buyuruyor:

— *Ve itaat gösterme her çok yemin edene, adi fikirli olana.*

— *Daima kusur arayana, laf götürüp getirene.*

— *Hayırdan men'e çalışıp durana, haddi tecavüz edene, çok günahkar olana.*

— *Bunun ötesinde de kötü sözlü olup fenalıklarla tanınmış bulunana.* (El-Kalem sûresi, âyet: 10-13)

Abdullah İbn-i Mübârek demiştir ki:

Âyetteki *"zenim"*, konuşmayı -sırrı- gizlemeyen veled-i zinadır. Cenâb-ı Hak bununla işaret buyuruyor ki: Konuşmayı gizlemeyen ve koğuculuk yapanın hareketi, veled-i zina olmaklığına delalet eder. Bu mana El-Kalem sûresinin 13. âyetinden çıkarılmıştır. Çünkü âyet-i kerimede geçen "zenim" kelimesi başkasına nisbet edilen bir kimse demektir.

Resûlullah Efendimiz, *"Cennete nemmam* (koğucu) *giremez."* buyurmuştur.

Nemime ismi, en çok, başkasının sözünü, kimin aleyhinde konuşulmuş ise ona nakletmekte kullanılır.

İnsanı koğuculuğa teşvik eden, ya koğuculuğu yapılan insana karşı bir kötülük istemek veya kendisine haber götürülenin sevgisini kazanmak için ya da batıl ve fuzuli konuşmalara dalmayı çerez edinmektir.

Hukemadan bir hakimi, arkadaşlarından biri ziyaret etti ve ziyaretçi hakime, bazı dostlarından hoş olmayan haberler verdi. Bunun üzerine hakim ziyaretçiye dedi ki:

— Sen ziyareti geciktirdin ve üç musibet birden getirdin:

1- Kardeşimi bana hor ve mebğuz gösterdin.

2- Böyle şeylerden boş olan kalbimi meşgul ettin.

3- Emin olan nefsini, benim yanımda şüpheli kıldın.

Emevi meliklerinden biri, meşhur büyüklerden Kaysoğlu Ahmed'e:

— Sen benim hakkımda şöyle şöyle demişsin, der.

Ahmet karşı çıkar.

Melik:

— Bana güvenilir bir adam haber verdi, diye tekrar dince Ahnef: Güvenilir kişi söz nakletmez, koğuculuk yapmaz. Cevabını verir.

Koğuculuk; şahid olunan bir olay veya işitilen bir sözü, kötülük ve fesad maksadı ile başka yerlere yaymaya ve nakletmeye denir. Fakat bir kimsenin kurduğu tuzak ve hileden insanları kurtarmak, zulme engel olmak için haber vermek koğuculuk sayılmaz. Hadis-i şerifte:

"Koğucu cennete giremez." buyurulmuştur.

Bir hadis-i şerifte de şöyle buyurulmuştur:

"Allah katında en sevimliniz, ahlâkı en güzel olanınız ve halk ile güzel geçinip ülfet eden ve ülfet edileninizdir. Allah katında en sevimsiz olanınız da insanlar arasında laf getirip götüren, dostların arasını açmak için çalışan ve temiz insanlarda kusur arayanınızdır." (29)

---

29 İhyâ-i Ulum-id-Din, cilt 6, sh: 546-552 Özet.

Israrcılık

Günahlar ve men edilen şeyler üzerinde ısrar etmektir. Bu ise ahlâk-ı zemimedendir yani kötü ahlâktandır.

Bazan yapılsa dahi günah ve menhiyatı içten kasdetmek, ısrarı ifade eder.

"Araya pişmanlık ve dönüş girse ve kendisinden bir günde yetmiş defa sadır olsa bile, bu ısrar sayılmaz."

"Israrın karşıtı, Allah'a dönmek ve tevbe etmektir."

İnad

İnad, çirkin ve kötü bir huydur. Doğru olanı bildiği halde, hakkı inkâr etmektir. İnatçı, tartışmada kurala aykırı olarak ağız kalabalığı ile karşısındakini alt etmeye çalışır.

Temerrüd

Temerrüd: Olması gereken bir şeyi yapmakta kasten geçiktirmek demektir.

Temerrüd, (hakkın dışına çıkmak) ve haktan şiddetle kaçınmak demektir. Bu da bir nevi vaazı nasihatı kabul etmeyip ilim, fen, marifet ve siyasette yani insanları idare etmede kendinden üstün olan kimseye itâat etmemektir.

İslâm dini, itâat esasına dayanır. Bir insanda itâat yoksa İslâmiyet de yok demektir.

Mâlâyâni -Boş ve Faydasız Yere- Konuşmak

Resûlullah (s.a.v.) Efendimiz bu hususta şöyle buyurmuştur:

"Mâlâyâniyi, yani boş ve faydasız işleri terketmek, kişinin müslümanlığının güzelliğindendir."

"Kulun en değerli sermayesi; vakitleridir. Kul, vaktini boş yere harcar ve âhiret için bir sevap hazırlamazsa, sermayesini tüketmiş, iflas etmiş olur."

Muvarrak el-Acelî şöyle demiştir:

"Yirmi senedir bir dava peşinde uğraşıyorum, fakat hâlâ muvaffak olmuş değilim. Bununla birlikte yine de peşini bırakmayacağım."

Davasının ne olduğu kendisine sorulduğunda ise şu cevabı vermiştir:

"Beni ilgilendirmeyen şeyler hakkında konuşmamak yani sükut etmektir." (30)

"Seyahatini, seyahat esnasında gördüğü şeyleri, yediği-içtiği yemekleri, giyindiği elbiseleri vs. uzun uzadıya anlatmak bu kabildendir. Bunun gibi mühim olmayan şeyleri sormak da bu türdendir. Gerçi böyle yapmak yalan, riyâ ve benzeri haram şeylerden uzak olursa haram değildir. Ama mekruhtur. Kibir ve kendini beğenmişlik ithamını yok etmek, mecliste bulunanları küçük görmediğini belli etmek, gelenlerin üzerindeki sıkılganlığı gidermek gibi güzel niyetlere dayanan konuşmalar müstehaptır. Çünkü böyle anlarda konuşmamak kişiyi ekseriya kibir ve kendini beğenmişliğe sevkeder ve arkadaşının arzu ettiği şeyi tamamen konuşmasına engel olabilir. Bunun gibi, mahzun olan kimsenin üzüntüsünü gidermek, çocukları veya ana-babası ölmüş kimseyi teselli etmek, kadınlarla güzel geçinme yolunu sağlamak gayesi ile konuşmak, yolculuğun veya herhangi bir işin ağırlık ve sıkıntısını hissettirmemek için geniş mevzulara dalmak da mahzurlu değildir. Böyle yerlerde mizah yapmak bile müstehaptır. İyi niyetle yapılan bu kabil konuşmalar mâlâyâni olmaktan çıkar."

---

30 İhyâ-i Ulum-id-Din, cilt 6, sh: 390.

Fuzuli Konuşmak

"Fuzuli konuşmak da zemmolunmuştur. Fazla mâlâyâni de bunun içine girdiği gibi lâzım olan şeylerde lüzumundan fazla konuşmak da bu hükme girer."

Cenâb-ı Hak bu hususta şöyle buyuruyor:

"Onların fısıldaşmalarının bir çoğunda hayır yoktur. Ancak sadaka vermeyi veya bir iyilik yapmayı, yahut insanların arasını düzeltmeyi emreden müstesna." (en-Nisâ sûresi, âyet: 114)

Resûlullah (s.a.v.) Efendimiz de şöyle buyurmuştur:

"Müjde o kimseye ki, sözünün fazlasını tutmuş ve malının fazlasını Allah yolunda infak etmiştir."

İbn Mes'ud:

"Sizi fuzuli konuşmalardan dolayı ikaz ederim. Kişi için ihtiyacı kadar konuşmak kâfidir." demiştir.

Mücâhid de şunları söylemiştir:

"Ağızdan çıkan her söz yazılır. Hatta kişi, çocuğunu susturmak için "Dur, ben sana şunu şunu alacağım" der, sonra da almazsa yalancılardan yazılır."

Kul, maksadını bir kelime ve bir cümle ile ifade edebilecekse, kulun bundan fazlasını konuşması, günah ve zarar olmasa da fuzuli bulunmuştur.

"İhtiyaç miktarından fazla söz söylemek, müşkil meseleler hakkında geniş izahlarda bulunmak için olunca bu kabilden değildir. Bilhassa anlayışı kıt olanlara karşı tafsilatlı konuşmak, vaaz, nasihat, eğitim ve öğretimde bazı meseleleri tekrarlamak bu kısma dahil değildir.

İhtiyaç olmayan yerlerde ise veciz ve derli-toplu konuşmak müstehaptır." (31)

---

31 İhyâ-i Ulum-id-Din, cild 6, sh: 398-401. Özet.

Batıla Dalmak

Batıla dalmak, günahlar hakkında konuşmak demektir.

Resûlullah (s.a.v.) Efendimiz bu hususta şöyle buyurmuştur:

"Kıyâmet günü insanların hata bakımından en büyükleri, dünyada en fazla batıla dalanlarıdır."

Selman-ı Farisi:

"Kıyâmet gününde günah yönünden insanların çoğu dünyada iken konuşmalarında Allah'a en fazla isyan edenleridir." demiştir.

Allahû Teâlâ Kur'ân'da şöyle buyuruyor:

"O size Kitap'ta "Allah'ın âyetlerinin inkar edildiğini veya alaya alındığını işittiğinizde, başka bir söze geçmedikçe onlarla bir arada oturmayın, yoksa siz de onlar gibi olursunuz" diye indirdi. Doğrusu Allah münâfıkları ve kâfirlerin hepsini cehennemde toplayacaktır." (Nisâ sûresi, âyet: 140)

"Günah ve isyânlarla ilgili konuları konuşmak, içki ve zina meclislerinden parçalar getirip hikâye etmek, sahih bir gayeye dayanmıyorsa, haramdır." (32)

Fâhiş Konuşmak

Resûlullah (s.a.v.) Efendimiz şöyle buyurmuştur:

"Fâhiş konuşmaktan sakınınız. Çünkü Cenâb-ı Hak fâhiş konuşmayı ve fâhiş konuşmaya zorlanmayı sevmez."

Fâhiş, çirkin şeyleri açık sözlerle ifade etmektir. Bunlar umumiyetle cinsî münâsebet ve bununla alâkalı sözlerdir. Zira ahlâkı bozuk insanların bu hususta kullandıkları çok çirkin ve çok açık tabirler vardır. Salih kimseler ise bu sözlerden nefret ederler.

Bu ve buna benzer tabirleri kullanmak ihtiyaç hissedilmedikçe mekruhtur. İhtiyaç anında ise kapalı tabirlerle ifade etmeye dikkat etmelidir.

---

32 İhyâ-i Ulum-id-Din, cilt 6, sh: 403.

Terimlerin fâhişlik dereceleri farklıdır. Bazıları bazısından daha fâhiştir.

Resûlullah (s.a.v.) Efendimiz:

"Fuhuş ve karşılıklı fâhiş söz sarfetmenin İslâmiyette yeri yoktur. İslâmiyet bakımından insanların en güzeli, ahlâkı en güzel olanıdır." buyurmuştur.

"İnsanı fâhiş konuşmaya teşvik eden iki sebep vardır. Ya muhataba eziyet vermek. Veya kötü ve fasık kimselerin beraberliğinden elde edilen kötü alışkanlıktır." (33)

Sövmek (Dil ile Yermek)

Sövmek, fena tabiatlı insanların adetidir.

Bir hadis-i şerifte şöyle buyurulmuştur:

"Sövüşenlerin sözlerinden doğan günah ilk sövenin üzerinedir. Mazlum sövmekte haddi aşıncaya kadar. (O zaman ikiside günahta müşterektir.)"

Bu da ancak "ya cahil!" "ya ahmak!" gibi mukabele edilmesi câiz olan şeylerde böyledir. Ama "ey zinakar" gibi mukabele edilmesi caiz olmayan şeylerde hüküm böyle değildir. Aslında ilk sövmeye başlayanın günahı fazlaysa da sövüşenlerin ikisi de günahkar olurlar. (34)

Bir başka rivâyette ise:

"En büyük günahlardan biri de kişinin annesine babasına sövmesidir." buyurulmuştur. "İnsan annesine babasına söver mi?" diyenlere Rasûl-i Ekrem (s.a.v.):

"Kendisi başkasının babasına küfreder, başkası da onun babasına küfreder." (35) buyurmuştur.

---

33 İhyâ-i Ulum-id-Din, cild 6, sh: 422-428. Özet.
34 Tarikat-ı Muhammediyye, sh: 329.
35 İhyâ-i Ulum-id-Din, cild, 6, sh: 430.

Müslüman her zaman diline sahip olan kimsedir. Ne hayatta olanlara ne de ölülere söver, daima güzel ahlâkın öngördüğü şekilde yaşar.

Sevgili Peygamberimiz (s.a.v.) bir hadislerinde de şöyle buyurmuştur:

"Ölülere sövmeyin, çünkü onlar (dünyada) *yaptıklarına gittiler."*

Dinen Mübârek Olan Şeylere Sövmek

"Dine, imana, kitaba, peygambere, mezhebe, Kâbe'ye, ashaba... sövmek; müslümana gâvur oğlu gâvur, gâvurun kızı, gâvurun karısı, Azrâil suratlı, zebâni kılıklı... gibi sözler sarfetmek demek, dinden çıkmaya sebep olur." (36)

Lânetlemek

Resûlullah (s.a.v.) Efendimiz bu hususta şöyle buyurmuştur:

"Mü'min lânet etmez."

"Lânet, ister insan, ister hayvan, isterse nebâtâta olsun ayıplanmış, kötülenmiştir."

Ebû Derdâ (r.a.):

— Bir kimse, yere lânet ederse, yer:

"İkimizden hangimiz Allah'a daha âsî ise, Allah ona lânet etsin!" der, demiştir.

Sevgili Peygamberimiz de:

"Mü'mine lânet etmek onu öldürmek gibidir." buyurmuştur.

"Lânet, Allah'tan kovulmak ve uzaklaştırmak mânâsına gelir ki, kişilerin ancak Allah'tan uzaklaşmayı gerektiren bir takım sıfatlara sahip oldukları zaman haklarında lânet etmek câizdir. Aksi halde câiz değildir. Bunlar da küfür ve zulüm vasıflarıdır."

---

36 Amentü Şerhi, sh: 57.

Meselâ:

"Allah'ın lâneti, zalimlerin ve kâfirlerin üzerine olsun" gibi.

Lânet ederken muhakkak dinin Kur'ân ve hadiste vârid olan lafızlarına uyulmalıdır.

Lâneti gerektiren sıfatlar üçtür:

1- Küfür,

2- Bid'at,

3- Fısk.

Her birine lânet de üç dereceye ayrılır:

Birincisi: Umumiyetle tel'îndir. Umumî bir ifâdeyle "Allah'ın lâneti, kâfirlerin, fâsıkların ve bid'at sahiplerinin üzerine olsun" denmesi gibi.

İkincisi: Hususî vasıfla lânettir. "Allah'ın lâneti, Yahudilerin, Hristiyanların, Mecusîlerin, zinakârların, zalimlerin ve faiz yiyenlerin... üzerine olsun" denilmesi gibi. Bunların hepsine lânet etmek câiz olmakla birlikte bid'at sahiplerine lanet tehlikeli bulunmuştur. Çünkü bid'atı bilmek zordur. Bu hususta sarih bir rivâyet yoktur. Uygun olan avamı bundan men etmektir.

Üçüncüsü: Muayyen şahsı tel'îndir. Bu ise çok tehlikelidir. Meselâ: Hayatta olan bir kişi için, Allah lânet etsin, o kâfirdir veya fâsıktır veyahut bid'at sahibidir" sözü gibi. Çünkü o kişinin durumunda her an bir değişiklik olabilir. Müslüman olup o şekilde ölebilir. Şer'ân lâneti sabit olan kimseyi tel'înde beis yoktur, bu câizdir. "Allah'ın lâneti Firavun'un ve Ebû Cehl'in üzerine olsun" gibi. Bunların küfür üzere öldükleri şer'an sabittir.

"Küfür üzerinde öldüğü bizce görülen bir kimseye de lânet okumak câizdir. Ancak müslüman bir yakınına eziyet vermemek şartıyla caizdir. Eğer ölenin yakını bundan rahatsız olacaksa câiz değildir. (37)

---

37 İhyâ-i Ulum-id-Din, cild 6, sh: 431-437 Özet.

Bir hadîs-i şerifte şöyle buyurulmuştur:

"Lânet ediciler, kıyâmet günü ne şefaatçi ne de şahit olurlar."

Tahkik etmeden, iyice araştırmadan bir müslümanı fısk veya küfürle karalamak, ona lânet etmek câiz değildir. [38]

İmam-ı Birgivi "Mü'mine en uygun olan hiçbir şeye lânet okumamasıdır. Cenâb-ı Allah, İblis dahil hiç bir şeye lânet etmemizi bize vacip kılmamıştır." der.

Mira' ve Cedel

Mira: Bir kimsenin konuşmasında, bir eksikliği belirtmek suretiyle o konuşmaya yapılan herhangi bir itiraz demektir. Bu belirtilen eksiklik ya, gramer yönünden, ya manada veya konunun kasdında olur.

Mira'yı terketmek, ancak muhatabın konuşmasına yapılacak itirazdan vazgeçmekle mümkün olur. Bu, ilmî bir meselede ise buna da Cedel adı verilir ki, bu da ayıplanmıştır.

"Bu konuda mü'mine yakışan, bir söz dinlediği zaman, hak olduğunu biliyorsa onu tasdik etmesidir. Eğer o söz batılsa ve dinî hususlarla da ilgili değilse susmalıdır. Dinî hususlarla ilgili ise, onun batıl olduğunu ortaya koymalı, kabul olunacağını ümit ediyorsa inkâr etmelidir. Onun böyle yapması, kişileri bir nevi kötülükten men etmek sayılır."

Resûlullah (s.a.v.) Efendimiz bir hadisinde şöyle buyurmuştur:

"Kim tezinde haksız olduğu halde itiraz ve münakaşayı terkederse cennetin kenarında ona bir ev yapılır. Haklı olduğu halde terkederse cennetin ortasında ona bir ev yapılır. Ve kim de münakaşa ve münazarada ahlâkını güzelleştirirse, cennetin en yüksek kısmında ona bir ev yapılır."

---

38 Tarikat-ı Muhammediye, sh: 328.

Enes'in oğlu Mâlik (r.a.) şöyle buyurmuştur:

"Mücadele kalpleri katılaştırır, kin ve nefret doğurur."

Resûlullah (s.a.v.) Efendimiz de:

"Her mücadelenin keffâreti, iki rek'at namazdır." buyurmuştur. (39)

Mücadele; başkasını susturmak maksadından ibarettir. Gaye, onu sözlerinde küçük düşürmek, cahil ve kusurlu tanıtmaktır.

Müslümana yakışan, inat ve tenkit değildir. İstifade etmek gayesi ile sormak, bu hususta ince ve zarif davranmaktır.

"Cedel, hilâf ilmiyle alâkalı olup mezheplerin açıklanmasına ve öğretilmesine taalluk eder. Kişi, bununla hasmını utandırmayı ve kendi üstünlüğünü göstermeyi kasdederse, o zaman haram olur."

Resûlullah (s.a.v.) Efendimiz bir hadislerinde şöyle buyurmuştur:

"Hidâyet üzere bulunduktan sonra hiçbir kavim sapıtmamıştır, ancak cedele (kendi tezini haklı haksız şiddetle savunan ve hasmını küçük düşürmek için lüzumsuz delile) sapanlar sapıtmışlardır."

Sonra Resûlullah (s.a.v.) Efendimiz şu âyeti okumuşlardır.

"Bizim tanrılarımız mı hayırlı, yoksa o mu? dediler. Bunu sadece tartışma için sana misal verdiler. Doğrusu onlar kavgacı bir toplumdur." (Zuhruf sûresi, âyet: 58)

"Eğer kişi giriştiği cedel (tartışma) ile hakkı meydana çıkarmayı amaçlıyorsa -ki böyle yapanlar çok nadirdir- o zaman cedel câiz, hatta menduptur. Zira Cenâb-ı Allah: "(Habibim) *Sen onlarla mücâdelenin en güzel* (şekil ve usûlü ile) *mücadele et.*" buyuruyor." (40)

Mizah

Resûlullah (s.a.v.) Efendimiz şöyle buyurmuştur:

"Kardeşinle mücadele etme! Onunla şakalaşma!"

---

39 İhyâ-i Ulum-id-Din, cild 6, sh: 405, 406.

40 Tarikat-ı Muhammediye, sh: 335.

Resûlullah (s.a.v.) Efendimiz tarafından burada yasaklanan husus, şakada aşırıya kaçmak veya devamlı olarak şakalaşmaktır. Onun için mizah ve şakada haddi aşmamak gerekir.

Şakacılığa devam, oyun ve eğlence ile meşgul olmaktır. Oyun mübahtır, fakat devamlı olanı kerih görülmüştür.

İfrat (aşırılık), fazla gülmeyi gerektirir. Fazla gülmek de kalbi öldürür. Bazı hallerde de kin tutmaya sebep olur. Böylece heybet, vakar ve hürmet yok olur. Bu nedenle aşırılık zemmedilmiştir.

Resûlullah (s.a.v.) Efendimiz şöyle buyurmuştur:

"Evet, ben de şaka yaparım. Fakat sadece gerçek olanı söylerim."

Gülmede yerilen, alabildiğine kahkaha şeklinde olanıdır. Tebessüm ise câizdir. Tebessüm, ses çıkarmadan dişlerin görülebileceği tarzda olan gülmedir. Buna gülümseme de denir.

İslâm'da şaka, İslâm'ın meşru kıldığı hak dairesinden çıkmamak şartı ile câizdir.

Resûlullah (s.a.v.) Efendimiz, şaka yapardı ama şakasında sadece gerçeği söylerdi.

Resûlullah (s.a.v.) Efendimiz, çocukları sevindirmek, yaşlıların gönlünü almak için ara sıra ashâbı ile ara sıra da hanımları ile şakalaşmıştır. Ahmed bin Hanbel'in, Hz. Aişe (r.a.)'den rivâyet ettiğine göre o şöyle demiştir:

"Yolculuklarının birinde Nebî (s.a.v.) ile beraber yola çıktım. Ben o zaman zayıftım, fazla kilom yoktu. Resûlullah (s.a.v.) beraberindekilere "İlerleyin" dedi. Onlar da ilerlediler (Gözden kayboldular). Sonra bana:

"Haydi gel seninle yarışalım" dedi. Yarıştık ve O'nu geçtim. Bunun üzerine O sustu. Ne zaman ki ben kilo aldım ve şişmanladım, o hadiseyi de unuttum. Yine böyle bir yolculukta O'nunla beraber çıktım. O etrafındakilere:

"İlerleyin" dedi, onlar da ilerlediler. Sonra bana:

"Haydi gel seninle yarışalım" dedi. Yarıştık, bu sefer de o beni geçti ve gülmeye başladı. Sonra da *"Bu o yarışmanın karşılığıdır."* buyurdu.

Resûlullah (s.a.v.) Efendimizin bütün şakaları gerçek üzerine idi. "Gerçeğe uygun, yalana dayanmayan, eğitici olup muhatabı incitmeyen, devamlı olmayıp ara sıra yapılan şakalarda bir beis yoktur.

Şaka ve mizah hususunda bir yasaklama olmayıp sınırlandırma olduğu görülmektedir.

Hz. Ömer (r.a.) bir gün yanında bulunanlara:

— Mizaha neden mizah denildiğini biliyor musunuz? diye sordu. Orada bulunanlar:

— Hayır! Bilmiyoruz, dediler. Bunun üzerine Hz. Ömer (r.a.):

— Çünkü o (mizah) sahibini haktan kaydırır. Onun için ona kaydırmak mânâsına gelen "mizah" kelimesi isim olarak verilmiştir, buyurdu.

İslâm'ın şakadan murad ettiği, hak dairesinden çıkmayan şakalardır.

İmam-ı Gazâlî, bu hususta şunları söylemektedir:

"Eğer Resûlullah'ın ve ashâbının yaptığına gücün yetiyorsa, yani mizah yapmakla beraber haktan başkasını söylemiyorsan, hiçbir kalbi kırıp üzmüyorsan, mizahta aşırıya kaçmıyorsan, ancak arada sırada yapıyorsan, o zaman sen de mizah (şaka) yapabilirsin." (41)

Kahkaha ile Gülmek

Cenâb-ı Hak bu hususta şöyle buyuruyor:

"Güldüren de ağlatan da odur."

---

41 İhya c. 6, sh: 447-455. Özet.

Ağlamak da gülmek de diğer duygular gibi Allah'ın yarattığı insanlara has duygulardandır. Fakat İslâm'da gülmek sınırlandırılmıştır. Yersiz ve zamansız, devamlı kahkaha ile gülmek ve güldürmek hoş karşılanmamıştır.

Resûlullah (s.a.v.) Efendimiz de:

"Eğer benim bildiğimi bilseydiniz, muhakkak çok ağlar az gülerdiniz." buyurmuştur.

Bazıları nasıl mümkünse o yoldan halkı güldürmeye çalışır.

Resûlullah (s.a.v.) Efendimiz bu hususta şöyle buyurmuştur:

"Muhakkak kişi, yanındakileri güldürmek için bazen bir kelime konuşur. O kelimenin yüzünden Süreyya yıldızından daha uzak bir mesafede ateşin içerisine atılır." [42]

Alay Etmek

Alay, küçük düşürücü ve güldürücü hareketlerle birisinin ayıp ve kusurlarını açığa çıkarmak, o kişiyi eğlenceye almak demektir. Bu; söz, hareket, işaret ve ima ile olabilir.

"Eğlence ve alaya alma, eziyet verdiği zaman haramdır."

Cenâb-ı Hak, bu hususta Kur'ân'da şöyle buyuruyor:

"Ey iman edenler! Bir kavim diğer bir kavimle alay etmesin. Umulur ki alay edilenler, alay edenlerden daha hayırlı olabilir! Kadınlar da kadınlarla alay etmesinler. Umulur ki, alaya uğrayan kadınlar, alay eden kadınlardan daha hayırlı olabilir." (Hucûrat sûresi; âyet: 11)

İbn Abbas (r.a.):

"Eyvah bize, bu defter nasıl olmuş da küçük-büyük bir şey bırakmadan hepsini saymış." (Kehf sûresi, âyet: 49) âyetinin tefsirinde "sağîre", mü'min ile alay (istihza) edilirken yapılan tebessümdür. "Kebîre" ise bu arada atılan kahkahalardır, demiştir.

---

42 İhyâ-i Ulum-id-Din, cilt 6, sh: 448, 449.

Bir hadîs-i şerifte ise şöyle buyurulmuştur:

Ahlâk-ı hamîde sahibi bir müslüman, insanları küçük görmek ve onlarla alay etmekten uzak durur.

Peygamber (s.a.v.) Efendimiz bu hususta şöyle buyurmuştur:

"Kim din kardeşini tevbe ettiği bir günâhından dolayı ayıplarsa, o günah ile müptelâ olmadan ölmez." (43)

Bir Kimseye Kötü Lâkap Takmak

Cenâb-ı Allah bu konuda şöyle buyuruyor:

"Birbirinizi kötü lâkaplarla çağırmayın. İmandan sonra fâsıklık ne kötü addır. Kim (Allah'ın yasak ettiği şeylerden) *tevbe etmezse onlar zâlimlerin ta kendileridir."* (Hucûrat sûresi, âyet: 11)

Ama iyi lakap câizdir. Takılan lakapla tanınma zarureti varsa, o takdirde takılan lakapla çağırmakta bir beis yoktur.

Lakap: Övmeyi veya yermeyi belirten bir isim veya vasıftır.

"Bir müslümanın diğer bir müslümana onun hoşlanmayacağı tarzda hitap etmesi câiz değildir."

Hz. Hamza'ya "Allah'ın arslanı" ve Hz. Hâlid İbn Velid'e "Seyfullah (Allah'ın kılıcı)" denmesi gibi kişileri hoşlanacakları güzel bir lakapla anmak câiz bulunmuştur.

Hile Yapmak

Müslüman aldatmaz ve ihanet etmez.

Müslim'in bir rivâyetinde zikredildiğine göre Resûlullah (S.A.V.) bir yiyecek küfesinin önünden geçti. Elini küfeye sokunca parmaklarına bir yaşlık geldi. Bunun üzerine küfe sahibine:

— *Bu nedir?* diye sordu. Adam:

---

43 İhyâ-i Ulum-id-Din, cilt 6, sh: 462.

— Yağmur yağdı, yâ Resûlallah! cevabını verdi. Bu defa Allah'ın Resûlü:

— *"İnsanlar görsün diye* (yaşlığı) *yiyeceğin üstüne getiremez miydin? Bizi aldatan bizden değildir."* buyurdu. [44]

Resûlullah (s.a.v.) Efendimiz, hile ve sahtekârlığı şiddetle kınamıştır.

Kaba Söz Söylemek

Allahû Teâlâ, Kur'ân'da şöyle buyuruyor:

"Eğer kaba ve katı kalpli olsaydın, şüphesiz etrafından dağılıp giderlerdi." (Âl-i İmram sûresi, âyet: 159)

Taberânî'nin, Mikdad bin Şuruyh'dan yaptığı rivâyette Sevgili Peygamberimize:

"Yâ Resûlallah! Öyle bir şeyden haber ver ki, o bize cenneti gerekli kılsın, denildi. Bunun üzerine Allah'ın Resûlu (s.a.v.):

— *"Cenneti gerektiren şey; Allah rızası için yedirmek, tanıdık tanımadık her müslümana selâm vermek ve bir de* (kaba sözden kaçınıp) *güzel konuşmaktır"* buyurdular. [45]

Hz. Ömer (r.a.)'de bu hususta şöyle demiştir:

"İyilik çok basit bir şeydir; öyle ki, güleryüzlü ve tatlı sözlü olmaktır." demiştir.

Fitne

Fitne: Dinî bir fayda olmaksızın nefsi ıstırap, ihtilâl, ihtilâf, sıkıntı ve belaya düşürmektir. Meselâ: Halkı ayaklanmaya sevkedip karışıklık çıkarmak, ana-babaya karşı gelmek, iki kişinin arasını bozmak, sözü gereğinden fazla uzatmak, maksadı anlaşılmayacak şekilde konuşmak gibi söz ve hareketler birer fitnedir. Bunun içindir ki hadiste:

---

44 İhya, c. 4, sh: 67.
45 Tarikat-ı Muhammediyye, sh: 370.

"İnsanlara seviyelerine göre hitap edin." buyurulmuştur.

Kişinin düşünce ve mütâlasında ihtiyatlı olmadığı için bir meselede hata yapması, halka kullanılmayan sözleri hatırlatması, unutulmuş kavillerle fetva vermesi veya zayıf rivâyetlere dayanması, halkın bilmediğini bildiği halde bir takım sözleri nakletmesi gibi ihtilâfa ve karışıklığa sebebiyet veren şeyler de birer fitnedir.

Cenâb-ı Hak, Kur'ân-ı Kerîm'de bu hususta şöyle buyurmaktadır:

"Fitne çıkarmak, adam öldürmekten daha kötüdür." (Bakara sûresi, âyet: 191)

"Onlarla savaşın ki, fitne ortadan kalksın, din yalnız Allah'ın dini olsun." (Bakara sûresi, âyet: 193)

Dinimizde fitne çıkarmak büyük günahlardan sayılmıştır.

Müdâhene

Müdâhene: Dinî hususlarda (dine yapılan tecavüzlerde) günah ve kötülüklerin ortaya döküldüğü anlarda, bunları gördüğü ve bir zarara meydan vermeden onları değiştirmeye (gidermeye) kudreti olduğu halde susmak, bu hususta gayret göstermemektir. Bu mana ile müdâhene dinimizce haramdır.

Bir hadis-i şerifte Sevgili Peygamberimiz (s.a.v.):

"Hakkı (müdâfaa etmekten çekinip) *susan kimse, dilsiz şeytandır."* buyurmuştur.

Hatır için, menfâat için doğruyu söylememek veya doğru sözden kaçınarak susmak müdâhenedir.

Cenâb-ı Allah, Kur'ân'da şöyle buyuruyor:

"Onlar (mü'minler) *Allah yolunda savaşırlar ve hiçbir kınayanın kınamasından çekinmezler."* (Mâide sûresi, âyet: 54)

Ebû Zer (r.a.)'in rivâyet ettiği bir hadiste Resûlullah (s.a.v.) Efendimiz:

"Acı da olsa hakkı söyleyin." buyurmuştur.

"Ancak kişinin kendisine veya başkasına bu işten dolayı bir zarar gelecekse sükut etmesi câiz sayılmıştır." (46)

Hafif Meşreplik

"Ağırbaşlı olmamak, ahlâken düşük bir seviyede bulunmak demektir. Sağa sola, gelen geçen herkese bakmak, söylenen her sözü dinlemeye çalışmak, bunları diliyle söylemek, yerli yersiz konuşmak, din ve dünya için lüzumlu olmayan şeyleri sorup öğrenmek, soru ve cevapta acele etmek, bedendeki bir takım organları oynatmak, ihtiyaç olmadığı halde sık sık elbiselere yeni bir düzen vermeye çalışmak, bunlarla oynamak, yürürken ayakları lüzumsuz yere hareket ettirmek... Bütün bunlar hafif meşreplikten ve ahlâkî seviyesizlikten ileri gelir." (47)

Hafif meşreplik, dinimizce hoş görülmemiştir.

Acelecilik

"Acelecilik, kalpte sabit olan bir mana ve düşünceden dolayı dikkatle tetkik etmeden bir isteğin veya bir işin hemen oluvermesi için insanı süratle bu işe sevkeden bir melekedir. Veya o isteğin bütün gereklerini yerine getirip tamamlamadan, şartlarını oluşturmadan hemen oluvermesi için kişiyi anında harekete geçiren bir arzudur."

Cenâb-ı Hak bu hususta şöyle buyuruyor:

"İnsan aceleci olarak yaratılmıştır. Size âyetlerimi göstereceğim, bunu benden acele istemeyin." (Enbiyâ sûresi, âyet: 37)

— Aceleciliğin birinci zararı, gevşeklik ve bezginliktir. Bu ise insanı hayırlı, güzel işlerden ayırır, uzaklaştırır, arzusunun yerine gelmemesine vesile olur. Meselâ: Hayırlı bir makam veya iş kastedilir, hemen oluvermesi için de acele edilir. Olmayınca da ya bez-

46 Tarikat-ı Muhammediyye, sh: 284.
47 Tarikat-ı Muhammediyye, sh: 284.

ginlik ve ümitsizlik veya aşırı bir çaba sonunda nefis yorgunluğu başlar. Neticede kişi arzu ettiğine kavuşamaz olur. Veya bir ihtiyacı için Allah'a dua eder, acele olarak duasının kabul olunmasını ister, kısa zamanda kabulünü görmeyince duayı terkeder, böylece isteğinden mahrum kalır.

— İkinci zararı ise takvâyı ve şüpheli şeylerden kaçınmayı yitirmektir. Çünkü takvâ çok dikkatli olmayı gerektirir.

— Aceleciliğin zararlarından biri de niyetin ve onunla ilgili ihlasın kaybolma korkusudur.

— Aceleciliğin bir başka zararı ise, amellerde âdâp, sünnet, vacip ve farzların yitirilmesiyle amelin noksan kalması veya boşa gitmesidir. Meselâ: Namaz bitirmek için acele eden kimse, çoğu zaman rükû ve secdeleri gereği gibi yapamaz, zikirleri eksik bırakır, yerlerini değiştirir, bir tesbihi başka birinin yerinde yapar... Bunlar da onun bu amelini noksanlaştırır veya boşa çıkarır.

"Temkin ve tedbiri, tehir ve geciktirme mânâsında anlamamak gerekir." (48)

İnsan bütün işlerini şimdiki haldeki durumunu ve sonunu düşünerek yapmalıdır.

Acele işe şeytan karışır. *"Teennî* (ağır davranma) *Rahman'dan, acele ise şeytandandır."*

Hâtem-i Asem, beş şey müstesna her hususta acele etmek şeytandandır demiştir. Bu beş şeyi şöyle sıralanmıştır:

1- Misafire yemek yedirmek,

2- Ölüyü techiz etmek,

3- Bekâr kızı evlendirmek,

4- Borcu hemen ödemek,

5- Günahdan tevbe etmek.

---

48 Tarikat-ı Muhammediyye, sh: 255.

Bu beş hususta acele etmek sünnettir. Geciktirme ve sonraya bırakma âhiretle ilgili hususlarda uygun görülmemiştir.

Cenâb-ı Hak şöyle buyuruyor:

"Rabbinizin mağfiretine ve takvâ sahipleri için hazırlanmış olan cennete -ki eni göklerle yer kadardır- *koşuşun."* (Âl-i İmrân sûresi, âyet: 133)

Resûlullah (s.a.v.) Efendimiz de: *"İyi ameller hususunda acele ediniz."* buyurmuştur.

İki Yüzlülük

"İki kişi arasında fitne ve düşmanlık ateşini iyice körüklemek için tarafların mizacına uygun şekilde konuşmak, birinin sözünü diğerine nakletmek, bu kişilerin birbirlerine karşı besledikleri düşmanlığı veya duyguları tasvip eder mahiyette konuşmak, kısacası herkesin durumuna göre konuşmak veya davranmak demektir. Kişinin gerçeğin hilafına tarafları yüzlerine karşı övmesi, onlara yardım edeceğini vadetmesi de iki yüzlülüktür. Böyle davranışlar toplumun düzenini bozmakta ve insanlar arasında nifâkı artırmaktadır."

Resûlullah (s.a.v.) Efendimiz bu hususta şöyle buyurmuştur:

"Dünyada iki yüzlü olanın, kıyâmet günü ateşten iki dili olur." (49)

Husûmet

Husûmet, bir mal veya hak iddiası ile alâkalı sözünde inad ve ısrar etmektir.

Resûlullah (s.a.v.) Efendimiz: *"Allah katında en sevilmeyen erkekler, mücadelede ısrar edenlerdir."* buyurmuştur. Başka bir hadis-i şerifte de şöyle buyurulmuştur:

"Husûmet de cahilce mücâdele eden kimse, bu mücâdelesinden vazgeçinceye veya ölünceye kadar Allah'ın gazabındadır."

---

49 Tarikat-ı Muhammediyye, sh: 358.

Haklı bir kimse, haksızlığa uğradığı zaman, hakkını korumak ve aramak için dava açabilir, hakkını arayabilir. Burada yerilen, haksız ve bilgisizce olan husûmettir. Husûmet zihni karıştırır. Kişi namazında dahi hasmına karşı ileri süreceği delilleri düşünür. Zaruret halinde de kalbi ve dili, husûmetin kötü sonuçlarından korumak gerekir. Bu ise oldukça zordur. Çünkü husûmet, kişiyi bıktırır, gazabı harekete geçirir. Her kötülüğün başlangıcı husûmettir. Onun için terkinde büyük faydalar vardır. Öncelikle kişiyi kötü sözden alıkor. Çünkü Allahû Teâlâ, Kur'ân-ı Kerim'de: *"İnsanlarla güzel güzel konuşun."* buyurmuştur. (Bakara sûresi, âyet: 83) Büyüklerden biri: "Rabbini kızdırmayacak ve yanında oturanı hoşnut bırakacağın sözü söylemekten cimrilik etme. Umulur ki iyilik yapanların sevabını alırsın demiştir.

Öyleleri vardır ki, bile bile karşısındakine eziyet maksadıyla hakkından fazlasını ister ve bunda ısrar eder. Bazıları da hakkını meydana çıkarmamaya ihtiyacı olmadığı halde, inadından dava açar, tüm istediği hasmına zahmet vermektir. Bu gibi husûmetler yasaklanmıştır. (50)

Dünya Sevgisi

Resûlullah (s.a.v.) Efendimiz bir hadislerinde şöyle buyurmuşlardır:

"Dünya sevgisi her yanlışlığın temeli ve başıdır."

Hz. İsa (a.s.) da:

"Dünya ve âhiret sevgisi bir mü'minin kalbinde su ile ateşin aynı kapta bir arada bulunamayacağı gibi bulanmaz!" buyurmuştur.

Rivâyet edilir ki, Cebrâil Aleyhisselâm, Hz. Nuh Aleyhisselâm'a sordu:

— Ey peygamberlerin en uzun ömürlüsü. Sen dünyayı nasıl gördün?

---

50 İhyâ, c. 6, sh: 414, 415.

Hz. Nuh (a.s.)'da şöyle cevap verdi:

— İki kapılı bir ev gibi... Onların birisinden girdim, diğerinden çıktım.

Lokman Hekim, oğluna dünyayı şöyle tanıtmıştır.

— Ey oğul! Muhakkak dünya engin bir denizdir. Orada bir çok kimse boğulmuştur. O halde senin dünyadaki sefinen (gemin) Allah'dan ittikâ etmen, o geminin içi Allah'a olan imanın ve yelkeni, Allaha olan tevekkülün olsun. Umulur ki bu takdirde kurtulmuş olasın.

Kur'ân-ı Kerim'in bir çok âyet-i kerimeleri, halkı dünyadan döndürmeye ve âhirete yöneltmeye çağırmaktadır. İmam-ı Gazali (K.S.) "Belki peygamberlerin (a.s.) maksadı odur. Onlar ancak onlar için gönderilmişlerdir." der.

Hasan-ı Basrî, Halife Ömer b. Abdülaziz'e yazdığı mektupta:

"Selâm sana, sen bu dünyada en son ölümü yazılan ve ölmüş bulunan bir insan gibisin" demiş. Abbâsi Halifesi Ömer b. Abdülaziz de şöyle cevab yazmış: "Sen de dünyada yok olan bir var gibi, âhirette ise hiç yok olmamış gibisin."

Ebû Hazim ise insanın dünyada mutlak huzur ve rahatı bulamayacağını şöyle belirtir: "Dünyalıkta seni sevindiren herşeyin karşısında seni mahzun edecek bir şeyi Allah yaratır."

Hasan-ı Basrî Hazretleri şöyle demiştir:

— Ademoğlunun canı dünyadan üç hasletle beraber çıkıyor:

1- Derlediğine doyamadı.

2- Her emeline varamadı.

3- Gideceği sefer için güzelce azık edinemedi.

Hz. İsa (a.s.)'ın şöyle dediği söylenir:

— Benim katığım açlık, alâmet-i fârikam Hak'tan korku, elbisem yün, kış mevsiminde sıcaklığım, güneşin doğuşları, lâmbam ay, bineğim iki ayağım, yemeğim ve meyvem yerin bitirdiği bitkilerdir. Hiçbir şeyim olmadığı halde akşamlıyor, hiçbir şeyim olmadığı halde sabahlıyorum. Halbuki yer yüzünde benden daha zengin hiçbir kimse yoktur.

İbni Abbas (r.a.) Hazretleri "Bir de o insan yediği yiyeceğine baksın" âyetinin tefsirinde "yani kendisinden çıkan kazuratı, pisliği düşünsün demektir" demiştir. Ne halde öğütmeye başlamıştı, şimdi nasıl çıkarıyor.

Resûlullah (s.a.v.) Efendimiz buyurmuştur ki:

"Dünyanın helâlı hesabdır, harâmı azabdır."

Cenâb-ı Hak (c.c.) Kur'ân-ı Kerîm'de şöyle buyuruyor:

"Biliniz ki, (Allah'a itâat ve âhiret kazancına sarfedilmeyen) *dünya hayatı ancak bir oyun, bir eğlence, bir süs, aranızda bir övünme, mal ve evlatta bir çoğalıştır..."* (El-Hadîd sûresi, âyet: 20)

Dünyanın Hakikatı

İnsanlara iki ikâmetgâh verilmiştir: Dünya ve âhiret. Âdi, bayağı olan her şeye "denâet" mastarından dünya denildiği gibi yakın olana, da yakınlığı sebebi ile "dünüv" masdarından dünya adı verilir. Bu da ölümden önceki herşeydir. Sonraya bırakılmış ertelenmiş olana da "ahir" ismi takılır, bu da ölüm sonrası herşeydir.

Ölümünden önce senin için olan, pay, hisse, hedef, şehvet, lezzet herşey senin hakkında dünyadır. Ancak, meylettiğin hisse ve aldığın herşey yerilmiş değildir. "Dünyada olan şeyler üç kısımdır:

Birinci kısım: İçi ve dışı dünyadan olup Allah için olmayan şeylerdir. Bunlar günahlar olup niyet ve kast ile Allah için olmazlar. Mübahları fazla yapmak bu cümleden, dünyadır.

İkinci kısım: Görünüşte Allahû Teâlâ için olup niyetiyle dünya için olabilen şeylerdir. Bunlar üçtür. Fikir, zikir ve şehvete uymamak. Şâyet bu üçü âhiret ve Allah sevgisi sebebiyle olursa, dünyada olsalar da, Allah için olurlar. Fikirden maksadı ilim öğrenip kabûl görmek, makam ve mal elde etmek ise, zikirden maksat da insanların kendisine zahid gözü ile bakması ise ve dünyadan el çekmesinin maksadı, kendine zâhid dedirtmek ise, bunlar mel'ûn ve mezmûn (kötü) olan dünyadan sayılırlar. Görünüşte Allah için olmaları birşey ifade etmez.

Üçüncü kısım: Görünüşte nefsin haz alması için olup niyet ve kasıtla Allah için olabilen şeyler dünyadan sayılmayabilir. İbadet etmek için, kuvvet almak için yemek yemek gibi. "Allah için olmayan herşey dünyalıktır. Allah için olan herşey de dünyadan değildir."

Allahû Teâlâ Hazretleri dünyanın beş şey, hatta dört şey olduğunu bildirdi. Hadid sûresinin yirminci âyetinde *"-Dünya hayatı, elbette la'b-* yani oyun *-ve lehv-* yani eğlence *-ve zinet-* yani süslenmek *-ve tefahür-* yani öğünme *-ve malı-* parayı *-evladı çoğaltmaktır."* buyuruyor.

Şeriatın övdüğü "ameli saliha" yapılınca, dünyanın büyük parçası olan leh ve la'b -oyun, eğlence- için zaman kalmaz. Bu ikisi azalır. Erkekler ipek elbise giymez ve zinet eşyasının yapıldığı madde olan altını ve gümüşü kullanmazsa, dünyanın üçüncü parçası olan ziynet de azalır.

Allahû Teâlâ, üstünlüğün ve kıymetin vera ve takva ile olduğunu, sa'y ile mal ile olmadığını bildirmiştir diyen kimse, hiç öğünmez.

Evladın ve malın, mülkün artması, Allahû Teâlâ'yı zikr etmeyi azaltacağını ve onu unutturacağının şuurunda olan, onların çoğalmasına sevinmez.

İçinde Allah'a itâatve âhirete hazırlık olmayan dünya; oyundur, eğlencedir, ziynetlenmedir, öğünmedir, mal ve evladı çoğaltmadır.

Dünya İşlerinden Dolayı Üzülmek

"Dünya için olan üzüntünün sebebi; dünya sevgisi ve bütün arzu ve isteklerinin hasıl olmasını ve devam etmesini istemektir." Dünya nimetlerinin elden çıkmasına ne içten içe üzülmeli, hayıflanmalı, ne de nimet gelince aşırı sevinmeli, her halde Allahû Teâlâ'ya şükredici olmalıdır. Cenâb-ı Allah (c.c.) buyuruyor ki: "(Allah bunu) *elinizden çıkana tasalanmayasınız, onun size verdiği ile sevinip şımarmayasınız diye* (yazmıştır.) *Allah çok böbürlenen hiçbir kibirliyi sevmez.*" [51] (Hadîd sûresi, âyet: 23)

Dünya İşlerinden Korkuya Kapılmak

Elinde bulunan dünyalığın elinden çıkmasından korkmak, bundan dolayı kalbinde bir kuşkunun doğması mü'mine yakışmaz.

Üzüntü geçmiş şey için, korku gelecek şey için olur.

"Dünya işlerinde korkmak; ya fakirlik ya hastalık veya bir musîbete giriftar olmak endişesi ve tasasından doğar.

a) Fakirlikten korkmak cidden kötüdür. Çünkü fakirlik Peygamberimizin (s.a.v.)'ın çoğu peygamberlerin, evliya ve salihlerin halidir. O halde fakirlik bir nimettir ve asıl mutluluğun alâmetidir...

Ayrıca fakirlikten korkmakta, Allah'a karşı su-i zan da vardır.

Fakirlikten Korkmanın Sebepleri Şunlardır:

— Ölüm veya açlık sebebiyle hastalanma ve mu'tad geçimin sağlanamaması ve bundan dolayı müthiş bir kuşku ve sıkıntının başlaması,

Hangi halde bulunursak bulunalım ölüm gelir. Ya ansızın gelir veya mukadder bir sebeple... Eğer ezelde ölümüne açlığın sebep olacağı takdir olunmuşsa, ondan elbet kurtuluş yoktur. Eğer açlık sebep kılınmamışsa, açlıktan ölmene imkân yoktur. Bu çalışmayı bırakmak mânâlarına gelmemelidir. Fakir olmayı istememeli ancak fakirliğe sabretmeli ve endişeye düşmemelidir.

— Çalışma ihtiyacı korkusu; Resûlullah (s.a.v.) Efendimiz ve diğer peygamberler de çalışmışlardır. Çalışıp hayatı kazanmaktan sıkılıp korkmak, ya riyâ veya kibir ve tembellikten olur ki bunların hepsi de kötülenmiştir. Çalışan insanın kîfâyet oranında geçimini temin etmesi mümkündür.

---

51 Tarikat-ı Muhammediye, sh: 277.

— Dilenme endişesi; Dilenmek İslâm'da hoş görülmeyen bir kazanç yoludur. İslâm bunun yollarını kapatmıştır. Resûlullah (s.a.v.) Efendimiz bir hadislerinde:

"Veren el alan elden üstündür. Üstte olan el infak eden, alttaki ise dilenen eldir." buyurmuşlardır.

Tabii ki burada başka kazanç yolu bulması mümkünken dilenen kasdediliyor. Zarûri hallerde ise dilenmek câiz görülmüştür.

b) Hastalıktan korkmaya gelince bu ganimet içinde yaşamaktan mahrum kalırım, endişesinden doğmaktadır veya "mu'tad ibadeti tastamam yapamam ve bu yüzden sevabım noksanlaşır" endişesinden mütevellittir. Hastalık hallerinde sabırlı olmalı, hastalığın tedavisi ile uğraşmakla beraber Allah'a hamd ve şükürden de geri durmamalıdır." [52]

Bir hâdis-i şerifte:

"Hastanın inleyişi tesbih, bağırışı tehlil, nefes alışı sadakadır. Uykusu ibadet, bir yerden bir yere götürülüşü, Allah yolunda cihâddır. Hasta iken yapamadığı amellerin sevabı sıhhatli iken işlemekte olduğu ibadetlerin en iyisi gibi yazılır." buyurulmuştur.

c) Musibette kadere bağlıdır. İnsan musibete uğramayı arzu etmemelidir. Ancak musibetlere de sabretmek olgun müslümanlığın alâmetidir.

Küfran-ı Nimet

Küfran-ı nimet, nimeti örtüp belirsiz hale getirmek, kimden nasıl geldiğini düşünmektir.

Allahû Teâlâ'nın verdiği nimeti, sevmediği yerde kullanmak küfran-ı nimettir.

Elinin yaratılması, işlerini yapman içindir. Onunla yemek yersin, yıkanırsın, çalışırsın vs... Sen elinle günah işleyince, küfran-ı nimet etmiş olursun. Mesela; sağ elinle istinca eder, sol elinle Mus-

52 Tarikat-ı Muhammediye, sh: 277-279 Özet.

hafı tutarsan küfran-ı nimette bulunmuş olursun. Çünkü Allahû Teâlâ'nın sevdiği şeylerin dışına çıkmış oluyorsun, O'nun sevdiği adalettir. Şerefliyi, şerefliye; hakiri, hakire yaptırmaktır.

İki elinden birini daha kuvvetli yarattı. Şu halde o şereflidir. Senin işlerin iki kısımdır. Bir kısmı şerefli, kıymetli, bir kısmı ise aşağıdır. Kıymetli olanı sağ elle yapman icabeder. Ancak adalet yerini bulur. Yoksa hayvan gibi, hikmet ve adaleti aradan kaldırmış olursun. Eğer kıbleye karşı tükürürsen, kıble ve mukaddesat nimetine küfür edersin...

Şeriatta olan birşeyin, hikmet ve adaletin dışında olduğunu sanmayınız. Belki olan herşey, olması gereken şekildedir. Fakat bu hikmetlerden bazısı çok ince olup peygamberlerden başkası bilemez. Bazısını da büyük alimlerden başkası bilemez. (53)

Kibir

İnsanın kendisini büyük görmesi demek olan kibir bir sıfattır. Çünkü Allahû Teâlâ, Kur'ân-ı Kerim'de şöyle buyuruyor:

"Yeryüzünde haksızlıkla kibirlenenleri âyetlerim (idrak)*den çevireceğim."* (Araf sûresi, âyet: 146) Diğer bir âyet-i kerime de *"Hakikat O, büyüklenenleri sevmez."* buyurmuştur. (Nahl sûresi, âyet: 23) Resûlullah (s.a.v.) Efendimiz de hadis-i şeriflerinde *"Kalbinde hardal tanesi ağırlığı kibir bulunan kimse cennete giremez."* buyurarak kibrin vehametini ortaya koymuştur.

Bir hadis-i kudside:

Allahû Teâlâ (c.c.) şöyle buyuruyor: *"Ululuk benim ridâm, büyüklük de izârımdır. Bunlardan biri hakkında benimle çekişeni cehenneme atarım, aldırış bile etmem."* Cehennemde Hebheb isminde bir yer olduğu Allahû Teâlâ'nın kibirli ve cebbâr olanları oraya atacağı haberi verilmiştir. (54)

---

53 Kimyâ'yı Saadet, sh: 624. 626d Özet.
54 İhyâ-i Ulum-id-Din, cilt 7, sh: 571.

Kibrin hakikatı

Kibir "iç" ve "dış" (batını ve zahiri) olmak üzere iki kısımdır.

Batınî kibir; kişinin başkalarından kendini üstün görmesi, iyi bilmesi ve bundan da kalbinde sevinç havası husule gelmesiyle olur. Kalbde meydana gelen bu havaya kibir denir.

Zahiri kibir; kalpteki kibrin azalarda kendini göstermesidir. Bu ise konuşmalarda, yürüyüşte, yemek yemede çeşitli davranışlarda kendini gösterir. Kibrin menşei başkalarını hor görmek, hafife almak ve küçümsemektir. Tekebbür insanı iyi ahlâklardan uzaklaştırır. Bütün kötü ahlâklara da kaynak olur.

Kibirli insan hiç kimseye tevâzu ile bakmaz. Kin ve hasedden kurtulamaz. Kızgınlığını yenemez. Dilini gıybetten koruyamaz. Hürmet ve tâ'zim bekler. Yürümekte ve oturmakta öncelik hakkı ister.

Kibir nevilerinin en fenası, istifâdeye, hakkı kabul etmeye, hakka boyun eğmeye engel olanıdır.

Kibrin Belirtileri

Bazen kibir, sahibine de gizli kalır. Hatta o kendisinin kibirden beri olduğuna i'tikad eder.

Kibrin ve tekebbürün alâmetlerini İmam-ı Birgivi, şöyle sıralıyor:

a) Halkın kendisine saygı gösterip ayağa kalkmasını istemek ve bundan dolayı kendi nefsinde bir vicdan azabı duymamak, bilakis böyle yapmalarını kabûl edip benliğine sindirmek. Eğer içinde böyle bir saygıya karşı isteksizlik ve nefsine karşı bu hususta menfi cevapta bulunmayı hissediyorsa, ondan sadır olan istek, tabiî bir meyil veya bir vesvesedir ki zarar vermez.

b) Sokaklarda yalnız yürümeyip arkasında başka birilerinin kendisini takip etmelerini istemek.

c) Ziyaretinden kendisine veya başkasına hayır umsa bile, başkasını ziyaret etmemek.

d) Yakınında başkasının oturmasını kabul etmeyip kendisinden uzakça oturmalarını istemek.

e) Hastaların ve malullerin bulunduğu meclise girmekten çekinmek.

f) Evinde elini bir işe uzatmamak.

g) Evine elinde öte beri ile gelmemek.

h) Düşük kalite elbise giymekten kaçınmak.

Halbuki bu hususta Resûlullah (s.a.v.) Efendimiz şöyle buyurmuştur:

"Eski ve yamalı elbise (giyinmek) *imandandır."*

i) Fakirlerin davetini kabul etmeyip zengin ve şan-şeref sahiblerininkini kabul etmek.

j) Arkadaş ve emsalinin yürürken ve otururken öne geçmelerinin kendisine ağır gelmesi.

k) Arkadaşlarından kendisine akran olanlarla yaptığı münâzarada hakkı kabul etmemek, hatasını kabul edip arkadaşına teşekkür etmemek. Böyle yapması, ya küçümsediği ve hakir gördüğü için arkadaşının sözüne aldırmamaktan, ya da inad ve haksızlık üzerinde ısrar etmekten ileri gelir. [55]

Kibrin Sebepleri

Kişinin nefsini büyük görmesi; kendisinde kemâl sıfatlardan bir sıfat bulunduğuna inandığı içindir. Bu sıfatlar dînî ve dünyevî olmak üzere ikiye ayrılır.

Birincisi: İlimdir. İlmin kıymeti Allah nezdinde büyüktür. İnsanlar nezdinde de büyüktür. Mal, güzellik ve başka nesnelerden de büyüktür.

Fakat insan bilmelidir ki Allah'ın ilim ehline karşı hücceti daha kuvvetlidir. Zira Cenâb-ı Hak (c.c.) ilmi ile amel etmeyen kimseleri kitap yüklü eşeğe benzeterek şöyle buyuruyor:

---

55 Tarikat-ı Muhammediyye, sh: 171.

"Tevrat'ın içindeki emir ve nehiyleri yüklenip de sonra onunla amel etmeyenlerin misâli ciltlerle kitap taşıyan eşeğin haline benzer." (Cum'a sûresi, âyet: 5)

Âlim bilmelidir ki kulun gururlanıp kibirlenmesi haramdır.

Âlim kula yakışan, hiç kimseye karşı kibir taslamamaktır. O, bir cahile baktığı zaman "Bu Allah'a cehliyle isyan etmiş, ben ilmimle isyan ettim. Bu bakımdan o benden daha azizdir," der. Bir âlime baktığı zaman "Benim bilmediğimi bu daha iyi bilir, ben onun gibi nasıl olabilirim," der. Yaşça kendinden daha büyüğüne baktığı zaman, "Bu benden önce Allah'a itaat ve ibadet etmiştir," der. Yaşça kendisinden küçüğüne baktığı zaman, "Ben bundan daha önce Allah'a isyan etmişimdir," der. Kendine yaşıt olana baktığı zaman, "Ben kendi halimi biliyorum fakat onun halini bilmiyorum. Mâlûm olan şey, meçhul olan şeyden tahkire daha yeğdir," demelidir.

Âlim kişi bir köpek veya domuza baktığı zaman, "bunlar Allah'a isyan etmemiştir, bunlara ne azarlama, ne de azab var. Ama ben Allah'a isyan ettim, bu iki cezaya da müstehakım," der. (56)

Cenâb-ı Hak (c.c.) şöyle buyuruyor:

"Allah'tan, kulları için ancak âlimler hakkıyla korkar." (Fâtır sûresi, âyet: 28)

Sahâbe kendileri için kibirden çok korkarlardı.

Huzeyfe (r.a.) imamlık yaptı. Sonra "kendinize başka imam arayınız. Zira kalbime benim sizden iyi olduğum vehmi geldi," dedi. (57)

İkincisi: Amel ve ibadettir.

Kendilerini ibadete veren kimselerde de kibir illeti ileri derecesiyle olmasa bile çokça görülür. Âbid olupta gâfil olan bu kimseler insanların kendilerine rağbet etmesini, kendilerini vera, tevâzu ve takvâ sahibi olarak görmesini ve onların kalbinde yer etmeyi arzu ederler. Bunlardan bir kısmının illeti daha da fecidir. Bunlar ifade

---

56 Tarikat-ı Muhammediyye, sh: 167.
57 İhyâ-i Ulum-id-Din, cilt 7, sh: 613.

ve tavırlarıyla çoğu insanları helâk olmuş ve kendilerini kurtuluşa ermiş olarak görürler.

Resûlullah (s.a.v.) Efendimiz bu hususta şöyle buyurmuştur:

"Bir adamın "insanlar helâk oldu" dediğini duyduğunuz vakit biliniz ki o, onların en fazla helâkta olanıdır." [58]

Âbidlerin birçoğu, birisi kendilerini hafife alsa veya gönüllerini incitse o kimsenin Allah'ın afvından uzaklaştığını düşünür. Allah'ın katında kendi kadrinin büyük olduğuna inandığı için böyle sanır. Bazıları da, kendisine eziyet eden hakkında: "Onun başına gelecekleri yakında görürsünüz." der. Bu arada adam hakikaten bir belaya uğrarsa bunu kendi kerametine yorar ve Allah (c.c.)'nin onun hesabına intikam aldığını sanır.

Halbuki bu gâfil, kâfirlerden birçoğunun Allah'a, Resûlüne sövdüklerini duymuştur. Nice kavimlerin Peygamberlere eziyet ettiklerini, kimisini öldürdüklerini, kimisini dövdüklerini, sonra Allah'ın kâfir kavimlerin birçoğuna mühlet verdiğini, onları dünyada cezalandırmadığını, hatta bunlardan bazılarının müslüman olarak dünyada da âhirette de selâmete erdiklerini de bilir.

Bu mağrur cahil, kendisinin Allah divanında Peygamberlerden daha makbûl olduğunu, Cenâb-ı Allah (c.c.), Peygamberlerinin intikamını almamış iken kendisinin intikamını aldığını mı zannediyor?.. Halbuki kibir ve ucbu sebebiyle kendisi Allah'ın gadabına uğrayıp helâk olabileceğinden habersizdir.

Âbidlerin akıllı ve zekî olanlarına gelince... Onlar, geçmiş büyüklerin Ârafat'tan döndüklerinde söyledikleri şu sözü söylerler:

"Ben içlerinde olmasaydım bütün hacılara rahmet olunacağını umardım!" [59] İşte bu söz gaflette olmayanlara ayırd etmek için yeter.

Üçüncüsü: Soy-sopla kibirlenmektir.

Soylu bir nesebe sahib olan kişi, tanınmış bir soydan olmayan kimseyi -ilim ve amelce kendisinden üstün olsa bile- hakir görür.

---

58 İhyâ-i Ulum-id-Din, cilt 7, sh: 617.

59 Gazali'den Vaazlar, sh: 525 Özet.

Böyle bir tekebbür, başkasının kemâliyle şeref ve şöhretiyle şeref izhar etmektir. Başkasının kemâliyle kibirlenmek ise cehâlettir.

Dördüncüsü: Güzellikle kibirdir.

Bu, umumiyetle hanımlarda olur.

Hz. Enes (r.a.) der ki:

— Ebu Bekir Sıddîk bize hutbe okuyor, nefislerimizi gözümüzden düşürmek için çirkinleştirerek şöyle diyordu:

— Her insan sidiğin yolundan "iki defa çıkmıştır".

Beşincisi: Mal ile kibirlenmektir.

Her mal sahibine, malını nereden kazandığı ve nereye sarfettiği sorulacaktır. Kibir ancak zenginliğin afetlerini bilmeyende olur. Sadakasını açıktan ve başkasına gösterme hevesiyle verende de kibir ve gösteriş illeti vardır.

Altıncısı: Kuvvet ve kahramanlıkla kibirlenmektir.

Bedeni kuvvet de devamlı değildir. Hemen kaybolan bir gölge gibidir: Bir de bakmışsın ki ihtiyarlık gelivermiş. Ağır bir hastalık halinde ise insanda ne güç-kuvvet kalır ne de kahramanlık.

Yedincisi: Etrafının, yardımcılarının, akraba ve tanıdıklarının çok olmasıyla kibirlenmektir. Halbuki onlar öldüğü zaman ondan ayrılacaklar ve onu ameliyle ve sorgu melekleriyle başbaşa bırakacaklar. (60)

Tekebbürün üç ayrı sebebi daha vardır.

1- Başkasına karşı kin ve düşmanlık beslemek.

Bu durumda kişinin nefsi, tevazû göstermez onu, kızdığı kimsenin savunduğu hakkı reddetmeye sürükler.

2- Haset.

İnsan, karşısındakinin üstünlüğünü biliyor ve yine de ona hased ediyorsa kendisinde kibirin izleri vardır.

---

60 İhyâ-i Ulum-id-Din, cilt 7, sh: 619-628. Özet.

3- Riyâ.

"Bu da insanı mütekebbirlerin, ahlâkına davet eder. Şöyle ki, aralarında kin ve hased olmayan kendisinden daha üstün biriyle münazara eder de, muârızı hak üzere bulunursa, onu kabul etmekten imtina eder. Halk "O bundan üstündür," der korkusuyla ona karşı tekebbürde bulunur. Fakat onunla başbaşa kalınca büyüklenemez." (61)

Kibrin Haramlığı

"Tekebbür, mütekebbirlere karşı, savaşta düşmana karşı ve bir de sadaka anında müstesna, haramdır."

Resûlullah (s.a.v.) Efendimiz bir hadis-i şeriflerinde şöyle buyurmuştur: *"Allah'ın sevdiği tekebbür kişinin savaşta ve sadaka anında gösterdiği tekebbürdür."*

Sadaka anındaki tekebbürden gaye, sadaka verene karşı müstağni davranmak ve verilen şeye iltifat etmemektir. Fakirin sevinerek sadakaya meyletmesi, minnet ve ezadan (izzet-i nefsini rencide edecek söz ve hareketlerden) emin olması için (sadaka verenin de) verdiğini küçümsemesi, çok büyük bir ihsanda bulunuyormuş gibi bir tavır takınmamasıdır. Yoksa, kibir göstermeksizin dünyalıkla gösteriş yolu tekebbür -her ne kadar yerilecek bir huysa da haram değildir.

Kibrin Dereceleri

Birinci derece: Allahû Teâlâ'ya karşı kibirdir. Nemrûd'un, Fir'avun'un kibirleri bu cinstendir.

Allahû Teâlâ (c.c.) Hazretleri Kur'ân-ı Kerim'inde şöyle buyuruyor:

"Ne İsa, ne de Allah'a yakın melekler, Allah'ın kulu olmaktan utanmazlar, çekinmezler." (Nisâ sûresi, âyet: 172)

---

61 Tarikat-ı Muhammediye, sh: 170.

Müslümanım demeden çekinip utananlar bu âyet-i kerimenin beyanına göre tehlikededirler. Çünkü böyleleri özü Allah'a kulluk olan İslâm'ı kendilerine yakıştıramamakta böylece Allah'a kulluğu değersiz görüp kibire düşmektedirler. Maalasef günümüzde nice insan bu gaflet ve cehâletin içindedir.

İkinci derece: Resûlullah (s.a.v.) Efendimize karşı kibirlenmektir. Kureyş kâfirlerinin ve Yahûdilerin yaptıkları böyledir. Dediler ki:

Niçin bize melek gönderilmedi? Yahut niçin meşhur birisi değil de, bir yetim, Peygamber olarak gönderildi? Yahûdiler de Peygamberin kendilerinden olmamasını sindiremediler. Şu âyet-i kerimede Kureyşin sözü nakledilmekte ve *"Niçin bu Kur'ân bu iki şehirden* (Mekke ve Taif) *büyük bir kimseye indirilmedi dediler."* denilmektedir. (Zuhruf sûresi, âyet: 31)

Üçüncü derece: Kullara karşı kibirdir.

Kibir, ilâhlık sıfatlarındandır. Kibirlenip böbürlenenler, yüce yaratıcının sıfatlarından birisinin kendinde olduğunu söylüyor demektir. Bu yüzden de onlar Resûlullah'ın haber verdiği azaba müstehak olurlar. Peygamberimiz:

"Allah güzeldir, güzelliği sever. Kibir hakkı örtmek ve insanları hakir görmektir." buyurmuştur. (62)

Kibri Gidermenin Yolları

Kibri gidermek farzı ayndır.(63) Kibir sadece temenni ile giderilmez. Muhtelif usul ve tarzlar vardır.

İlimle Olan Tedavisi

Kibri gidermek Allahû Teâlâ'yı tanımak, kibriya ve azamete ondan başkasının lâyık olmadığını bilmekle ve kendini tanıyıp müslümanlar arasında belki de kendinden aşağı, hakîr, zelil hiçbir kişi olmadığını kabul etmekle olur.

62 Tarikat-ı Muhammediye, sh: 154.
63 Gazâli'den Vaazlar, sh: 528.

Âyet-i kerîme insanın ahvalini ne güzel gösteriyor:

"O kahredilesi insan, ne nankördür o, onu (yaratan) *hangi şeyden yarattı. Bir damla menîden yarattı da onu biçimine koydu. Sonra -belli bir miktar büyüyünce-* (anne karnından çıkış) *yolunu ona kolaylaştırdı. Sonra onu öldürdü ve kabre koydu. Nihayet dilediği zaman onu diriltip mahşer yerine getirecek."* (Abese sûresi, âyet: 17-22)

Bu âyet-i kerimede Allahû Teâlâ (c.c.) insana kendi durumunu bildiriyor. İnsanın öncesini, sonrasını ve ikisi arasındaki ahvâlini beyan buyuruyor.

Yine bir âyet-i kerimede Cenâb-ı Allah (c.c.) insanın mebdeini bize şöyle hatırlatıyor:

"İnsanın üzerine uzun devirden öyle bir zaman gel(ib geç)*di ki* (o, vakit) *o, anılmaya değer bir şey bile değildi."* (Dehr sûresi, âyet: 1).

Amelî İlâcı

Her işte ve harekette tevâzû sahiblerinin yaptıklarını yapmaktır. Kibir olan herşeyin aksini yapmak lâzımdır. Kibir kişinin görünüşünde, dilinde, gözünde, bedeninde, elbisesinde her hareket ve duruşunda belli olur. Bunların hepsini atmaya ve bunu adet haline getirmeye alışmalıdır. (64)

Kim Hasan-ı Basrî ile beraber gitmek istese, müsâade etmez, "Arkamda insan olursa, kalbim yerinde durmuyor." dermiş.

Hazreti Ömer (r.a.)'ı çarşıda elbisesinde ondört yama, yamaları da eskimiş halde görüldüğü bildirilmiştir.

İyi elbise her zaman kibir için giyilir zannedilmesin. Çünkü bazı kimseler herşey de iyi olmayı sever. Bazıları da eski elbise giyip zahid görünmek ister. Rivâyete göre Hz. İsa (a.s.) şöyle buyurdu: "Ruhbanların (zahidlerin, abidlerin) elbisesini giymenizin ve kalblerinizi kurt huylu yapmanızın sebebi nedir? Padişah elbisesi giyin ve fakat kalbinizi Allah korkusu ile yumuşak ve ince yapın."

---

64 İhyâ-i Ulum-id-Din, cilt 8, sh: 20-27 Özet.

Tezelzül

"Bulunduğu mertebeden aşağı derecede tevâzû göstermek, övgüye değer bir tevâzûdur; fakat fazlası yerilecek bir mana taşır. Ancak ilim peşinde koşan kimse istifade etmek için böyle bir tevâzû gösterebilir."

Peygamber (s.a.v.) Efendimiz şöyle buyurmuştur:

"Sevgi ve alçalarak yalvarmada aşırı gitmek, mü'minlerin ahlâkından değildir; ancak ilim peşinde koşarken (bu aşırılık) *olabilir."*

Talimül-Müteallim adlı kitapta: "Talebenin kendi hocasına ve ilminden istifade edeceği ders arkadaşına karşı alçalması yerilmez." demektedir.

Tevâzûnun fazlası haram olan bir tezellüldü.

Mesela: İlim meclisine gelen (cahil) nalbandın birine, âlimin hürmeten ayağa kalkıp yerini vermesi, ayrılacağı zaman kalkıp onun ayakkabısını düzeltmesi ve arkasından kapıya kadar onu takip etmesi gibi. (Böylesine bir tevâzû mezmumdur). Ama onun ihtiyacını karşılaması, güler yüz göstermesi, sualini yumuşaklıkla dinlemesi, davetine icabet etmesi, ihtiyacını karşılamaya gayret etmesi, kendini ondan hayırlı görmemesi ve onu tahkir etmemesi, (tevâzû yakışan) uygun bir harekettir.

Bir günlük nafakası olduğu halde dilenmekte tezellül addedilmiştir. Çokça karşılık almak gayesiyle az hediye vermek de bir nevi dilencilik kabul edilir.

Bu ekseriya nikâh ve sünnet düğünlerinde yapılır.

Davet edilmeksizin ziyafetlere ve ölü vasiyetine gitmek de tezellül ifade eden bir harekettir.

Resûlullah (s.a.v.) Efendimiz bu konunun ehemmiyetini şöyle bildiriyor:

"(Bir düğün veya ziyafete) *çağırıldığı halde gitmeyen kimse, gerçekten Allah'a Peygambere isyan etmiştir. Çağırılmadan* (bir ziyafete) *giren, hırsız olarak girmiş ve talancı olarak çıkmıştır."* (65)

---

65 Tarikat-ı Muhammediye, sh: 152.

İmam-ı Birgivî, "Zaruret olmadığa halde ellerindeki nimete göz dikerek zenginlere gitmek ve onlarla oturup kalkmak da bir nevi tezellüldür." demektedir.

Ucûb

Ucûb, zemmedilmiş ahlâklardandır.

Tâbiînden Mutarref demiştir ki:

— Geceyi uyuyarak geçirip sabahleyin pişman olarak kalkmam, gece ibadet edip sabahleyin kendimi beğenmemden benim için daha sevimlidir.

Hz. Aişe (r.a.) vâlidemize:

— İnsan ne zaman kötü amel işler? diye soruldu. O cevaben:

— İyi amel işlediğini sandığı zaman buyurdular.

Cenâb-ı Hak (c.c.) Kur'ân-ı Kerim'inde şöyle buyuruyor:

"Sakın sadakalarınızı minnet edip başa kakmak ve eziyyet vermek suretiyle iptal etmeyiniz." (El-Bakara sûresi, âyet: 264)

Kişi ancak kendi malı olan şeylerde başkasına minnet edip başa kakabilir. Sadaka olarak verilen malın yegane sahibi Allah'tır. Böyle olunca bu mallarla büyüklenmek ahmaklığın ve basiretsizliğin alâmetidir. Minnet etmek sadakayı büyük saymanın neticesidir. Ameli büyük saymak ise ucbun tâ kendisidir. İbn-i Mes'ud buyurdu: Helâk olmak iki haslettedir.

1- Allah'ın rahmetinden ümitsiz olmak,

2- Ucbe kapılmak.

Ümitsiz bir kimse, ne arar, ne çalışır. Ucba kapılan da, saâdete ermişliğine inanır, hem kendi cürmünün cezasını çeker hem de başkasını küçük görmenin suçunu yüklenir.

Allahû Teâlâ buyuruyor ki:

"Nefislerinizi tezkiye edip temize çıkarmayınız. O muttaki olanı daha iyi bilir." (En-Necm sûresi, âyet: 32) İbn Cüreyc demiştir: Bu

âyetin mânâsı şu demektir: "Sen bir hayır işlediğin zaman sakın "Ben işledim" deme."

Resûlullah (s.a.v.) Efendimiz bir hadis-i şeriflerinde ucbun tehlikesine şöyle işaret ediyorlar.

"Eğer siz günah işlememiş olsaydınız, muhakkak sizin için günâhtan daha büyük olan bir nesneden korkacaktım. (Oda) *ucûbdur, ucûb."* (66)

Ucûbun Zararları

"Ucûbdan bir çok afetler doğar. Biri kibir olup kişi kendini diğer kimselerden iyi bilir. Biri de günahlarını hatırlamamasıdır. Hatırladığı olsa tashihi yoluna gitmez ve kendini afvedilmiş sanır. İbadet eder ve şükretmez ve şükre ihtiyacı olmadığını sanır. İbadetin afetlerini bilmez, öğrenmek de istemez ve kendini o afet ve zararlardan uzak sanır. Kalbinden korku gider ve mekr-i ilâhiden emin olur. Allahû Teâlâ'nın kendisine verdiği ibadet nimeti ile Allahû Teâlâ'nın katında bir yeri olduğunu sanır. Kendini över ve beğenir. İlmi ile ucûb edip (ilmini beğenip) kimseye birşey sormaz. Ona uymayan bir görüş ve söz söylerse dinlemez, nasihata kulak vermez." (67)

Ucûb: İyi amelleri büyültmek ve buna aid şerefin Allah'dan başkası sebebiyle meydana geldiğini düşünmektir. Bu şeref bana sahib olduğum ilim sebebiyle gelmiştir demek gibi. Bazen de bu, sadece nimeti büyültmek ve onu asıl verene nisbet etmeyi unutmak şeklinde tezâhür eder.

Allahû Teâlâ (c.c.) kime ilim, ibadetlerde kolaylık ve bunun gibi bir nimet verdiyse bunun elden gitmesinden korkmalıdır. Böyle kimse ucûb sahibi olmaz. Korkmaz ve kendinde olduğu için değil Allahû Teâlâ'nın nimet ve ihsanından olduğuna sevinirse yine ucûb etmiş olmaz. Amma bu hususiyetlerin kendinde olduğu için sevinirse ve bunun Allahû Teâlâ'nın nimeti olduğunu unutursa ve buna sevinirse ucûb olur.

66 İhyâ-ı Ulum-id Din, cilt 8, sh: 59.
67 Kimyâ-yı Saâdet, sh: 568.

Ucûbu Gidermenin Yolu

Ucûbu gidermenin yolu mârifettir.

"Eğer yaptıklarımı kendi kuvvet ve gücümle yapıyorum dersen, bu kuvvet, kudret, irade ve bu ameli, işlediğin işleri, azalarını nereden getirdin? Eğer bu amel benim isteğimle oldu dersen, bu isteği ve arzuyu kim yarattı ve sana kim verdi ve sana iş yaptırdı deriz. İsteğin kaynağı ve içine koyucusu sen değilsin hepsi Allahû Teâlâ'nın nimetleridir."

"Bana ibadette kolaylık vermesinin sebebi O'nu sevmemdir dersen, bu sevgiyi kalbine kim verdi? denir. Eğer O'nu tanıdığım ve Cemâline kavuştuğum için O'nu sevdim dersen, bu marifet ve görmeyi sana kim verdi? denir. O halde, madem ki herşey O'ndandır, sen kendine ucûb edemezsin, O'nun cömertliği ve ihsanı bu sıfatı sende yarattı. İstek, kudret ve irade yarattı. Sen ancak Allahû Teâlâ'nın kudretinin bir geçiş yolusun." (68)

Bir kimse, madem ki ben yapmıyorum, herşeyi (O) yapıyor, nasıl sevab beklerim ve bulurum? Halbuki bize amellerimizden sevab verileceğinde de şübhe yoktur. Çünkü isteyerek yapıyorum, derse:

Cevabında deriz ki, sen hakikatte kudretin geçidisin. Sen hiçbir şey değilsin *"Attınsa da sen atmadın ve lâkin Allah attı."* (Enfal sûresi, âyet: 17)

Fakat ilmi, kudret ve iradeden sonra hareketi yarattığı için, sen yaptın zannedersin. Bu ince bir sırdır. Bunu anlamak zordur kabul et ki amelin, senin kudretinle oluyor. Fakat yaptığın iş, ilimsiz, kudretsiz ve iradesiz olamaz. O halde işinin anahtarı bu üç şeydir. Üçü de Allahû Teâlâ'nın ihsanıdır.

Tevhîdin kaza-kaderin hakikatini bilende ucûb olmaz." (69) Verilen bu vasıfları yerli yerinde kullanmışsan ve fiil ortaya çıkmışsa mükâfaat alırsın, ama bunları kötü niyet sonucu kötüye kullanmışsan ceza görürsün.

---

68 Kimyâ-yı Saâdet, sh: 570 Özet.
69 Kimyâ-yı Saâdet, sh: 569-570.

Kulun amelinin ve vasıflarının hepsinin Allah katından birer nimet olduklarını ve Allah (c.c.)'ın kul müstehak olmadan ilim kudret ve irade gibi nimetleri kuluna ihsan ettiğini bilmekle ucûb ortadan kalkar.

Resûlullah (s.a.v.) Efendimiz bir defasında ashâbına:

"Sizden hiçbir kimseyi ameli kurtaramaz." dedi.

Ashâb:

— Ey Allah'ın Resûlü: Sen de mi? deyince:

Resûlullah (s.a.v.):

"Ben de... Amelim beni kurtaramaz! Meğer ki Rabbim rahmetiyle beni örtmüş ola!"

"Allah Resûlünün ashâbı (r.a.) kendisinden sonra, toprak, saman ve kuş olmalarını temenni ederlerdi. Hem de amellerinin ve kalblerinin safvetine rağmen..." (70)

Ucûbun Sebebleri:

1- Kişinin yaradılıştaki özellikleridir; vücûdunun, sesinin güzelliği gibi. Halbuki bunların hepsi de zevâle mahkumdur.

2- Kuvvet ve kudretidir. Bir hastalık, bir kaza ile kişinin kuvvet ve kudretinden eser kalmaz.

3- Keskin zekâ ile din ve dünya işlerinin inceliklerini sezmesidir. Bir kulun ilmi ne kadar çok olursa olsun, ona ilimden çok az birşey verilmiştir. Bilmedikleri, halkın bildiklerinden fazladır. Allah aklını alsa, deli olur.

Kişi, Allah'ın kendisine rızık olarak vermiş olduğu akıldan dolayı Allah'a şükür etmelidir.

4- Şerefli bir soydan oluşudur. Kurtuluş, nesebin şerefinde, ecdadın kurtuluşunda değildir. İnsana kendisi gerekir. Nitekim Allah Hazretleri üstünlüğü takvaya bağlıyor.

---

70 İhyâ-i Ulum-id-Din, cilt 8, sh: 73.

"Biliniz ki, Allah katında en iyiniz, takvası en ziyade olanınızdır." (El-Hucûrat sûresi, âyet: 13)

Cenâb-ı Hak Hazretleri:

"En yakın akrabalarını korkut." (Şuara sûresi, âyet: 24) âyetini inzal ettiği zaman, Resûlullah akrabalarını, soy soy çığırdı, onlara şöyle seslendi.

"Ey Muhammed'in kızı Fatıma; Ey Allah Resûlünün halası ve Abdulmuttalib'in kızı Safiyye, nefisleriniz için amel ediniz, ibadette bulununuz. Çünkü ben Allah'ın azabından sizleri hiçbir şekilde koruyamam!" (71)

5- Akraba, yardımcı ve evlatların çokluğudur.

Cenâb-ı Hak Kur'ân-ı Kerim'de bunların bile fayda vermediği güne işaret ederek buyuruyor:

"O gün kişi kaçacak kardeşinden... annesinden ve babasından, zevcesinden ve oğullarından..." (Abese sûresi, âyet: 34-36). Ne ailesi, ne çocuğu, ne yakını, hiçbir kimse kişi ile beraber kabre giremez. En muhtaç zamanda insanı yalnız bırakırlar.

6- Maldır. Hakiki mü'min zenginse malda olan hakları yerli yerince vermek hususunda kusurlu davranmaz.

"Ucûbun (kendini beğenmişliğin) en kötüsü hatalı görüşünü beğenmek, onunla ferahlanmak ve üzerinde ısrar edip başkasının öğüdünü dinlememek ve başkalarına cahil nazarıyla bakmaktır. Buna işaretle Allahû Teâlâ buyuruyor ki: *"Kötü işi kendine güzel gösterip de onu güzel gören kimse, kötülüğü hiç işlemeyene benzer mi?"* (Fâtır sûresi, âyet: 8)

Bütün bid'at ve delalet ehlinin bu fiillerinin üzerinde ısrar etmeleri, kendi görüşlerini beğenmelerinden ileri gelir. (72)

---

71 İhyâ-i Ulum-id-Din, 8-79.

72 Tarikat-ı Muhammediye, sh: 177.

Cimrilik

Cimrilik; şeriatın mal verme emri ile veya insanlık icabı verilmesi uygun olan malı vermemektir. Şeriatın mal verme emri, zekat, fitre, zevcesine ve küçük çocuğa nafaka vermeyi içine alır. Mürüvvet -insanlık- hükmü ile mal vermek, fakirlere sadaka, sevdiklerine, akrabaya ve komşulara hediye vermek ve gelen misafire ikram etmektir. İnsan kendi nefsine de bahil olabilir. Meselâ lüzumu kadar yemez, içmez, giymez tedavi için gereken parayı harcamaz. (73)

Cenâb-ı Hak Kur'ân-ı Kerim'de cimriliği yasaklayarak şöyle buyuruyor:

"Allah'ın fazlından kendilerine verdiği şeye bahillik (cimrilik) edenler hiçbir zaman onu kendilerine hayırlı sanmasınlar. Aksine bu kendileri için bir şerdir. Onların cimrilik ettikleri şey, kıyâmet günü boyunlarına dolanacaktır." (Al-i İmram, âyet: 180)

Tirmizi'nin Ebu Hureyre (r.a.)'den yaptığı rivâyette, Resûlullah Efendimiz buyurmuştur ki:

"Cömert olan Allah'a da, insanlara da, cennete de yakındır; cehennemden uzaktır. Cimri kimse, Allah'tan, insanlardan da, cennetten de uzaktır; cehenneme yakındır. Allah katında cömert bir cahil, cimri bir abidden daha sevimlidir." (74)

İsraf

İsraf, dinen veya insanlık icabı tutumlu olunması icabeden yerlerde malı gelişi güzel sarf etme melekesidir. (75)

Allahû Teâlâ Hazretleri Kur'ân-ı Kerim'inde şöyle buyuruyor:

"Ey ademoğulları, bir mescit huzurunda zinetinizi alın (giyin) yeyin, için israf etmeyin. Çünkü Allah israf edenleri sevmez." (Araf sûresi, âyet: 31)

---

73 Vesiletün Necat, sh: 119.

74 Tarikat-ı Muhammediye, sh: 222.

75 Tarikat-ı Muhammediye, sh: 219.

Diğer bir âyet-i kerime de ise:

"Hısıma, yoksula, yolda kalmışa haklarını ver. (Malını) *israf etme israf ile saçıp savurma. Çünkü saçıp savuranlar şeytanların kardeşleridirler. Şeytan ise Rabbine karşı çok nankördür."* buyuruluyor. (İsra sûresi, âyet: 25-26)

İsrafın şekilleri, yerleri çok çeşitlidir. İnsanın yapısındaki iyiye, güzele, yeniye meyil, onu israfa sevkedebilir. Bu ise yeni bir aleti olanı daha yeni ve değişiğini almaya, sağlam ve giyilebilir elbiseleri olan birini, yeni çıktı diye başka elbiseler yapmaya, bir yere daha ucuz yolla gidilebilirken daha pahalı ve gösterişli olanı tercihe ve benzerlerine götürür.

Kişinin evinde ve iş yerinde kullandığı yiyecek, içecek ve temizlik malzemelerinde de ölçülü olması gerekir.

İnsanların fazla yemeleri israf olduğu gibi hasta ve zayıf düşecek şekilde az yemeleri de keza başka yönden zararlı olduğundan israf sayılır.

İsraftan korunmak için giyecek, yiyecek ve kullanılacak eşyaları bozan sıcaklık, soğukluk, rütubet ve güneş gibi etkenlere dikkat etmek gerekir.

"Ekmek ve benzeri şeylerin kırıntılarını toplamak, çocukların doğrayıp etrafa yaydığı gıda maddelerini değerlendirmemek de bir nevi israftır." Pirinç, mercimek, buğday ve benzeri hububattan bilhassa yıkanınca yere dökülenleri toplamamak, ayaklar altında çiğnenip topraklara karışmasına göz yummak da israftır. Ama bunları ve ekmek kırıntılarını tavuklara, koyun, inek, karınca ve kuşlara yedirecek olursa, israf sayılmaz.

Sarık, elbise ve ayakkabı gibi şeyleri çürümekten, yırtılmaktan korumamak, çamaşırda ihtiyaçtan fazla sabun kullanmak da israf sayılır.

Kemiyet veya keyfiyet bakımından kefeni (sünnet olan miktardan) fazla kullanmak, abdest alırken lüzumundan fazla su isti'mal etmek de israftır.

Resûlullah (s.a.v.) Efendimiz abdest alan Sa'd bin Ebi Vakkas'a uğramış, suyu bol kullandığını görünce:

— *Yâ Sâ'd! Bu ne israftır?* demiştir. Sa'd (r.a.):

— Abdestte de israf var mıdır? diye sorunca Resûlullah (s.a.v.) Efendimiz:

— *Evet, bir nehir kenarında da olsan,* cevabını vermiştir.

"İsyan ve günaha, Allah'ın men'ettiği şeylere sarfedilen herşey israftan sayılır." İsrafın başlı başına ekonomi haline geldiği asrımızda müslümanların tutumlu olmaları ve yaptıkları tasarrufları kendilerinin, ailelerinin ve toplumun dinî ve ictimaî maslahatlarına sarfetmeleri gerekir. (76)

Gurur

Allah (c.c.) Kur'ân'ında şöyle buyuruyor:

"O halde sakın sizi dünya hayatı aldatmasın; ve sakın şeytan, sizi Allah'a güvendirmesin. (Allah, herkesi bağışlar diye, şeytanın aldâtışına uymayın)." (Lokman sûresi, âyet: 33)

Resûlullah (s.a.v.) Efendimiz bir hadislerinde şöyle buyurmuşlardır:

"Akıllı kişi nefsini zabt-u rabt altına alan, ölüm sonrası için amel işleyendir. Ahmak ise nefsini hevasına uyduran, (sonra da) içinden geçirdiklerini Allah'tan umandır."

Gurur; batıl ve beyhûde birşeye güvenmek demektir. (77)

Kâfirlerin gururuna Allah'ın şu âyetiyle işaret buyurulmaktadır:

"Onlar âhirete bedel dünya hayatını satın almış kimselerdir. Bundan dolayı kendilerinden azab kaldırılıp hafifletilmeyecek, onlara yardım da edilmeyecek." (Bakara sûresi, âyet: 86)

---

76 Tarikat-ı Muhammediye, sh: 244-249. Özet.

77 Gazalî'den Vaazlar, sh: 550.

Diğer bir âyet-i kerimede Cenâb-ı Hak (c.c.) şöyle buyuruyor: *"Halbuki, âhiret daha hayırlı, daha süreklidir."* (A'lâ sûresi, âyet: 17)

Resûl-i Ekrem (s.a.v.) bu hakikatleri bir kısım kavimlere bildirdiği vakit onlar hemen Allah'ın Resûlünü tasdik etmiş, ona inanmışlar, delil istememişlerdir.

Hatta bazıları: "Allah aşkı için doğru söyle. Allah seni Peygamber olarak mı gönderdi?" şeklinde soru yönelttiklerinde Resûl-i Ekrem'in: "Evet" demesi üzerine derhal tasdik ediyorlardı.

Bu, inanç insanları gururdan kurtarır. Eğer kişi, peygamberlerin ve âlimlerin çağrılarına, onların imanlarına basiret gözüyle bakar, şeytanın vesvese yoluyla aşıladığı gururun fesadını bilir ise, bu bilgi onun gururunu izâle eder. O kişi artık avamın ve havasdan bir çoklarının kesin inancına ulaşmış olur.

Âhirete inanıp ondan haber verenlere ve âhiret saâdetine ulaşmakta en faydalı ilacın takva olduğunu söyleyenlere bakan kimse, onların yaratıkların en hayırlıları, basiret, marifet ve akılca en üstünleri olduklarını anlar.

Bunlar Peygamberler, hakîmler ve âlimlerdir. Onlara muhtelif sınıftan insanlar tabi olmuştur.

Ancak şehvetlerinin zebûnu, nefisleri dünyevî arzulara meyilli kimseler onlara inanmamışlardır.

Bu tip kimselere, şehvetleri bırakmak zor geldiğinden, âhiret ve peygamberleri inkâr etmişlerdir.

Müslümanlardan âsi olanların aldanışlarına gelince "...Allah kerimdir, Allah'ın afvını umarım" gibi sözlere bel bağlayıp ameli ihmal etmeleri, bu kuruntularını "ümîd" diye adlandırarak kendilerini aldatmalarıdır."

Hasan-ı Basri'ye: "Bazıları Allah'tan ümitvârız diyerek ibadeti bırakıyorlar, ne dersiniz?" diye sorulduğunda, o şu karşılığı verir:

"Heyhât, heyhât! Bu onların kuruntularıdır. Onlar böyle olmasını tercih ediyorlar. Birşey uman onu elde etmeye çalışır. Birşeyden korkan da ondan kaçar." (78)

---

78 Gazâli'den Vaazlar, sh: 551-555 Özet.

Övülen Ümidin Yeri

Ümid iki yerde övülmüştür.

Birincisi; günahlara dalmış âsi hakkındadır.

Cenâb-ı Hak (c.c.) bunlar hakkında şöyle buyuruyor:

"Şübhesiz ki ben, tevbe ve iman edenleri, iyi amelde bulunanları, sonra da doğru yolda sebat edenleri elbette çok bağışlayıcıyım." (Tâhâ sûresi, âyet 82)

"*İkincisi;* nafile ibadetlerin faziletlerinden kendisini mahrum bırakan, yalnız farz ibadetlerle yetinen kimsedir."

Bu kişi nefsi için Allah'ın nimetlerini ve sahih kullara va'd edilenleri umarken içinde ibadetlere yönelme isteği doğar, faziletli amellere yönelir ve Allah'ın şu âyetlerine inanıp bağlanırsa ümidinde isabet eder:

"Mü'minler muhakkak felâh bulmuştur. Ki onlar namazlarında huşûa riâyetkârdırlar." (Mü'minûn sûresi; âyet: 1-2)

Birinci ümid, tevbeye engel olan umutsuzluğu ortadan kaldırır. İkinci ümid de nafile ibadetlere karşı istek ve gayreti engelleyen gevşekliği söker:

Tevbeye ve ibadetlere karşı gayrete gelmeyi teşvik eden her bekleyiş ümiddir. İbadetlerde gevşemeyi, tembelliğe meyletmeyi gerektiren her ümid de, aldanıştır." (79)

Mağrur Olanlardan Bazıları

Âlimlerden:

— Bazı insanlar bütün ömürlerini ilim öğrenmeye sarfederler. Fakat amel etmezler. Hz. İsâ (a.s.) "Kötü âlim kalbur gibidir. Buğdayları düşer ve kepeği kalır" demiştir.

79 Gazâli'den Vaazlar, sh: 556.

— Bazı alimlerde, ilimleriyle âmil olup zahiri taâtlara devam ederler. Ancak, kibir, hased, riyâ ve meşhur olmayı istemek gibi kötü sıfatlardan kalplerini arındırmaya uğraşmazlar.

Resûlullah (s.a.v.) Efendimiz bir hadislerinde şöyle buyuruyor:

"Allah suretlerinize ve mallarınıza bakmaz. O ancak kalplerinize ve amellerinize bakar."

İmam-ı Gazâlî Hazretleri şöyle diyor:

Bu kimseler ölü kabirlerine benzerler: Mezarlarının dışları süslü-püslü iken içleri kokmuş cesedlerle doludur.

— Bir kısmı da, kötü ahlâkdan korunmak gerektiğini bilir, fakat kendi kalplerinin bunlardan temizlenmiş olduğunu sanır.

— Bir kısmı, ilmin ne demek olduğunda yanılmışlardır. Tefsir, hadis, kalbe ait ilimler, ahlâk, riyâzet yolu ilimleri, din için faydalı ve zararlı bilgileri ve kalbini murakabe etmek gibi farz-ı ayn olan mühim ilimleri elde etmemişler ve bunların ilim kısmından olduklarını bilmemişlerdir.

Bunlar kendilerini dünyadan, hırstan kanaate, riyâdan ihlasa, gaflet ve eminlikten korku ve takvaya çağırmayan ilimlere dalar, onları ömrünün sermayesi yapar ve ilim bunlardır sanırlar.

— Bir kısmı ilm-i va'zla meşgul olurlar. Sözleri edebiyat, şiir, nükte ve lüzumsuz sözler kabilinden olur. Böyle ifade ve cümleler ararlar. Maksatları, insanların feryad etmesi, kendilerini övmesidir. Şu kadarını bilmezler ki va'z ve nasihatın esası, bir mûsibetin ateşini kalpte hissettirmek âhiret tehlike ve korkusunu göstermektir.

— Bir grup da zâhidlerin sözlerini ve onların dünyayı yeren konuşmalarını ezberleyip sadece onları konuşmakla yetinirler."

Âbidler-Zâhidlerden:

— Bunlardan bir gurup abdestte vesveseye kapılıp abdest azalarını fazla yıkayarak sınırı tecavüz ederler ve israfa kaçarlar. Şerîatın temizliğine hükmettiği şeylere rıza göstermezler ve suyun pis olmasındaki çok uzak ihtimalleri bile yakın sayarlar.

— Bazıları da namazın niyetinde, tekbirinde vesveseye kapılırlar.

Namazın evvelinde bu kadar itinalı davranırlarda sonra namazın tamamında gaflete dalarlar, gönüllerini namaza vermezler. Namaza başlarken gösterdikleri dikkatin yeteceğine aldanarak Rableri nezdinde hayır üzere bulunduklarını zannederler.

— Bir diğerleri de Fâtiha, diğer sûre ve duaların harflerini mahreçlerinden çıkarma hususunda vesveseye kapılırlar. Kur'ân'ın mânâlarını anlamaya ondan ibret almaya, zihni Kur'ân esrarına vermeye dikkate almazlar.

— Kur'ân-ı çok çabuk ve güzel okumakla, mağrur olanlar, men ettiklerinden sakınmak, öğütlerinden ibret almak, emirleri ve yasakları üzerinde durmak, ibret alınması gereken yerlerinde dikkatli olmak için Kur'ân üzerinde düşünmezler.

— Bir başka fırka da oruçla aldanmıştır.

Çoğu zamanları veya mübârek günleri oruçlu geçirdikleri halde dillerini gıybetten, gönüllerini riyâdan midelerini iftar anında haramdan, lisanlarını gün boyu fuzuli lâkırdılardan korumazlar. Farzları ihmal eder, nafilelerin peşinde koşarlar. Onun da hakkını vermezler.

— Bir grub da hac yapmakla aldanmıştır. Bunlar zulmettikleri kimselerden helâllık almadan, borçlarını ödemeden, ebeveynlerinin rızalarını istemeden ve yanlarında helâl azık bulundurmadan hac yolculuğuna çıkarlar.

Yollarda namazlarını ve farzları heder ederler. Kötü sözden ve çekişmekten kaçınmazlar.

— Mekke ve Medine'ye mücâvir oluşlarını gurur ve övünme vesilesi yapanlar da vardır.

Mekke-i Mükerreme ve Medine-i Münevvere'de yaşamak her insana nasib olmayan bir nimettir. Ama burada yaşayan insanların ibadet, taat, ahlâki yön, cömertlik vs. açısından diğer müslümanların fevkinde olmalarının da gerektiği rivâyetlerden anlaşılmaktadır. Zira burada yapılan kabahat ve ibadetin karşılığı daha fazladır denilmektedir. Buralarda yaşamak övünç vesilesi ve menfaat elde etme aracı değil de şükür ve ibadet sebebi olmalıdır.

— Bu fırkalardan bir diğeri de dünya malından vazgeçen, önemsiz giyecek ve yiyeceklerle yetinen, mescidleri ve medreseleri mesken edinenlerdir. İçlerinden ihlasla bu yolu seçenler müstesnadır. Bunlar böyle davranmakla zahidler rütbesine eriştiklerini sanırlar. Halbuki, ilim ve va'z ile (veya sırf dünyadan el etek çekmekle) baş olma ve mansıb peşindedirler.

Zahiri amellerle yargılanacağını gönülle (kalble) ilgili hususlarda sigaya çekilmeyeceğini vehmeder. İhsansız, zahiri ibadetlerin, iyilikler kefesinde ağır basacağını zanneder. Takva sahiblerinin amellerinden bir zerre, muhlislerin ahlâkından bir tek örnek sadece azalarla yapılan dağlar gibi amellerden çok daha üstündür.

— Diğer bir gurup da nafile ibadetlere karşı aşırı istekli olanlardır.

Bu gurub nafilelere verdikleri önemi farzlara vermezler. Resûlullah (s.a.v.) Allahû Teâlâ (c.c.)'nın şöyle buyurduğunu rivâyet ediyor:

"Kullarım bana kendilerine borç kıldığım farzları eda etmekle yaklaştıkları gibi hiçbir şeyle yaklaşamamışlardır." [80]

Tasavvufçulardan:

Mutasavvıfların hallerini ve ruh dünyalarının enginliğini bilmeden onların giyiniş, oturuş tesbih-tehlil çekişi gibi şeyleriyle aldananlar vardır. Aynı zevki ve huzuru duymadıkları halde onlar gibi görünmeye çalışırlar.

Şeyh Ebü'l-Kâsım-ı Gürganî (r.a.) şöyle demiştir:

"Su üstünde yürümek, havada uçmak ve gayıbdan haber vermek kerâmet değildir. Kerâmet emre uymaktır. Yani bütün varlığı

80 Gazâlî'den Vaazlar, sh: 561-569. Özet.

ile dinin emirlerini yapmak, yasaklarından kaçınmaktır. Güvenilecek şey, şeytanın ve onunla ilgili herşeyin aradan kalkması ve yerine şeriatın oturmasıdır." (81)

Servet Sâhiplerinden:

— Bunlardan bir fırka adlarının ebedî kalması ve şöhretlerinin yayılması için cami ve herkesin görebileceği inşaatlar yapmaya fazlaca isteklidir. Oysa bunlar kişinin kendi ismiyle cami ve benzeri hayır müesseseleri yaptıkları bu binalar sayesinde mağfiret hak ettikleri inancında olmamalıdırlar. Allah'dan ümid etmeleri en uygun olandır. Eğer yaptıkları binalar haram yollardan kazanılmış paralardan inşa edelmişse kazançlarındaki haramlardan ötürü Allah'ın gazabına marûz kalabilirler. İş böyleyse, başkalarının hakkını gasbederek aldıkları malların ya aynını, buna imkân olmadığı takdirde bedelini sahiblerine teslim etmek gerekir.

Bunlar; yoksullara yardım etmek, civardaki veya beldelerindeki fakirlere ve yetimlere destek olmak, mescidlerin yapımı ve süsü için harcamaktan çok daha mühim ve üstün olduğu halde, insanlar görmez endişesiyle bu yola gitmezler.

— Bir başkaları ise helâl mallarını yoksullara infâk edenlerdir.

Onlar yaptıkları hayrı herkesin gözü önünde yaparlar. Fakirlerden, ise teşekkür eden ve yapılan iyilikleri yayan kişileri tercih ederler. Gizlice tasadduk etmekten hoşlanmazlar.

Ebû Nasr et-Temmâr anlatmıştır:

Bir adam Bişr bin el-Hâris'e Allah'a ısmarladık demeye geldi ve: "Hacca niyet ettim; bana bir emriniz var mı?" diye sordu. Bişr:

— Ne kadar para hazırladın? deyince, Adam:

— İki bin dirhem dedi. Bişr:

— Hacca gitmekteki gayen nedir? Zâhidlik mi? Kâ'be'ye olan iştiyak mı? Allah'ın rızasını kazanma isteği mi? diye sorunca adam:

---

81 Kimyâ-yı Saâdet, sh: 586-588. Özet.

— Allah'ın rızasını kazanma isteği, diye cevap verdi. Bunun üzerine Bişr:

— Evinde otururken iki bin dirhemi harcayıp kesinlikle Allah'ın rızasını kazanacağın birşeyi sana söylesem yapar mısın? dedi. Adam da:

— Evet, yaparım, deyince, Bişr:

— Sen, git o paraları şu kimselere ver. Borcunu ödemesi için borçluya, ihtiyaçlarını gidermesi için bir fakire, nüfusu kalabalık dar gelirli birisine ve yetimi sevindirecek yetim hâmîsine. Paranın hepsini bunlardan bir tanesine vermeye gönlün razı olursa ver. Zira bir müslümanın gönlüne sevinç sokmak, darda kalanın imdadına koşmak, sıkıntıları gidermek ve çaresize yardım etmek; farz haccın dışında yüz kere nafile hacc yapmaktan daha üstündür. Kalk, emrettiğimiz şekilde parayı harca! Yoksa gönlünden geçenleri bize söyle! dedi.

Bunun üzerine adam:

— Ey Ebâ Nasr! Yola gitme arzusu kalbimde daha kuvvetli, dedi.

Bişr gülümsedi ve adama şöyle söyledi:

"Servet ticaretin kirlerinden ve şüpheli yollardan kazanıldığı vakit nefis o mala arzularını yerine getirmek ister de salih ameller gösterisinde bulunur. Halbuki Allah yalnız müttakilerin amellerini kabul edeceğine dair nefsine yemin etmiştir."

Aldanmaktan Kurtaran Üç şey

Akıl, ilim ve marifet, gaflet ve aldanmaktan kurtuluşun anahtarlarıdır.

Akla gelince; onunla tabii yaradılışı, insanın, eşyanın hakikatini idrak ettiği aslî nûru kastediyoruz. Çünkü bütün saâdetlerin temeli akıl ve üstün anlayıştır.

Ma'rifet ise; kişinin nefsini, Rabbini, dünya ve âhiretini bilmesidir.

İlim derken; kişiyi Allah'a yaklaştıran ve onu Allah'tan uzaklaştıran hususları bilmeyi kastediyoruz. Bu sayede ibâdetleri ve ibâdetlerin şartlarını öğrenir, onlara riâyet eder; âfetlerini öğrenir, onlardan korunur. Maişetin sırlarını, hayatını sürdürmek için mecburiyet duyduğu hususları öğrenir. İslâm ölçüsüyle onlardan istifâde eder. İhtiyaç duymadığı şeylerden kaçınır. Kötü huyları ve bunların tedavi çarelerini öğrenir. İnsanları kurtuluşa erdiren güzel vasıfları beller.

Bunların hepsini tatbik ettiği vakit, işâret ettiğimiz gururların çeşitlerinden kaçınması mümkün olur. (82)

Konuşurken Zorlanmak

Müslüman, çok özenli şeyleri söyleyecek intibaı uyandırırcasına karşısındakiyle konuşmasında fazla ağırdan almamalı ve gösteriş için kendini konuşmaya zorlamamalıdır. Bu, kişinin insanların gözünden düşmesine sebep olur. Zira Resûlullah (s.a.v.) Efendimiz bir hadislerinde:

"*Ben ve ümmetimin müttakileri tekellüften uzağız.*" buyurmuştur.

Resûlullah (s.a.v.) Efendimiz diğer bir hadîs-i şeriflerinde şöyle buyurmuştur:

"*Mutenattilar* (konuşmasında ve diğer hususlarda mübalağa edenler) *helâk olmuştur.*"

Sad bin Ebî Vakkas'ın oğlu Amr, babasına geldi ve bir ihtiyacını istemek için konuşma yaptı. Sad kendisine dedi ki:

— Ben hiçbir zaman senin ihtiyacını karşılamak isteğinden bugün uzak olduğum gibi uzak olmadım.

Resûlullah (s.a.v.) Efendimiz şöyle buyururlarken işittim:

"*Halkın üzerine öyle bir zaman gelecektir ki, sığırlar lisanlarıyla otu geveledikleri gibi, insanlar da konuşmayı o şekilde geveleyeceklerdir.*"

---

82 İhyâ-i Ulum-id-Din, cilt 8, sh: 185-196. Özet.

Sa'd (r.a.) oğlu Amr'ın başlangıç olarak zoraki ve yapmacık olarak süslendirilmiş konuşmasını hoş karşılamamıştır.

"Belki her şeyde maksadı ifade etmekle yetinmek uygundur. Konuşmanın maksadı, gayeyi, muhataba anlatmaktır. Onun ötesinde kalan yapmacık hareket olup kötülenmiştir."

"İnsanı buna sevkeden âmil; riyâ, fesâhat izhâr etmek arzusu, arkadaşlarının arasında belagát ve fesahatıyla mümtaz olduğunu iddia ve ispat etmek sevdasından başka birşey değildir."

"Hitabetin lâfızlarını güzelleştirmek, bu mezmun kısma dahil olmaz. İfrata kaçmaksızın ve garip kelimeleri kullanmaksızın va'z-u nasîhat etme de bu kısma dahil değildir. Çünkü hitabet ve vaazdan gaye; kalpleri tahrik, teşvik edip kişiyi canlı tutma ve böylece ulvi hakîkatları öğretmedir. Lâfzın zarif oluşunun burada büyük bir tesiri vardır." (83)

Şikâyet ve Sızlanmak

Bu, mihnet ve belalara tahammül edememek, başa gelen musîbetlere karşı sabredememek, söz ve davranışlarla bunu izhar edip sızlanmaktır.

Resûlullah (s.a.v.) Efendimiz buyurmuştur ki:

"Kim malına veya canına dokunan musîbeti, sabredip gizlerse, hiç kimseye şikâyette bulunmazsa onu mağfiret etmek Allah'ın kanunu ve merhametinin genişliği icâbıdır." (84)

Müslüman Kardeşinin Başına Gelen Kötülüğe Sevinmek

Allah Resûlü müslümanları "binanın, biri diğerine kuvvet veren yapı taşlarına", "vücudun biri elem duyduğunda diğerinden acı

83 İhyâ-i Ulum-id-Din, cilt 8, sh: 185-196-Özet.
84 Tarikat-ı Muhammediye, sh: 262.

çektiği azalarına" benzetmiştir. Bu sebeple bir müslümanın kötülüğüne sevinmek, aşağılık bir duygudur.

Resûlullah (s.a.v.) Efendimiz bir hadislerinde:

"Kardeşinin başına gelen kötülüğe sevinme. Allah ona acır da seni (o kötülüğe) *mübtela eder."* buyurmuştur. [85]

Yapılan İyiliği Başa Kakmak

Allahû Teâlâ'nın buyruğu açıktır:

Başa kakmak ve eza müslümanın sadaka sevabını götürür.

"Ey insanlar, sadakalarınızı başa kakmak ve eza ile boşa çıkarmayınız." (Bakara sûresi; âyet: 264)

İslâm dininde alan da veren de iki eşit insandır. Aralarında ancak takva ve salih amel bakımından fark vardır. Yapılan iyilik her zaman mal ve madde cinsinden olmayabilir. Müslümana yakışan iyiliğin hangi çeşidi olursa olsun Allah rızası ve müslüman cemiyetin maslahatı için yapılmasıdır.

Nifak

Nifak; dışın içe, sözün fiile uymamasıdır.

Resûlullah (s.a.v.) Efendimiz şöyle buyurmuştur:

"Üç haslet vardır ki bunlar bir insanda olursa o oruç tutsa, namaz kılsa ve ben müslümanım dese bile bunları terk edinceye kadar münâfıktır.

1- Konuştuğu zaman yalan söylerse,

2- Söz verdiği zaman sözüne muhâlefet ederse,

3- Emin sayıldığı zaman hâinlik yaparsa "Emânete hıyânet ederse."

---

85 Müslüman Şahsiyeti, sh: 241.

Abdullah İbn-i Ömer (r.a.) Haccac-ı Zâlim'in aleyhinde atıp tutan bir kimseye rastlamış ve sormuş:

— Eğer Haccac burada olsaydı, senin bu konuşmalarını dinleseydi, acaba aleyhinde konuşabilir miydin?

Kişi:

— Hayır, konuşmazdım, demiş.

Bunun üzerine İbni Ömer:

— İşte biz böyle hareket etmeyi Resûlullah'ın devri saâdetinde nifak sayardık.

Ebû Süleyman Dârâni anlatmıştır:

"Bir Emirin yanlış bir sözünü duydum ve onu düzeltmek istedim. Ancak buna karşı öldürülebileceğimi de biliyordum. Ölümden korkmadım ancak idam, emir huzurunda olacaktı. O zaman bana bir gurur gelecek ve "İşte ben hakkı müdâfa uğrunda öldürülüyorum." diye vehme kapılacak ve son nefesde ihlâsa riâyet edemeyeceğim korkusundan bu işten vazgeçtim."

Nifak iki kısma ayrılır:

1- Nifak, i'tikad husûsunda olursa, Allah korusun, küfürdür.

2- İnsanlar ile muamelede olursa, çirkin, aşağı olup büyük günahtır.

"Amelî nifak, sahibini bir müddet için ateşe götürür. Veya onun İlliyyindeki derecesini eksiltir ve sıddîklar rütbesinden düşürür. İşte mü'minlerde bulunmasından şüphe edilen nifak bu ikinci kısma dahildir." (86)

Övmek

İslâm'da medhin bazı çeşitleri yasaklanmıştır. Medihte altı âfet vardır. Dördü medhedene, ikisi medhi yapılanadır.

86 İhya, c. 7, sh: 566-573 Özet.

Medih edenin âfetleri:

Birincisi: Olduğundan fazla söyleyip yalancılık yapar.

İkincisi: Bazan medhediciye riyâ girer. Çünkü meddah, medihle sevgiyi izhar eder. Halbuki kalbinde sevgi yoktur ve bütün söylediklerine inanmamaktadır. Hem riyâkar hem münafık olur.

Üçüncüsü: Aslını bilmediği şeyler söyler. Meselâ siz zahidsiniz, müttekisiniz, gibi sözler. Bu gibi hallerin ifadesinde "öyle zannediyorum" demelidir. Kesin konuşmak uygun değildir. Ancak gizli bir denemeden sonra konuşabiliriz. Hz. Ömer (r.a.) bir kişiyi öven birisini dinledi ve sordu:

— "Sen onunla sefere çıktın mı?"

Öven: "Hayır" dedi.

Hz. Ömer (r.a.): "Sen onunla muamele ve alışverişte bulundun mu?" diye sorunca da.

Öven: "Hayır" diye cevap verdi.

Ömer (r.a.) sorusuna devam etti:

— "Sen onun komşusu musun? Sabah ve akşamını biliyor musun?"

Öven: Yine hayır, diye cevap verince:

Hz. Ömer (r.a.):

— "Allah'a yemin ederim ki, seni o adamı tanımış olarak görmüyorum" dedi.

Dördüncüsü: Övülen adam zâlim veya fâsık olduğu halde bâzan övülür.

Resûlullah (s.a.v.) Efendimiz bir hadislerinde şöyle buyurmuştur:

"Fâsık bir kimse övüldüğü zaman, Allahû Teâlâ öfkelenir." (87)

Övülene gelince: Övgü kendisine iki yönden zarar verebilir.

---

87 İhyâ-i Ulum-id-Din, cilt, 6, sh: 564.

Birincisi: Övgü onda kibir ve gurur meydana getirebilir. Kibir ve gurur ise helâk edicidirler.

İkincisi: Övülen hayırla övüldüğü zaman, bu medhu senadan sevinir, hayır yönünden gevşer ve nefsinden razı olur. Halbuki nefsinden râzı olan bir kimsenin ciddiyetle çalışması azalır.

Medhin cevâzı için beş şart vardır:

1- Medih kendi nefsi için olmamalı. Çünkü kişinin kendi nefsini tezkiye etmesi câiz değildir. Cenâb-ı Allah buyuruyor ki: *"Siz kendinizi temize çıkarmayın, o takvâ üzere olanı daha iyi bilir."* (En-Necm sûresi, âyet: 32)

Evlâdını, babasını, talebe ve eserlerini ve bunlara benzer şeyleri methetmek de -kendi nefsine taallûk eden hususlardan olduğu için- kendini övme hükmündedir. Ancak kendini övmekle, Allahû Teâlâ'nın ona verdiği nimeti anlatmak istiyorsa veya ilim ve amelle süslü olan halini kendisinden öğrenip alsınlar ve kendisini örnek edinsinler diye veya hakkını ödesinler, zulmü ondan defetsinler veya bunlara benzer şeyler gerçekleşsin diye bu yolu seçiyorsa, o zaman bir beis yoktur. Çünkü böyle yapmakta nefsi tezkiye ve büyüklemek mevzû bahis değildir.

2- Yalan, riyâ ve gerçekleşmeyen söze varacak ifrattan sakınılmalı yani övgüde aşırı gidilmemelidir. Takvâ, iffet ve zühd gibi ittilâfına yol olmayan halleri medhetmekte çok ihtiyatle kelime sarfedilmeli, bu gibi hususlarda kesin ifade kullanılmamalı, ancak "öyle zannediyorum, olabilir" denilmelidir.

3- Medhedilen kimse fâsık olmamalıdır.

4- Medhin övülen kimsede kibir, kendini beğenmişlik ve gurur ihdas etmeyeceğinden emin olunmalıdır.

5- Övgü haram bir maksad veya fesada müncer olacak bir gaye için olmamalı, yabancılar arasında şehveti harekete getirmek; onları zinaya teşvik etmek veya meclise bir hoş hava getirmek için belli bir genç kadın ve oğlanın güzelliğini övmek gibi. Hanımın kocasına yabancı bir kadının güzelliğinden bahsetmesi de bu kabildendir.

Haram bir mal elde etmek veya halka zulmetmek ve benzeri tasallutlarda bulunmak için emirleri, kadıları övmek de böyledir. Mutlaka medih yapılacaksa medih, medhedilenin hâline uygun ve doğru olmalıdır. Aşırıya kaçmamalıdır.

"Eğer medih, medheden ile medhi yapılan hakkında bu âfetlerden selim kalırsa, o vakit medihte herhangi bir beis yoktur. Belki bu takdirde medih etmek iyi dahi olur."

Resûlullah (s.a.v.) Efendimiz, Ashâb-ı Kirâm'ını överek şöyle buyurmuştur:

"Eğer Ebu Bekir Sıddîk (r.a.)*'ın imanı -peygamberler hariç- bütün âlemin imanıyle tartılsa muhakkak ağır basardı."*

Hz. Ömer (r.a.) hakkında da:

"Eğer ben Peygamber olarak gönderilmeseydim, ya Ömer muhakkak sen Peygamber olarak gönderilirdin."

Resûlullah (s.a.v.) Efendimiz diğer bir hadislerinde:

"Ben âdemoğullarının efendisiyim. Ve bu sözde övünme yoktur. Ben bu sözü söylemekle, halkın kendi nefsini övdüğü gibi bir övmeyi kastetmiyorum demek istiyorum" buyurmuştur. [88]

Bunun hikmeti şudur: "Çünkü Resûlullah, Allah ve Allah'a yakınlığıyle övünüyordu. Âdem (a.s.)'ın evladı olmakla ve onların önderi bulunmakla değil."

"Bir kimse, mürşîd, üstâd ve rehber ise, diğerlerinin de yükselmesi için kendi hâlini anlatırsa câizdir."

Övülen kimse ne yapmalı

Övülen bir kimseye, kibir ve ucûbun âfetinden sakınmak, övgüden dolayı ibadetlerde gevşeklik göstermekten şiddetle kaçınmak vazifesi düşer. Övülen, kendi nefsini iyi tanıdığı takdirde tehlikeyi savabilir. Sonucun tehlikesini düşündüğünde, riyânın inceliklerini, amellerin âfetlerini bildiğinde, gereğince davranıp kendini korur.

88 Tarikat, Muhammediyye, sh: 405-407. Özet.

Çünkü övülen zât, nefsi hakkında övenin bilmediklerini bilir. Eğer övene, övülenin bütün sırları belirseydi, onun kalbinden geçenler görünseydi, mutlak öven, onu övmekten çekinecekti."

Üyeyne'nin oğlu Süfyan (r.a.) buyurdu ki:

"Övülen bir kimse, nefsini bildiği takdirde, övgü kendisine zarar vermez."

Hz. Ali (r.a.), övüldüğü zaman şöyle buyurdu:

"Ya Rabbi, benim için söylenenlerden dolayı beni mes'ul tutma. Onların bilmediği taraflarımı da affeyle ve beni onların zannettiklerinden daha iyi eyle." (89)

Riyâ

"Riyâ; "rü'yet" kökünden gelmektedir. Allahû Teâlâ'ya yapılan ibadet ve tâatlarda riyâ yapmak büyük günah olup şirke yani Allah'a ortak koşmaya yakındır. Zahidlerin kalbinde, bir ibadet yaptıkları zaman insanların bunu bilmesini ve onları zahid tanımasını istemekten büyük hastalık yoktur. İbadetten maksad insanlar olunca, bu ibadet olmayıp insanlara tapmak olur. Allahû Teâlâ'ya taparken bunu da istiyorsa, şirk olup kendi ibadetinde bir başkasını Allahû Teâlâ'ya ortak etmiş olur".

Cenâb-ı Hak (c.c.) Kur'ân-ı Kerim'inde:

"Onun için her kim ki Rabbine kavuşmayı arzu ederse, salih amel işlesin ve Rabbine yaptığı ibadete hiç kimseyi ortak etmesin." buyuruyor. (El Kehf sûresi, âyet: 110)

Ebû Hureyre (r.a.) diyor ki: Resûlullah (s.a.v.) şöyle buyururken işittim:

"Kıyâmet günü hakkında hükmolunacak ilk insan şehid olmuş biridir. Allahû Teâlâ ona (dünyada) *vermiş olduğu nimeti hatırlatır, kul da* (ni'meti) *hatırlar. Bunun üzerine Allah:* (Bu nimete karşılık) *Dünyada ne yaptın? diye sorar, O:*

---

89 İhyâ-i Ulum-id-Din, cilt 6, sh: 569.

— Şehid oluncaya kadar senin rızan için savaştım der. Allah:

— *Yalan söyledin,* (benim için değil) *fakat cesur desinler diye savaştın ve dediler de. Sonra emrolunur, onu yüzüstü* (sürüyerek) *çekerler ve ateşe atarlar.*

Daha sonra ilim öğrenmiş ve öğretmiş, Kur'ân okumuş bir adam getirilir. Allah ona dünyadaki nimetlerini hatırlatır, kul da (o nimetleri) hatırlar. Allah O'na:

— *Dünyada nimetler karşılığında benim rızâm için ne yaptın diye sorar. O da şöyle cevap verir:*

— İlim tahsil ettim, başkalarına da öğrettim ve senin rızan için Kur'ân okudum, Allah (c.c.) bunun üzerine:

— *Yalan söyledin, sen sana âlim denilmesi için ilim tahsil ettin. Şu adam güzel Kur'ân okuyor denilmesi için Kur'ân okudun. Öyle denildi, buyurur. Sonra emredilir, bu kişi yüzüstü sürüklenerek ateşe atılır."*

— Bir adamı da Allah, çeşitli mallar vermek suretiyle zengin yapmıştır. Bu adam da getirilir. Allah ona dünyada verdiği nimetleri bildirir, o da bunları hatırlar. Allah ona:

— *Bu nimetler karşılığında dünyada ne yaptın?* diye sorar. Adam da:

— Senin rızan için harcanmasını istediğim yerlerin hepsine malımı harcayıp infakta bulundum der. Allah:

— *Yalan söyledin. Sen şu adam cömert desinler, diye malını harcadın. Böyle de denildi. Sonra emredilir, bu da yüzüstü sürüklenerek ateşe atılır.*

Kahramanlık, ilim ve cömertlik, riyânın sıkça rastlandığı durumlardır. Lâkin buradan her kahraman, âlim ve cömertte riyâ olur fikri hatıra getirilmemelidir. Hadisde riyâ için yapanlar örnek gösterilmiştir.

Dininin emirlerinin inceliklerini anlamış bir müslüman amellerinde riyâdan uzak durur.

Ebu-Ümame el Bahili, camide, secde halinde ağlayan bir zât gördü ve şöyle dedi:

— Acaba camide yaptığın bu işi, evinde de yapıyor musun?

Hz. Ali (r.a.) riyâkârın alâmetlerinden bahsederek şöyle demiştir:

Riyâkârın üç alâmeti vardır:

1- Tek olduğunda tembelleşir,
2- Halk arasında olduğunda pek faal olur,
3- Övüldüğünde fazla ibadet eder. Zemmi yapıldığı zaman ibadeti azaltır!

"Riyânın temeli, halka hayırla hasletleri göstermek sûretiyle kalplerinde konak kurmak emelidir. Kalbde kurulan mertebe, bazan ibadet olmayan fiillerle, bazan da ibadetlerle istenilir. Riyâ şöyle tarif edilebilir:

Allah'ın ibadetiyle kulları kasdetmek (ve avlamak)tır."

Kendisiyle Riyâ Yapılan Şeyler Pek Çoktur. Bunları Beş Kısımda Toplayabiliriz.

1- Dinde beden ile yapılan riyâ:

Halsizlik ve sararıp solma gibi hallerini göstererek fazla ibadet ettiğini, dînî husûsda büyük üzüntü çektiğini ve âhiret korkusunun çok olduğunu vehmettirmek ister.

Devamlı oruç tuttuğunu veya dînî bir vakara sahip bulunduğunu veya açlıktan bîtâb düştüğünü göstermek için konuşurken sesini alçaltması ve gözlerini yumması da riyâ belirtileridir.

2- Kılık kıyâfetle yapılan riyâ:

İnsanların zahid sanmaları için, kötü, şekilsiz ve yırtık elbise giyer.

3- Konuşma ile riyâ:

Meselâ; daima dudağını kımıldatıp hep zikir ettiğini bildirmek, öyle görünmek ister. Evet, zikrediyor olabilir. Fakat kalb ile zikrederse ve dudağı oynamazsa yapamaz. Bunun için zikrettiğini göstermemekten korkar.

İnsanlara emr-i mârûf ve nehy-i münker yaptığı şeylere, yalnızken riâyet etmez. Ya da daima başını eğik tutup ve sallayıp vecd halinde bulunduğunu göstermek ister. Ya da soğuk soğuk ah çeker, ya da müslümanların müslümanlığı bilmemeleri sebebi ile daima üzüntülü görünür...

4- Taâtta riyâ:

Uzaktan gelmekte olan birisini görünce, namaza daha çok dikkat eder, başını önüne eğer, rükû ve secdelerde daha çok eğlenir, etrafına bakmaz. İnsanların yanında sadaka verir ve bunun gibi işler yapar.

5- Arkadaş ve ziyaretçilerle yapılan riyâ:

"Şu âlim onu ziyaret etti." desinler diye bir âlimin ziyaretini, "dindar kimseler kendisi ile bereketleniyorlar." denilmesi için bir âbidin ziyaretini; mânevi makamı olduğu söylenmesi için devlet adamlarının ziyaretini te'min etmek için uğraşan kimsenin hali de riyâkârlıktır."

Riyânın Hükmü

"Riyâ, "ibadet" ya da "ibadet dışı davranışlarla" olur. İbadete girmeyen davranışlarla yapılan riyâ bazen mübah olur. İnsanların nazarında horlanmamak, yerilme eleminden korunmak ve arkadaşlarla rahat ünsiyet için saçları, taramak ve güzel elbise giymek gibi...

Riyâ bazan tâat sevabına vesile olur. Mürşid ve önder durumunda olan kimselerin, güzel giyinmesi vb. tutumları insanları kendisene doğru çeker ve insanların gönülleri onlara ısınır. İbadet dışı riyâ bazan da mezmûm olur. Riyânın kişiyi câiz olmayan şeylere sürüklemesi veya haram olan hususlara götürmesinde olduğu gibi.

Hulâsa; ibadet dışı yollarla yapılan riyânın hükmü o riyâ ile güdülen gayeye bağlıdır.

Sadaka, namaz, oruç, harb ve hac gibi ibadetlerle yapılan riyâya gelince... Bu ibadetlerle riyâ yapan mürâi, ibadetini hükümsüz bıraktığı gibi asi ve günahkâr da olur.

Burada iki mânâ vardır:

Birincisi: İbadetle ilgilidir. Bu, aldatmaca ve hiledir. Çünkü o kendisini ihlaslı, Allah'a itâat eden, dindar biri olarak tanıtmaktadır. Halbuki hiç de öyle değildir.

İkincisi: Allah ile alâkalıdır. Kişi Allah'ın ibadetiyle Allah'ın yarattıklarının gözlerine girmeyi gaye edindiği vakit -hadis-i şerifte vârid olduğu gibi- Allah ile istihza ediyor demektir. Riyâda başka bir mahzur olmasa bile, Allah'tan başkası için gösteriş maksadıyla secde edilmesi, rükû yapılması yeterdi. Çünkü mürâî bu haretekiyle Allah'a yaklaşmayı kastetmemiş ise başkasına yaklaşmayı gönlünden geçirmiştir. İşte bunun için riyâ gizli şirktir.

Riyânın Dereceleri

Riyâ yapılan şey tâattır. Bu da üç derecedir:

Birinci derece: İmanın aslında riyâ olur. Bu ise münafıkların imanıdır. Onun kıyâmette hali, kâfirden daha zordur. Çünkü o da kalbden kâfirdir. Görünüşte ise bunu örtmektedir.

İkinci derece: İbadetlerin aslında olan riyâdır. İnsanların yanında abdestsiz namaz kılmak veya oruç tutmak ve fakat yalnızken bunları yapmamakta büyük riyâdır. Fakat imanın aslındaki riyâ gibi değildir. Velhâsıl, Allahû Teâlâ'ya yakın olmaktan ziyade kullara yakın olmak isteyenin imanı çok zayıftır. Kâfir değilse de, ölüm vaktinde, tevbesiz giderse, küfürden korkulur.

Üçüncü derece: İmanın ve farzların aslında olmayıp sünnette olan riyâdır. Ayıplanmaması veya övülmesi için, gece namazı kılar, sadaka verir, cemaata gider, arafe ve aşûre günü, Pazartesi ve Perşembe günleri oruç tutar.

Riyânın Yapılış Sebebleri

Riyâkâr, ancak mal, mevki ve herhangi bir maksada ulaşmak için riyâkârlık yapar.

— Riyâdan maksadı bir makam sahibi olup ondan fısk ve günaha geçmektir. Emin, muttaki ve şüphelilerden kaçınan biri olarak görünerek kendisine güvenilmesini, temine çalışıp ona hıyanet etmeyi murad eder.

— Maksadı mübah bir husus da olabilir, vâizlik elde etmek gibi. Bunun için kendini zâhid gösterip kendisine birşey vermeleri yahut bir kadının onunla evlenmesini temin gibi maksatlar güder.

— Kimseden birşey istemez, fakat zâhid ve salihlere bakılan hürmet nazarı ile kendisine de bakılmasını umar.

Meselâ; Arafe ve aşûre günleri oruç tutmadığı halde, susayınca su içmez ve oruçlu imiş gibi görünür.

Bazan da sabredemeyip su içer "ama gece rahatsızdım, onun için bugün oruç tutamadım", yahut "filân kimse orucumu açtırdı", diye bir özür beyan eder.

Riyânın Çeşitleri

Riyâ "açık" ve "gizli" olmak üzere iki kısımdır.

Açık olan riyâ, kişiyi amele sevkeden riyâdır. Bunun da daha açığı, sevab bekleyerek amelle gösteriş yapmaktır.

Bundan biraz gizli olanı, başlı başına amele sevketmeyen riyâdır. Meselâ; Allah rızâsı için her gece teheccüd namazına kalkmayı i'tiyad edinmiş birinin, namazı ağırlanarak kıldığı halde; yanında başkası bulunduğunda aynı namazı hevesle kılması gibi...

Bundan daha gizli olanı şudur. Başkasının onu görmesi amel yapmasına yapmakta olduğu ameline daha itina göstermesine tesir etmez. Fakat amelinin bilinmesini ister.

İhlas ile amel edip riyâyı reddeden niceleri vardır ki, amellerinin duyulmasına sevinirler ve amelleri duyulduğu için de ibadetlerine daha sıkı sarılırlar.

İşte bu sevinçde daha gizli riyâya delâlet eder.

Kalbin insanlara karşı bir meyli olmasa idi, insanların onun ibadetini duyması onun neşesini artırmazdı.

Bundan daha gizli olan riyâ: Amelini duyurmak istemediği gibi, tâatının çevrede işitilmesiyle de sevinmez. Bununla beraber, insanları gördüğünde onların güler yüz ve saygıyla kendisini karşılamalarını, övmelerini, ihtiyaçlarını gidermeye koşmalarını, alışverişte müsamaha göstermelerini, meclislerde, kendisine yer vermelerini arzular.

Şayet hakkında birisi bir kusur işler ise bu kendisine ağır gelir, o kişiden hoşlanmaz olur.

Halk ile ilgili olan herşeyde, ibadetinin varlığı ile yokluğu eşit olmadıkça karıncanın ayak sesinden daha gizli olan riyânın şaibelerinden kurtulamaz.

Bütün bunlar yapılan ibadetlerin sevablarını yok ederler. Bu çok gizli olan riyâdan ancak sıddîklar selâmet bulur.

İbadetini Başkasının Bilmesine Sevinmek Ne Zaman Câizdir?

"İbadetini başkalarının bilmesine sevinen, riyâdan kurtulamaz. Ancak şu hususlar bundan hariçtir.

1- Kendisi ibadeti gizlemeye niyet eder ve gizler. Allahû Teâlâ (c.c.) o kimse istemeksizin izhar eder. İşlediği kusur ve günahları ise Allahû Teâlâ açığa vurmaz. Bundan Allahû Teâlâ'nın lütûf ve ihsanının kendisiyle olduğunu anlar. Çünkü kötülüklerini gözlemekte, iyiliklerini göstermektedir. Allahû Teâlâ'nın lütûf ve ihsanına sevinmekte olup insanların övmesine ve teveccühüne sevinmez. Nitekim Allahû Teâlâ Kur'ân-ı Kerim'inde:

"De ki; "Ancak Allah'ın fazl (u keremi) *ile, rahmetiyle, işte yalnız bunlarla sevinsinler. Bu, onların toplayıp durdukları* (bütün dünyalıklar)*dan hayırlıdır."* buyurmuştur. (Yunus sûresi, âyet: 58)

2- Müslüman yukarıdaki duruma sevinir ve: "Benim, kötü işlerimi dünyada açığa vurmaması, âhirette de gizleyeceğini gösterir. Çünkü Allahû Teâlâ bu dünyada bir kulunun günahını örtüp öbür dünyada onu rezil etmez." der.

3- Kendisini gördükleri zaman, kendisi gibi ibadet yapıp saâdet-i ebediyyeye kavuşacaklarına ve kendisi de bu yolda sevap elde edeceğine sevinir. Çünkü ibadetini gizlemek istemiş ve istediğinden de alenî sevaba kavuşmuştur.

4- Kendi ibadetini görüp de kendisini methedenin kendisine inanmasına ve bu medh ve inanma ile Allahû Teâlâ'nın emir ve yasaklarına uyduğuna sevinir. Allahû Teâlâ'ya itâata sevinip o kimse yanındaki mertebesine sevinmez. Bunun da alâmeti, başkalarının tâatını duyunca, kendi yapmış gibi sevinmesidir."

Kişiyi riaya sevkeden maddeler

Riyânın kökü mevki ve mansıb sevgisidir. Riyânın ayrıntılarına girildiğinde, şu üç esasta toplandığı görülür.

1- Övülmeyi sevmek.

2- Yerilmenin eleminden kaçmak.

3- Halkın ellerindekine göz dikmektir. (90)

Hâlis Niyyete Binâen Yapılan İbadet ve Taatları Açıklamaya Verilen Ruhsat:

Amelleri gizlemekte ihlas faydası ve riyâdan kurtuluş vardır. İbadetleri izhar etmekte ise, örnek olmak ve insanları hayra teşvik etme yararları bulunmaktadır. Ancak bu ikinci şıkta riyâ âfetleri de vardır.

Ameli izhar iki şekilde olur:

Birinci kısım: Ameli aşikâr yapmak.

90 Gazâliden Vaazlar, sh: 510-511.

Meselâ, insanları sadaka vermeye teşvik için halkın huzurunda sadaka vermek.

Rivâyete göre, ensardan biri elinde dolu para kesesi olduğu halde sadaka vermek üzere gelince, ashab da ona bakarak tasaddukta bulundular. Bunun üzerine Resûlullah (s.a.v.) şöyle buyurdular:

"Kim güzel âdet ihdâs edip onunla amel eder ise, ona amelinin mükâfatı ve ona bakarak o iyiliği yapanların ecri gibi bir ecir verilir."

Namaz, oruç, hac, cihâd ve başka amellerde de hüküm böyledir.

Örnek alınılmayacak yerlerde gizlilik aleniyetten daha üstündür. Ama başkalarına örnek olmanın bahis mevzûu olduğu yerlerde âşikârelik gizlilikten efdaldır.

Allahû Teâlâ'nın Peygamberlere örnek alınmaları için âşikâre ibadet yapmakla emretmesi buna delâlet etmektedir.

Riyâ Korkusuyla İbadet ve Tâatı Terketmek

"İnsanlardan bazıları 'riyâkâr olurum' korkusuyla ameli terketmektedirler. Bu düşünce yanlıştır ve şeytanın isteklerine uymaktır. Bu, kişiyi tembelliğe ve hayrı terketmeye götürür."

"Namaz, oruç, hac vb. Allahû Teâlâ ile ilgili farzlar riyâ korkusuyla asla terk edilmez. Farz da, sünnet de bırakılmaz. Fakat ibadete başlarken, yahut ibadet arasında riyâ düşüncesi akla gelirse, gidermek için uğraşmalıdır. İbadete niyeti yenilemeli ve ibadeti insanların görmesi sebebiyle arttırmamalı ve eksiltmemelidir. [91]

Çözülmesi, Anlaşılması Zor Olan Konular Hakkında Araştırmak

Muaz Bin Cebel (r.a.): "Örtülü ve ince şeylerden bu şey nedir, nasıldır deyip derinliklere dalmayın, bundan sakınınız." buyurmuştur. Mücahid'e, Muaz bin Cebel'in bu haberi geldiğimde, Mücahid,

91 İhyâ-i Ulum-id-Din, cilt 7, sh: 433-509. Özet.

"Biz bu ana kadar, bu şey ne şeydir diye meşgul olurduk, fakat meşgul olmaktan vazgeçtik." demiştir.

Abdullah bin Mes'ud (r.a.): "Sünnet-i seniyyeye uyun, bid'at sahibi olmayın, bu size yeter." buyurmuştur. (92)

Cenâb-ı Hak buyuruyor:

"Zaten size az bir ilimden başkası verilmemiştir." (İsra sûresi, âyet: 85)

Bir insan bu dini, Allah Resulünün bildirdiğinden daha iyi anlayamaz. Bu hususta gelen rivâyetlerle iktifa etmek en doğru olandır. Bir takım kavimlerin fakihlerinin ince ve karışık meseleleri ele alacağı ve onların ümmetin şerlileri olacağı bildirilmiştir. (93)

Tabirde ve Sözün İnceliklerinde Hata Yapmak

Resûlullah bir hadislerinde şöyle buyurmuşlardır:

"Biriniz "Allah'ın dilediği ve benim dilediğim" demesin. Lakin, "Allah'ın dilediği, sonra benim dilediğim" desin." (94)

Zira "ve" kelimesi ile yapılan bağlamada ortaklık ve eşitlik mânâsı vardır, bu ise Allah'ı tazim emrine aykırıdır.

İbrahim en-Nehai bir kişinin: Allah'a ve sana sığınırım, "Allah ve falanca olmasaydı..." demesini hoş karşılamazdı, denilmektedir. Ancak "Allah'a sonra da sana sığınırım", "Allah, sonra da falanca olmasaydı" demek mahzurlu değildir.

İbni Abbas (r.a.) da şöyle demiştir:

"Sizden birisi "köpek olmasaydı soyulmuştuk" der de haşa Allah'a ortak edinir ve köpeği sebebiyle şirke düşer."

Bu sözden kasıt; onu mutlak sebep olarak görme noktasında olsa gerektir. Yoksa Allah herşey için bir sebep yaratmıştır. Sebebi fâil gibi görmemek gerekir.

---

92 Günyet-üt Talibin, sh: 123.
93 Ramuz-el Ehadis, 2-302.
94 İhyâ-ı Ulum-id Din, cilt 6, sh: 569.

Câmiüssağîr'de; "Duada, "peygamber hakkı için" demek mekruhtur. Bunun için hiçbir mahlûkat ile bu şekilde dua etmek de doğru değildir." denilmiştir. Zira mahlûkun Hâlık (yaratıcı) üzerinde hiçbir hakkı yoktur. Ancak; "şu kişinin hürmetine" demek câizdir.

Dünyevi Mal ve Menfaat Dilenmek

Resûlullah (s.a.v.) Efendimiz şöyle buyurdular:

"Muhtaç olmadığı halde dilenen kimse, bununla ancak cehennemin kızgın taşlarını çoğaltmayı dilemiştir." (95)

Ashâb-ı Kirâm: "Muhtaç olmadığı halde"nin ölçüsü nedir? diye sorduklarında Resûlullah (s.a.v.) Efendimiz: *"Bir gecenin yiyeceğidir."* buyurmuşlardır.

Diğer bir hadis-i şeriflerinde Resûlullah (s.a.v.) Efendimiz şöyle buyurmuştur. *"Hakîkat, sadaka ne zengine helâldır, ne de güçlü kuvvetli ve sıhhatli sağlam kimseye..."* (96)

Sadaka ancak fakir ağır borç altında kıvranan veya üzücü bir diyet ödemek zorunluğunda kalan kimseye verilir. Malını çoğaltmak için dilenen kimsenin dilendiği şey kıyâmet günü onun yüzünü yaralayacak birer sıcak taş olacaktır.(97) Resûlullah (s.a.v.) Efendimiz: *"Kimseden birşey istememeyi teahhüd edene, ben cenneti teahhüd ederim."* buyurmuştur. (98)

Resûlullah (s.a.v.) Ebû Bekir, Ebû Zer ve Sevbân'a (Allah hepsinden razı olsun) şöyle dediler: *"Hiç kimseden birşey istemeyin, elinizdeki sopanız yere düşse dahi kendiniz eğilip alın."*

Nitekim Ebû Bekir (r.a.) ile Sevbân (r.a.)'ın sopaları yere düşünce eğilip kendileri alırlardı halk arasında böyle yapmayı asla kendilerine ayıpsamazlardı. Yanlarında yürüyen kimselere: "Şunu alıp bize uzatın." demezlerdi.

---

95 Tarikat-ı Muhammediye, sh: 346.
96 Tarikat-ı Muhammediye, sh: 346.
97 Tarikat-ı Muhammediye, sh: 346.
98 Ramuz-el-Ehadis, 2-447.

Bütün bu rivâyetler dilenmenin yalnız mala has olmadığına, belki şuna, buna hizmet teklif etmeye de şâmil olduğuna delâlet etmektedir.

Dilenciliği mubah kılan zarûret, kazanmaya güç getirmemeyi gerektiren hastalık, zayıflık veya yanında bir günlük yiyeceğinin bulunmamasıdır. Fakat alacağı ile ilgili bir hakkı, işçiden ücrete karşılık hizmeti ve evinin düzeni için karısının ilgilenmesini istemekte bir beis yoktur. Bunlar gibi kendi talebesini -ergenlik çağına girmişse- arzusuyla, henüz çocuksa, velisinin müsaadesiyle hizmete sevketmek de câizdir.

"Dilenciliğin en kötüsü, "Allah için ver" denilenidir. Yani Allah'ın ismini istismar etmek sûretiyle istenilenidir." Kötü olan isteklerden biri de dini bir zarar yokken kadının kocasından boşanmayı veya nikâh mülkiyetini mal karşılığında izale etmeyi dilemesidir. [99]

Resûlullah (s.a.v.) Efendimiz şöyle buyurmuştur:

"At üzerinde de gelse dilenci için hak vardır." [100]

Bir diğer hadis-i şeriflerinde Resûl-i Ekrem (s.a.v.) Efendimiz:

"Haşlanmış bir paça kemiği de olsa, dilenciye verin." buyurmuştur. [101]

Bu iki hadis-i şeriften çıkarılacak sonuç dilenciliği teşvik olmamalıdır. Zira burada gelenlerin ihtiyaç sahibi olup olmadıkları belirtilmemiştir. Belki bunlar hakikaten muhtaç kimselerdir. Dilenciliği yasaklayan hadislerde "muhtaç olmadığı halde" gibi kayıtlar vardır. Zor durumda olan kimseye ise yardım etmek bir kardeşlik borcudur.

Şöhrete Düşkün Olmak

Allahû Teâlâ (c.c.) Hazretleri Kur'ân-ı Kerim'inde şöyle buyuruyor:

---

99 Tarikat-ı Muhammediye, sh: 346-347.
100 İhyâ-i Ulum-id-Din, cilt 9, sh: 175.
101 İhyâ-i Ulum-id-Din, cilt 9, sh: 175.

"*Kim* (yalnız) *dünya hayatını ve onun ziynet* (ve ihtişâm)*ını arzu ederse, onların yaptıklarının* (çalıştıklarının) *karşılığını orada tastamam öderiz. Onlar bu hususda bir eksikliğe de uğratılmazlar. İşte âhirette onlara ateşten başka birşey yoktur. İşledikleri şeyler orada boşa gitmiştir. Zaten yapageldikleri de batıldır* (onların)." (Hûd sûresi, âyet: 15-16)

"Bu âyet-i kerîmede genel ifadesiyle şöhrete düşkünlük, sergilenmektedir. Zirâ şöhret, dünyevî tatmin vasıtasının en büyüğü dünya zinetlerinin en şa'anlısıdır."

Resûlullah (s.a.v.) Efendimiz bu hususta şöyle buyurmuşlar:

"Dini ve dünyası hakkında insanların kendisine parmakla işaret etmeleri, kişiye şer olarak kâfidir. Ancak Allah'ın koruduklan müstesna. Allah sizin sûretlerinize bakmaz, ancak gönüllerinize ve amellerinize bakar."

Bişri demiştir ki: "Şöhrete düşkün olup da dini gidip rezil olmayan bir kimse görmedim."

"Şöhret ve nam salmaktaki gaye, makam ve gönüllerde yer edinme arzusudur. Makam hırsı her fesadın menşeîdir. Yerilmiş olan, üne kavuşmayı arzulamak ve buna karşı aşırı istek göstermektir. Ama, kulun bir gayreti olmadan Allah tarafından ihsan edilen şöhrete gelince... o yerilmemiştir."[102] İnsanın dünyevî ve uhrevî makamı yükseldikçe tevâzusu artmalıdır.

Şöhretsizliğin Fazileti

İbni Mes'ud (r.a.) demiştir ki:

İlmin pınarları, hidayetin çıraları, evlerin süsü, gecenin lambaları, kalblerin yenileyicileri, elbiselerin yırtıkları olunuz! Bu takdirde gök ehlinin arasında tanınacak, yer ehli arasında gizleneceksiniz.

---

102 Gazaliden Vaazlar, sh: 490-492 (özet).

Halil b. Ahmed şöyle dua edermiş:

— Ya Rab! Beni katında halkının en yücesi kıl! Nefsimin katında halkının en mütevazisi kıl! Halkın yanında normal ve ortanca halkından kıl. (103)

Sık Sık Yemin Etmek

Yemin, lügatte kuvvet mânâsınadır. Şer'ân: "Bir işi yapmak veya yapmamak hususunda azme veya iddiaya kuvvet vermek için ya Allah Teâlâ'yı veya mukaddesâtı araya koyarak belli lâfızları söylemektir. Bu lâfızlar "vallahi, billahi, tallahi veya Kur'ân'a yemin olsun ki" gibi sözlerdir. Buna Türkçemizde "and" da denir.

Meselâ "Vallahi filân işi yaptım" veya "yapmadım" demek kasem sûreti ile bir yemin olduğu gibi "filân işi yaptımsa" veya "yaparsam kölem âzat olsun" demek de tâlik şartlama suretiyle bir yemindir.

Kasem sûreti ile olan yemin, ya: "Vallahi, billahi, tallâhi", gibi Allah Teâlâ'nın ism-i zâtın ve üzerine yemin edilmesi mu'tat olan "Rahman, Rahim" gibi mübârek isimlerinden birine veya "izzeti ilâhiye, kudreti ilâhiye" gibi zâti sıfatlarından birine and içmekle yapılır.

Başkalarına, meselâ: Peygamberlere, Kâbe-i Muazzama'ya yemin edilemez. Mahlûkattan birinin başına veya hayâtına yemin edilmesi de câiz olmaz.

Kur'ân-ı Kerim, kelâmı ilâhi olduğundan –bir kavle göre– Kur'ân'a yapılan yemin, muteberdir.

Yeminin Keffâreti

Şartlarını hâiz bir yeminin keffâreti muktedir ise müslüman veya müslüman olmayan bir köle veya câriye azad etmek veya on fakiri akşamlı, sabahlı doyurmak veya on fakire orta halde birer par-

103 İhyâ-i Ulum-id-Din, cilt 7, sh: 384.

ça libas=ruba giydirmek, bu üç şeyden birine de gücü yetmiyorsa üç gün peşipeşine oruç tutmaktan ibârettir. (104)

Allah'tan Başkası Adıyle Yemin Etmek

Resûlullah (s.a.v.) Efendimiz bu hususta şöyle buyurmuştur:

"Allah'tan başkası ile yemin eden kimse küfretmiş veya düşmüş olur." (105)

İbni Mâce'nin Büreyre (r.a.)'den yaptığı rivâyetle, Resûlullah (s.a.v.) babasıyle yemin eden bir adamın yeminini duyunca, şöyle buyurmuşlar:

"Babalarınızla yemin etmeyin. Allah adı ile yemin eden kimse de yemininde doğru söylesin. Kendisine Allah ile yemin edilen kimse buna râzı olsun. Allah ile yapılan yemine râzı olmayan kimse Allah'ın rahmetine kavuşamaz." (106)

Bir diğer hadislerinde Resûlullah (s.a.v.) Efendimiz:

"İslâm'dan başka bir millet üzerine yemin eden kimse, yemin ettiği gibidir: Yahudiyim derse, yahudidir, nasrâniyim derse, nasrânidir. İslâmiyetten beriyim derse, İslâmiyetten beri olur." buyurmuştur.(107) Bu hususta fazla söze hâcet olmadığı hadis-i şeriflerin beyanından açıkça görülmektedir.

Doğru Yere de Olsa Çokça Yemin Etmek

Yüce Allah bir âyet-i kerimede, Resûlullah (a.s.)'a hitabla şöyle buyuruluyor:

Diğer bir âyette ise Resûlullah (a.s.)'a hitabla şöyle buyuruluyor:

"Doğruya da eğriye de alabildiğine yemin edeni tanıma (öylesine tabi olup boyun eğme)..." (Kalem sûresi, âyet: 10)

---

104 Büyük İslam İlmihali, sh: 401.
105 Tarikat-ı Muhammediye, sh: 382.
106 Tarikat-ı Muhammediye, sh: 382.
107 Tarikat-ı Muhammediye, sh: 380.

Rivâyete göre, Ahmed bin Hanbel Allah (c.c.)'a olan saygısından ötürü ömründe hiç yemin etmemiştir.

Eş'as bin Kays demiştir ki "Bir defasında yeminimi yetmişbin dirheme satın aldım. (Yani yemin etmemek için bu miktar parayı ödedim.)"

"Doğru yere Allah ile yemin etmek câizdir. Nitekim Resûlullah (s.a.v.) Ashâbı ve Tabiîn'de Allah üzerine yemin etmiştir. Ne var ki çok yemin etmek iyi görülmemiştir. Selef-i sâlihînin yeminden imtina edişleri, onların üstün takvâsına, töhmetten şiddetle kaçınmalarına ve halkın yalan yere yemin etmelerine engel olmak için yemine saygı gösterdiklerine hamledilir."(108) Satarken çok yemin etmekten sakının. Zira bu size önce kazanç temin ederse de sonra sizi perişan eder.(109)

İnsanın Kendi Kendine Beddua Etmesi

Allahû Teâlâ Yüce kitabında buyuruyor ki:

"İnsan, hayra olan duası gibi, şerre de dua eder. Pek acelecidir (bu) *insan."* (İsrâ sûresi, âyet: 11)

Enes bin Mâlik (r.a.) Resûlullah (s.a.v.) Efendimizin şöyle buyurduğunu rivâyet etmektedir: *"Hiç biriniz* (dünyevi bir) *bir zarardan dolayı ölümü temenni etmesin. Ama inen zarardan kurtuluş yoksa ve ölümü temenni etmesi gerekiyorsa, "Allah'ım hayat bana hayırlı oldukça beni yaşat, ölüm benim için hayırlı olduğu zaman ruhumu al!" desin."*

Bir diğer hadislerinde Resûlullah (s.a.v.) Efendimiz:

"Sizden hiç biriniz ölümü temenni etmesin. İyi bir insan ise, iyiliklerini artırması; kötü ise Allah'ın hoşnutluğunu istemesi umulur." (110)

---

108 Tarikat-ı Muhammediye, sh: 383.
109 Ramüz-el-Ehadis, 1-175.
110 Tarikat-ı Muhammediye, sh: 375.

Bir Müslümana Beddua Etmek

"Bir müslümana, bilhassa küfür üzere ölmesi için beddua etmek dilin afetlerindendir. Bu tarz bedduanın küfür olduğunu söyleyenler de olmuştur. Bâzılarına göre de, küfrü tasvip ettiği için beddua yapıyorsa, kâfir olur. Küfürden başka birşey ile mü'mine beddua etmek de -zâlim değilse- câiz değildir. Beddua edilen kişi zâlim ise, zulmü nisbetine göre beddua caiz ise de daha ileri gitmek doğru değildir. Bütün bunlarla beraber evlâ olan, mü'mine zâlim bile olsa, beddua etmemektir." (111)

Zaruret Olmadığı Halde Başkasının Sözünü Kesmek

Konuşan birinin sözünü kesmek konuşmanın akışını kestiği ve konuşmacıyı şaşırttığı gibi aralarında husûmetin doğmasına da sebep olur. Bir de bu ilmî meselelerde olursa çok daha garip ve İslâm edebine aykırıdır.

"Konuşma yapan kimseye yakışan, konuşmalarını bir düzene koyup bitirinceye kadar konu dışı başka şeyler karıştırmamak ve muhataba da yaraşan, konuşana teveccühte bulunmak, susmak ve konuşma bitinceye kadar sağa sola iltifat etmeden dinlemektir. Ayrıca bir zaruret yoksa dışarı çıkmamak, bilhassa konuşan tefsîr ve hadîsden bahsediyorsa, çok gerekmedikçe konuşmamaktır. Tabiî bir ihtiyaç zuhur ederse veya şer'î bir mahzur doğarsa (meselâ iyilikle emretmek, kötülükten men'etmek gibi) -aşırıya gitmemek şartıyla- ihtiyacını giderir veya söyleyeceğini söyler." (112)

Uyanın Uyulanı Reddetmesi

"Uyanın uyulanı reddetmesi, ona karşılık vermesi, muhâlefette bulunup sözünü kabul etmemesi ve meşru bir hususta ona itâatte bu-

---

111 Tarikat-ı Muhammediye, sh: 375.
112 Tarikat-ı Muhammediye, sh: 396.

lunmaması İslâm'da hoş görülmemiştir, halkın idareciyi, çocuğun ana-babasını, talebenin hocasını, zevcenin kocasını ve cahilin âlimi dinlememesi gibi.[113] Ancak kendisine uyulan kimsenin şahsiyeti, ahvali, inancı çok önemlidir. İster idareci olsun ister hoca olsun, ister ana-baba olsun bunlar hakka, doğruya çağırmadıkça hak ve doğruyu yapmaya çalışmadıkça bunlara uymak gerekmez.

İnsanlarla Ünsiyete Dalmak

"Mü'minin ilim öğrenmesi, İslâm edeb ve ibadetinde ihtimam göstermesi ve geçimini sağlayacak ticaret veya bu işle meşgul olması lâzımdır. Bunların hepsi veya bir kısmı bir mü'minde bulunmayıp daima insanlarla ünsiyet ederse, müflis sayılır. Büyük mutasavvıflardan Ebû Bekr-i Şiblî (r.a.): "İnsanlarla ünsiyet iflâsın alâmetidir." buyurur. Zira insanlarla ünsiyet etmek, insanı dünya ve âhiret işlerinden alıkoyup iki yönden de iflâsa götürür. Mü'min zamanının bir dakikasını bile boşa geçirmemelidir."[114]

"Bunun gibi bağ, bahçe, değirmen ve benzeri işlerle meşgul olayım derken, uhrevi vazifeleri ihmal edecek derecede aşırı bir ünsiyette bulunmak da yerilmiştir."[115]

Mal Sahibi Olmakla Kendini Allah (c.c.)'tan Müstağni Görmek

Cenâb-ı Hak (c.c.) Kur'ân-ı Kerîm'inde bu hususta şöyle buyuruyor:

"Herhalde mallarınız ve çocuklarınız (sizin için) *bir belâ ve imtihandır. Allah ise; büyük sevab onun katındadır."* (Teğâbün sûresi, âyet: 15)

113 Tarikat-ı Muhammediye, sh: 397.
114 Vesiletün Necat, sh: 128.
115 Tarikat-ı Muhammediye, sh. 284.

Şu halde kim ki, malını ve evladını Allah katındaki sevabın üzerine tercih edip seçerse o zarar etmiş ve açıkça büyük bir hüsrana uğramıştır.

Rivâyet edildiğine göre; Havâriler Hz. İsa (a.s.)'ya:

— Sen neden su üzerinde yürüyebiliyorsun da bizim buna gücümüz yetmiyor? diye sordular.

Hz. İsâ (a.s.) onlara şöyle sorarak cevap verdi:

— Dinar ve dirhemin sizin nezdindeki kıymeti nedir?

Havâriler:

— Güzellik ve sevgidir deyince.

Hz. İsa (a.s.):

— Fakat onların ikisi ile toprak benim nezdimde eşittir! buyurdular.

Resûlullah (s.a.v.) Efendimiz buyurmuştur:

"Kul öldüğü zaman, melekler "kendisinden evvel neyi gönderdi?" Halk da "arkasında neyi bıraktı?" diye soruyorlar." (116)

Malda helâlından onu edinmek ve hakkı olan yere onu harcamak vardır.

Yahya b. Muaz (r.a.) şöyle demiştir:

— İki musibet vardır ki evvelkiler ve sonrakiler benzerini işitmemişlerdir. Onlar, ölüm çağında malı hakkında kula isabet ederler.

— Nedir onlar, denildiğinde cevap olarak Yahya (r.a.):

— Bütün malı kendisinden alınır ve bütün maldan da o sorulur.

Malın Âfetleri

"Bunlar da dinî ve dünyevî olmak üzere iki kısımdır. Dinî afetler üç gruptur.

Birinci olarak, insanı günahlara doğru kaydırabilir. Âcizlik ve imkânsızlık bazan, kişi ile günah arasında perde olur. Nitekim bulmamak mâsum kalmaktandır denilmiştir. Mâli imkâna kavuşan in-

116 İhyâ, cilt 7, sh: 231-235 (özet).

sanın ise sabretmesi çok zordur. Bu mal ise çoğu kere günaha çağıran bir davetçi olur. İnsanın elinde mal olmayınca yapacağı tek şey sabırdır. Ama zengin kişi sabırla bu mal sebebiyle günaha girmek arasında kalır. Sabır etmek zor gelir. Diğer önemli bir hususta kişinin elinde maddi imkânı olursa onu kötülüğe çağıranların -kadınlardan ve erkeklerden- sayısı da artar.

İkincisi ise; asıl olarak yenilmesi, giyilmesi, kullanılması helâl ve mübah olan şeylerde aşırı gitmeye ve israfa kaçmaya sürükler.

Üçüncüsü ise; öyle bir belâdır ki, çoğu kimse bu belâdan kurtulamaz. Şöyle ki, malın ıslahı, artırılması, işlenmesi Allah'ın zikrinden alıkor. Halbuki insanı Allah'ın zikrinden alıkoyan herşey zarardır. Rivâyete göre Hz. İsâ (a.s.) şöyle buyurmuştur:

— Maldaki üç âfetten biri, helâlinden kazanmamaktır.

Bunun üzerine:

— O halde helâlinden kazanırsa durum ne olur? diye soruldu.

Hz. İsa (a.s.) şöyle cevap verdi:

— Hakkı olmayan yere sarfeder.

— Eğer hakkı olan yere sarfedilirse nasıl olur? denildiğinde

Hz. İsâ (a.s.):

— "Bu takdirde de onu ıslah etmek, korumak ve geliştirmek kendisini Allah'ın zikrinden alıkor!" dedi. (117)

Harislik

"Bir şeyi elde etmek için aşırı derecede çalışıp kalben ve bedenen yorulmaktır. Bu sırf dünyalık kazanmak için olursa kötüdür. Âhiret hayatının nimetlerine erişmek için olursa iyidir. Hırs, dünyâlık elde etmek için olursa, tama'a götürür. İnsanı kulluk vazifelerinden alıkoyar."

Resûlullah (s.a.v.) Efendimiz bir hadislerinde insanın sınır kabul etmez hırsına işâretle şöyle buyuruyor:

---

117 İhyâ-ı Ulum-id-Din, cilt 7, sh: 249-250 (özet).

"Eğer âdemoğlunun iki vâdi dolusu altını olsaydı muhakkak üçüncüsünü isterdi. Ademoğlunun gözünü ancak toprak doldurur. Bu kadar ki (ihtirastan nefret edip) *tevbe edenin tevbesini Allah kabûl eder."*

Hz. Ömer (r.a.) da şöyle demiştir:

— Tamakârlık fakirliktir. Halkın elindeki maldan ümid kesmek ise zenginliktir.

Denilmiştir ki:

— Hayat geçer, birkaç saattir. Tekrarlanan birkaç günün zahmetleridir. Râzı olduğun bir hayatla kanâat et! Hevâi nefsini bırak. Hür olarak yaşarsın! Muhakkak çok felâketler vardır ki onu insanoğluna altın, yakut ve dürler (inci) getirir!.. (118)

Mal Sevgisi

Şeytan demiştir ki "mal sahibi, benden üç âfetten biriyle kurtulamaz. Ona akşam sabah musallat olup helâl olmayan şeyi aldırırım. Yersiz olarak harcattırırım. Malı ona sevdiririm. Böylece hakkını ödeyemez. Mal sevgisinin sebebi, çocuklarına ve akrabasına dünyalık bırakma niyyeti de olur. Bu da cahillikten doğar. Zira Allahû Teâlâ yarattığı her mahlûkun rızkını vermeyi kendi üzerine almıştır.(119) Fakat Kur'ân-ı Kerim'de: *"Yeryüzünde çalışın ve rızkımdan yiyin."* buyurulduğunu da gözönünde tutarak nafakanın elde edilmesi çin çalışmanın üzerimize farz-ı ayn olduğunu unutmamamız gerekir.

Bununla beraber, malı İslâm'a uygun olarak kazanıp yerine harcayarak, Cenâb-ı Hakk'a şükredip kalbi mal sevgisi ile doldurmamak güzel ahlâktan sayılmıştır.

---

118 İhyâ-ı Ulum-id-Din, cilt 7, sh: 251-252.
119 Tarikat-ı Muhammediye, sh: 226.

Tetayyur (Uğursuz Saymak)

"Tetayyur", daha çok bir işe başlarken veya bir yola çıkarken karşısına çıkan, bazı kimseleri bir takım şeyleri uğursuz saymak cahiliyyet devrinin kalıntılarındandır. Ebu Hüreyre'den rivâyet edilen hadis-i şerifte Resûlullah (s.a.v.) Efendimiz şöyle buyurmuşlardır:

"Hastalığın bizâtihi sirâyeti yoktur. Birşeyi uğursuz saymak da yoktur. Ökey ve baykuşun ötmesinin tesiri yoktur. Safer ayının hayır ve şerde asla tesiri yoktur. Fakat cüzam hastalığı olan kimseden aslandan kaçar gibi kaç."[120] Cahiliyye devrinde başkalarına sirâyet edici olan hastalıkların ilâhi bir tesire tâbi olmadan kendiliğinden sirâyet ettiği sanılırdı. İslâm akîdesine göre herşeyde müessir-i hakiki Allah Teâlâ Hazretleridir. Bu gibi hastalıklarda sirâyet özelliği varsa onu sirâyet ettiren Allah'tır.

Resûlullah (s.a.v.) *"Uğursuzluk ancak üç şeyde olur. Atta, kadında, evde"* buyurmuştur.[121]

"At, huysuz, yürümez, hırçın, kadın; terbiyesiz, ev; komşuların kötü, dar, havasız, güneşsiz olursa, böyle olur" denmiştir. Bazısı da demiş ki: Kadının uğursuzluğu, mihrinin yüksek oluşudur. Söyleyişler muhtelif geliyor. Bazıları da "Bu üç şey uğursuz sayılmaya has kılınmıştır." diyorlar.

Hayvanların bağırmasını ve kuşların ötmesini, günlerden bazılarını uğursuz saymak, o günlerde bir işe başlamamak, bir insan işine giderken kendi sûizannıyle uğursuz saydığı bir şahsa yolda rastladığı zaman "filân kişi ile karşılaştım. İşim aksine gidecek" demek, gibi bir takım inançlar bâtıldır. Bir sayı veya olayı uğursuzluğa alâmet saymak, kötü olan zan, fena kuruntu eseri olduğundan câiz görülmemiştir.

---

120 Zübde-tül Buhâri, Ömer Z. Dağıstanlı, sh: 938.
121 Zübde-tül Buhâri, sh: 485.

Tefe'ul Fe'l

"Fe'l uygun bir söz söylemek, sâlih bir kişinin yüzünü görüp sevinmek veya mübârek günlerde çok sevdiği birine kavuşmak sûreti ile bunları mübârek sayma demektir. Bu müstehaptır.

Buhârî ile Müslim'in Enes bin Mâlik (r.a.)'den yaptıkları rivâyete göre, Resûlullah (s.a.v.) Efendimiz şöyle buyurmuştur: *"Advâ, uğursuz sayma yoktur; fakat fe'l hoşuma gider."*

Ashab (r.a.): "Yâ Resûlallah, fe'l nedir" diye sorunca O;

"Güzel bir sözdür." buyurdular.

Fel'de gâib üzerine hükmetmek yoktur. Sadece hayrı talep etmek ve muradın oluverme ümidi ve Allah'tan beşâret alma inancı vardır." (122)

Fal Baktırmak

"Fal baktırmak ve falcıların söyledikleri sözlere inanmak İslâm dininin yasak ettiği şeylerdendir. Bir insan falcıya fal baktırıp da falcının söylediği şeylere kalben inanırsa Allah korusun küfre girer. Küfre girmesiyle îmânı, nikâhı ve o güne kadar yapmış olduğu ibâdetlerinin sevabı gider. Bir kâfir gibi eliboş kalır. Eğer falcının söylediği sözlere inanmazsa fal baktırdığı için Cenâb-ı Hak bu kimsenin kırkgün ibâdetini kabul etmez.

Bu hususta rivâyet edilen hadis-i şerifte Resûlullah (s.a.v.) şöyle buyurmuştur.

"Her kim yitikten, geçmişten haber verene ve falcıya gider (fal baktırır da) dediğini tasdîk ederse Muhammed'e indirileni terketmiş olur. Kim de gider de inanmazsa kırk gün namazı kabûl olunmaz." (123)

Gaybı Allah'tan başka kimsenin bilemeyeceği Kur'ân-ı Kerim'de haber verilmiştir. Nasıl olur da falcı "gelecek zamandan haber verebilir?"

---

122 Tarikat-ı Muhammediye, sh: 217-219 (özet).

123 Hz. Muhammed'in Sünnetinde Terbiye, sh: 247.

Peygamberimiz:

"Uğursuz sayan, kendisi çin uğursuz haberi verilen; kehânette bulunan, kâhine gidip gaybten haber almak isteyen, sihir yapan ve yaptıran bizden değildir." (124)

Kaza ve Kaderin Mahiyetinden Sormak

İmam-ı A'zam Ebû Hanife (r.a.) İmam Câfer-i Sâdık'a sordu:

— Allahû Teâlâ, insanların istekli işlerini, onların arzusuna bırakmış mıdır?

Câferi Sâdık cevâben:

— Allahû Teâlâ, rübûbiyetini, (yaratmak ve her istediğinde tasarruf etmek büyüklüğünü) âciz kullarına bırakmaz, buyurdu.

Ebû Hanife (r.a.):

— Kullarına, işleri zor ile mi yaptırıyor? diye sorunca, Câfer-i Sâdık:

— Allahû Teâlâ âdildir. Kullarına zor ile günah işletip sonra cehenneme sokmak, onun adâletine yakışmaz, buyurdu.

— O halde, insanların, istekli hareketi, kimin arzûsu ile oluyor, kim yapıyor? diye sorusuna devam eden Ebû Hânife'ye üvey babası olan Câfer-i Sâdık şöyle cevap verdi:

— İşleri insanın arzusuna bırakmamış ve kimseyi cebr etmemiştir. İkisi arası ola gelmektedir. Yaratmayı kullarına bırakmadığı gibi, zor ile de yaptırmaz.

Ehl-i Sünnet âlimlerinin görüşüne göre her türlü -ihtiyârî ızdırari (istekli-zorunlu)- fiillerin yaratıcısı, meydana getiricisi ancak Allah (c.c.)'dır. Fiilin var edilişinde kulun dehli kendisine verilen cüz'i irâde ile onu istemek ve bu isteğini tatbikat sahasına dökmek için faaliyet göstermektir. Buna ise "kesb" -kazanmak- denilmektedir. Demek ki fiillerin mutlak fâili Allah, kâsibi -kazanıcısı- ise kullardır. Kullar Allah'ın mutlak irâdesinin tatbikat sahasıdır.

---

124 Âile Eğitimi, cilt 2, sh: 426.

Bu hususu misallendirmek gerekirse; bâzan insan bir iş yapmaya kesin niyyetlenir, onu yapacak güçte kendisinde olur. İşi yapmaya başlayacağı zaman ortaya çıkan bir sebep yapacağı işi tamamen ortadan kaldırır. Burada kader ve kaza ile mutlak irade bu kulun bu işi böyle yapmasını engellemiştir. Kadere inanmak îmanın şartlarındandır. Kaderin iyisi kötüsü, acısı, tatlısı hep Allahû Teâlâ'dandır.

Kişi kaderinin ne olduğunu bilmediğinden Allah'ın kendisine gösterdiği yoldan yürümek zorundadır. Bu yolda başına gelen her şeyden -iyi niyyeti sebebiyle- iyi karşılık görür. Kadere isyan etmek, kader hakkında konuşmak yersiz, hiç bilmediğimiz, hislerimizle ulaşamadığımız bir yerden haber vermek gibidir.

Büyük âlim İmam-ı Birgivi şöyle demiştir. Kazâ, kader bilgisi, Allahû Teâlâ'nın kullarından sakladığı sırlardan biridir. Bu bilgiyi en yakın meleklere ve dinlerin tebliğcisi Peygamberlerine (aleyhimüsselâm) bile açmadı. Bu bilgi, büyük bir deryâdır. Kimsenin bu denize dalması, kaderden konuşması câiz değildir. Şu kadar bilelim ki, Allahû Teâlâ, insanları yaratıyor. Bir kısmı şâkîdir, cehennemde kalacaktır. Bir kısmı saîddir, cennete girecektir.

Birisi, Hazreti Ali'den (r.a.) kaderi sorduğunda; "Karanlık bir yoldur. Bu yolda yürüme!" buyurdu. Tekrar sorunca: "Derin bir denizdir." buyurdu. Kişi tekrar sorunca Ali (r.a.) "Kader, Allahû Teâlâ'nın sırrıdır. Bu bilgiyi senden sakladı" diye cevap verdi.

Ebû Hanîfe derin düşünceli, ileri görüşlü bir âlimdi. Bu sebeple kader meselesine dalmaktan çekinirdi. Ve arkadaşlarına da bunu tavsiye ederdi. Kader ve kaza hakkında Basra'dan gelen Yusuf b. Halid'e şöyle demiştir:

"Bu, insanların karşısına dikilmiş güç bir meseledir. Bunun halledip güçlüğü kim yenebilecek? Bu böyle kapalı bir meseledir ki, anahtarı zayi olmuştur, anahtarı bulunursa o zaman içindeki belli olacak. Onu açacak olanlar, ancak Allah indinden haber getirenlerdir."

Kaderiyyeden bir grup ona gelerek kader meselesini münakaşa yapmak istediler. Onlara şöyle dedi: "Bilmez misiniz ki, kadere bakan, güneşe bakan gibidir, baktıkça gözleri kamaşır, şaşkınlığı artır.(125)

Târihçi İbn-i Esîr demiştir ki: Kader, Allah Teâlâ'nın, olacak şeyleri ezelden bilmesidir. Kazâ ise kaderde bulunan şeyleri, zamanı gelinceye yaratmasıdır.

Allahû Teâlâ'nın Zâtından Araştırıp Sormak

Buhârî ve Müslim'in Ebû Hüreyre (R.A.)'den yaptıkları rivâyette Resûlullah (s.a.v.) Efendimiz şöyle buyurmuştur: "(Bir zaman gelecek ki) *insanlar durmadan* (Allah'ın zâtının esrarı hakkında) *birbirlerine soracak, o kadar ki; "Şunu Allah yarattı, ya Allah'ı kim yarattı?" denilecek. Kalbinde bundan birşey hisseden kimse, "Allah'a ve Resûlune inandım" desin ve Allah'a sığınarak* (o gibi düşüncelerden) *vazgeçsin."* (126)

Ebû Hanîfe (r.a.) Fıkh-ı Ekber'de diyor ki: "Allahû Teâlâ'yı, Kur'ân-ı Kerim'inde kendi zâtını bütün sıfatları ile vasfettiği gibi biliriz" sözüne devamle şöyle diyor: "Hiç kimse Allahû Teâlâ'ya layık ibâdet yapamaz. Lâkin Allahû Teâlâ'nın emri ile emrettiği ibâdeti yapar." Yani Allahû Teâlâ'nın ulûhiyyetine lâyık ibâdet etmeye kimsede kudret yoktur. Emrine uymak için ibâdet ederler. Ama Kur'ân-ı Kerim'de kendi varlığını ve kemâl sıfatları ile mevsuf olduğunu haber verdiği şekilde bilmek, Allahû Teâlâ'yı lâyıkıyle bilmektir ve kullara göre marifetin kemâli budur."

Bâzı Durumlarda Susmanın Kötülüğü

Kur'ân okumamak, iyilikle emretmeyi, kötülükten men etmeyi kudreti olduğu halde bir zarar getirmesi muhakkak olmadığı zaman terketmek, fayda getireceği sanıldığı halde nasihat ve islâh etme yoluna gitmemek, tâlim ve fetvâyı bırakmak, hâkim'in (kadı) Allah'ın

125 Ebu Hanife, Prof. Muhammed Ebû Zehra, trc. Osman Keskioğlu, sh: 177.
126 Tarikat-ı Muhammediye, sh: 349.

indirdiğiyle hükmetmeyi terketmesi, sünnet olduğu yerlerde selâm vermeyi ve selâm almayı ihmal etmek, ana-baba ile konuşmamak, sâir akrabalarla konuşmayı kesmek, kudreti olduğu halde dil ile müdâhale edip mazlumu kurtarmamak, şahitliği ve şehâdet yollu tezkiyeyi terketmek, ism-i Celâlı duyduğunda "sübhanellah" veya "tebârekellah" dememek sûretiyle Allah ismine karşı saygı göstermemek mü'mine yakışmayan kötü davranışlardandır.

Resûlullah (s.a.v.) Efendimize salâvât getirmek böyle değildir. Çünkü ekseri âlimlere göre salavât getirmek ömürde bir kerre vâciptir. Bâzılarına göre ise Resûlullah'ın ismi anıldıkça, işiten kimsenin her defasında salâvat getirmesi vâcibtir. Hulâsa, söylenmesi vâcib veya sünnet olan her sözü söylememek, susmak haram veya mekruhtur. Böyle olan kimse dilsiz şeytandır."(127) Zira Resûlullah (S.A.V.) *"Haksızlık karşısında susan dilsiz şeytandır."* demiştir.

Müşkil Konulardan Sormak

"Bilhassa; müşkil hususlardan sorarak karşısındaki müslümanı hataya düşürmek ve (halk içinde) utandırmak çok kötü bir fiildir. Ancak bu gibi şeyleri öğrenmek ve öğretmek veya zekâ denemesi yapmak için sormakta bir beis yoktur. Bunun gibi isteklinin hiddetini artırmak veya onu inceden inceye düşünmeye teşvik etmek için sormak da müstehaptır." (128)

Lüzumsuz İncelemelerde Bulunmak

Birşeyin helâl, haram, temizlik ve pisliğinden, sahibine inceden inceye sormak mahzurlu görülmüştür.

Şöyle ki, o şeylerin haram ve necis olduğuna delalet eden bir belirti yoktur. Birşey satın almak isteyen kimsenin o şey hakkında sahibinden, "bunu nereden temin ettin veya kazandın" diye sorması

127 Tarikat-ı Muhammediye, sh: 415-421.
128 Tarikat-ı Muhammediye, sh: 350.

veya kendisine hediye edilen şeyin durumu meçhul olan sahibinden, bunu nereden elde ettin veya nasıl kazandın, diye tecessüste bulunması veya davet edildiği ziyafetteki yemeklerin helâl ve haram olmasını araştırması veya içmek için veya abdest almak için bir küpten getirilen suyun veya namaz kılmak için serilen seccadenin (necaset alameti bulunmadığı halde) temiz olup olmadığından sorması gibi. Bütün bunlar karşıdakine eziyet, su-i zan veyahut riyâ, kendini beğenmişlik, cehâlet, tecessüs ve bid'addır.

Hak yolcusuna gereken, sahabe ve tabiin'in yaptığı gibi zahire i'timad etmektir. (129)

Vesvese Etmek

Resûlullah (s.a.v.) Efendimiz bir hadislerinde şöyle buyurmuşlardır:

"Hakikat, abdestin de bir şeytanı vardır, adı da Velhan'dır. Artık siz suyun vesvesesinden sakının."

Vesvesenin Afetleri

Namazı kerahat vaktine te'hire sebebiyet vermesi, cemaati terke, namazı bırakmaya, talim, zikir ve fikirden alıkoymaya yol açması ve buna benzer faziletlerden, faydalardan mahrum bırakması, aynı zamanda kıymetli ömrün zâyi edilmesine, vakitlerin boşuna akıp gitmesine sebebiyet vermesidir.

Ayrıca dinde olmayan yeni yeni mekruh şeylerin meydana çıkmasına yol açar. Abdest için özel bir kap edinme, namaz için ayrı elbise ve seccâde kullanmak, başkasının kabından abdest almamak, başkasının elbisesiyle, yaygısıyla namaz kılmamak, murdar olduğunu vehmederek yemekten çekinmek ve benzeri gibi bir takım bid'atlar, bu kabildendir. Daha başka çeşitleri de vardır:

---

129 Tarikat-ı Muhammediye, sh: 397.

Abdest, gusül, yeme ve içmede murdar şeylerden sakınmadıkları vehmiyle müslümanlar hakkında kötü zanda bulunmak ve namazlarının kabul olmadığını dahi ileri sürmek gibi...

Dinde, nezâfet ve tahâretle fazla ihtiyatlı olduğunu, bu hususta halktan ayrıldığını ihsas ettirmek sûretiyle kendini beğenmek ve başkalarına karşı kibir taslamak gibi... Hatta bu tarz ihtiyat dinin esası sayarlar.

"Vesvesenin ilacı, ilim ve amel ile elde edilir. Yukarıda geçen âfetleri bilmek ve onların zararlarını sıksık hatırlamak vesveseyi yok eder."

Resûlullah (s.a.v.) Efendimiz bir hadislerinde şöyle buyurmuşlardır:

"Sizden biriniz hamamına idrar etmesin. Çünkü vesvesenin çoğu ondan olur."(130) Gelen haberlere göre;

Selef, murdar olduğu bilinen şeylerden şiddetle kaçınır, temiz ve pâk şeyler hakkında şübheye düşüp araştırma yapmazdı. Bütün dikkatlerini kalbi kötü ahlâktan temizleyip güzel ahlâkla süslemeye verirlerdi. Bilhassa kul haklarından, hayvan haklarından şiddetle kaçınırlardı. Dili, kulağı, gözü muhafaza etmekte çok titiz idiler.

Özrü Kabul Etmemek

Müslüman kardeşinin özrünü reddetmemeli, onu kabul etmelidir. Resûlullah (s.a.v.) Efendimiz bu hususta şöyle buyurmuşlardır:

"Her kim ki, arkadaşı kendisinden özrünün kabulünü isterse, o da onun özrünü kabul etmezse sultanını yardımcılarının zulmen alışveriş yapanlardan aldıkları vergiden yüklendikleri günah gibi, günah yüklemiş olur." (131)

---

130 Tarikat-ı Muhammediye, sh: 532-535 (özet).

131 Tarikat-ı Muhammediye, sh: 392.

Günâha Yönelen Kimseye Dil İle Yol Göstermek

"Günah işlemek isteyen bir kimseye dil ile yol göstermek câiz değildir. Zira bu günah işlemek isteyene yardım etmek demektir. Cenâb-ı Allah (c.c.) buyuruyor ki:

"İyilik etmek, fenâlıktan sakınmak hususunda birbirinizle yardımlaşın. Günah işlemek ve haddi aşmak üzerinde yardımlaşmayın." (Mâide sûresi; âyet: 2)

Hulâsa adlı kitapda deniliyor ki: "Zımmî'nin biri Müslüman bir kimseden kilisenin yolunu soracak olursa, müslümanın ona yol göstermesi câiz değildir.

Zâlimlere ve onların yardımcılarına, zulüm ve günaha gitmek istedikleri zaman yol göstermek de böyledir.

Haksız dâvâ peşinde koşan kimseye, ona yardımcı olacak meseleler öğretmek, zayıf ve terkolunmuş kavilleri ve benzeri şeyleri öğretmek de aynı hükme dâhildir." (132)

Uzun Yaşamayı Hayâl Etmek

Hz. Ali (r.a.), Resûlullah (s.a.v.) Efendimizin şöyle buyurduğunu rivâyet etmiştir:

"Sizin için korktuğumun en şiddetlisi şu iki haslettir:

Hevâ-i nefse tâbi' olmak,

Tûl-i Emel (uzun yaşama hayâlini) *beslemektir."*

Hz. Abdullah (r.a.) anlatmıştır:

"Resûlullah, bizim için dörtgen bir çizgi çizdi. Onun ortasında ikinci bir çizgi. Ortanca çizginin etrafında da birçok çizgiler.

Bir çizgi de dörtgenin dışında çizdi ve buyurdu:

—*Bunun ne olduğunu biliyor musunuz?*

---

132 Tarikat-ı Muhammediye, sh: 399.

Dedik ki:

— *Allah ve Resûlü daha iyi bilirler!*

Buyurdular:

"Şu ortada bulunan çizgi insandır. Bu dörtgen de onu kapsayan eceldir. Şu etraftaki çizgiler de hâdiselerdir. Onu durmadan ısırırlar. Bunlardan birisi onu ısırmazsa öbürüsü ısırır.

Şu dörtgenin dışındaki çizgi ise insanın amelidir." (133)

Bir zât, dostuna mektubunda şöyle yazmış:

"...Bundan sonra dünya rüyâdır. Âhiret ise uykudan uyanıklık... İkisinin arasında olan ölümdür. Biz karmakarışık rüyâlar içerisinde kıvranıp duruyoruz. Selâm Sana!"

Hz. Ebû Bekir Sıddik (r.a.)'den rivâyet edilmiştir. Bir hutbesinde şöyle buyurmuştur:

"Yüzleri güzel pırıl pırıl parlayan kimseler, gençliklerine meftun olanlar nerede? Şehirleri bina edenler, duvarlarla onları koruyan pâdişahlar nerededir? Harb sahalarında galebe çalanlar nerede? Dehrin sahibi onların hepsini yere serdi. Onlar kabirlerin karanlıklarına büründüler. Acele ediniz. Acele kurtuluşa koşunuz kurtuluşa!.."

---

133 İhyâ-ı Ulum-id-Din, cilt 10, sh: 286-289 (özet).

Üçüncü Bölüm

Âile, ictimâi yapının en küçük birimini ve temel unsurunu teşkil eder. Âile dar mânâda anne-baba ile çocuklardan, geniş mânâda ise bunlarla birlikte akrabalardan oluşan bir topluluktur.

İslâm'da aile değerlerinin saygı gördüğü, sıhhatli bir inanç ve ahlâk düzeninin hakim olduğu bir kurumdur.

İslâm'da Aile

İslâm ahlâkı, yaşamın diğer sahalarında olduğu gibi aile kurumunda da başıboşluğu kabul etmez.

Mükemmel ve huzurlu bir ailenin gerçekleşebilmesi için en başta gelen şart hiç şüphesiz hak-sorumluluk dengesidir. Hakların göz ardı edildiği, sorumlulukların umursanmadığı aile, her zaman parçalanmaya ya da yıkılmaya mahkumdur. İslâm, aile içerisinde her bir ferdin birbirleri ile olan münasebetlerini, karşılıklı hak ve vazifelerini bütün teferruatıyla açıklamıştır.

İslâm'da Evlilik

İslâm'da evlilik; nefsin sükunet, kalbin rahat, gönlün huzur bulması için erkek ve kadının sevgi, hoşgörü, yardımlaşma, şefkat çerçevesi içinde birleşmeleri ve sonucunda yavrularının cıvıldaştığı bir aile kurmalarıdır.

Şuurlu bir müslüman erkek örnek bir koca şuurlu bir müslüman kadını örnek bir zevcedir.

Anne ve Babaların Çocuklarına Karşı Vazife ve Sorumlulukları Vardır

Müslüman anne ve baba, İslâm ahlâkının ebeveyne yüklediği vazifeleri bilir ve evlat terbeyisenden mes'ul olduğunu idrak eder.

Çocukların, Allah (c.c.)'a ve O'nun peygamberine itaat terbiyesi ile yetiştirilmeleri gerekmektedir.

Çocukların beslenme, barınma, giyim-kuşam ve tedavi gibi maddi ihtiyaçlarının karşılanması ile ailenin sorumluluğu bitmemektedir. Anne ve babaların çocuk terbiyesi konusunda yeterince bilgileri olmalıdır.

İslâm'ın Çok Önem Verdiği Ana-Baba Haklarını ve Onlara Yapmanız Gereken Vazifeleri Şöylece Sıralayabiliriz

– Allah'a karşı günahı gerektiren hususlar dışında emrettikleri her konuda ana-babaya itâat.

– Ana-babaya nezâketle, yumuşak bir ifâdeyle ve saygı dolu bir dille hitap etmek.

– İçeri girdiklerinde hemen toparlanıp saygı ile ayağa kalkmak.

– Evden uzaklaşıldığında, eve dönüldüğünde ve münâsip zamanlarda ellerini hürmetle öpmek.

– Ana-babanın kişiliklerini, şeref, itibar ve mallarını korumak, bu hususta gereken titizliği göstermek.

– Arzu ettikleri şeyleri onlara ikrâmen vermek.

– Fikirlerinin alınması uygun olan bütün işlerde onlarla istişarede bulunmak.

– Ana-babaya sık sık duâ edip bağışlanmaları için Allah'a yalvarmak, istiğfarda bulunmak.

– Ana-babanın yanında konuk bulunuyorsa, kapıya yakın oturmak, onların verecekleri emri yerine getirmek için çok dikkatli bulunmak.

– Onları sevindirecek işlerde bulunmak, birşey emrettiklerinde memnun olacakları tarzda onu yerine getirmek.

– Karşılarında yüksek sesle konuşmamak.

– Konuştukları zaman onları dinleyip sözlerini kesmemek.

– İzin vermedikleri takdirde evden çıkmamak.

– Uyudukları zaman onları rahatsız etmemeye dikkat etmek.

– Eşini ve çocuklarını, ana-babasına tercih etmemek; her konuda ana-babaya öncelik tanımak.

– Beğenilmeyen bir iş yaptıkları zaman onları kınamamak.

– Ortada gülmeyi gerektiren önemli bir şey yokken ana-babanın huzurunda gülmemek.

– Sofra kurulunca, ana-babadan önce el uzatmamak.

– Ana-babanın huzurunda ayakları uzatmamak, derli-toplu oturup saygı sınırlarını aşmamak.

– Beraber olunduğunda onlardan önce bir eve veya iş yerine girmemek, yolda önlerine geçmemek. Çağırdıkları zaman, edeple "buyur" deyip hemen cevaplandırmak.

– Ana-baba hayatta iken de vefatından sonra da dost ve yakınlarına saygı ve ikramda bulunmak.

– Ana-babasına iyilik etmiyen, onları incitip kıran kimselerle arkadaşlık etmemek.

– Onlara vefatlarından sonra da dûa etmek(66). Özellikle ebeveyn yaşlı ise sık sık hastalanmaları mümkün olduğundan sabır ve sevgi ile onlara eğilmek.

– Öldükten sonra çok önemli bir mâniâsı yoksa ebeveynin evlâtları tarafından yıkanması ve kefenlenmesi gerekir.

– Ebeveyne evlâtlarının saygı ve hürmette kusur etmemeleri gerektiği gibi onlar da evlâtlarına bunu tavsiye ve emretmeliler.

Bir adam, Said b. Müseyyeb'e şöyle demiş: "Ana-babaya iyilik âyetinin hepsini anladım yalnız, "Onlara hep tatlı söz söyle" kısmını anlayamadım." Said de ona "yani köle efendisine nasıl hitap ederse, sen de onlara öyle hitap et" demiş.

İbn-i sirîn (r.a.) annesine olan saygısından ona karşı, hastaymış gibi, zayıf bir sesle konuşurmuş.

Sahabeden biri, Kâbe'yi tavaf esnasında yaşlı annesini sırtına alıp onu da tavaf ettirdi. Sonra Peygamber (s.a.v.)'e gelip sordu:

"Yâ Rasûlallah! Acaba anamın hakkını ödeyebildim mi?" Resûlullah (s.a.v.), "Hayır, seni taşırken çektiği bir cansı, seni doğururken duyduğu bir tek acının bile karşılığını ödemiş değilsin." buyurdu. [1]

Cenâb-ı Hak (c.c.) yüce kitâbında şöyle buyuruyor:

"Biz insana anne ve babasına iyi davranmasını tavsiye etmişizdir. Annesi onu zorluk ve sıkıntı üzerine sıkıntıyla karnında taşımıştı." (Lokman sûresi, âyet: 14)

Bir adam yoktur ki anasının babasının yüzüne merhamet nazarı ile baksında kendisine makbul ve mebrur bir hac sevâbı yazılmasın. [2]

Müslüman, Akrabasıyla Dostluk ve Dayanışma İçinde Olur

Allahû Teâlâ (c.c.) bir âyet-i kerîmede şöyle buyuruyor:

"Allah'a kulluk edin, O'na birşeyi ortak koşmayın. Ana-babaya, yakınlara, yetimlere, düşkünlere, yakın komşuya, uzak komşuya, yanınızdaki arkadaşa, yolcuya ve elinizin altında bulunan kimselere iyilik edin." (Nisâ sûresi, âyet: 36)

Âyet-i kerîmede görüldüğü gibi akrabalar önem bakımından, ana-babadan sonra gelmektedir.

Kur'ân-ı Kerîm İslâm'da akrabalığa verilen önem üzerinde durmakta, akrabalık hukukunu zâyi olmaktan koruyup onlara kötü davranmaktan sakındırmaktadır. İslâmî terim olarak hısımlarımız "erham" tâbiriyle anılır. Bunlar yâ evlilik sebebi ile ya da nesep yoluyla yakınlarımızdırlar. İslâm, yakınlarımızı şu tertibe göre sıralamıştır.

– Babalar,

– Anneler,

– Dedeler,

---

1 Aile Eğitimi, cilt 1, sh: 413-423 (özet).

2 Ramuz'el-Ehadis, 2-382.

– Nineler,

– Kardeşler,

– Kız kardeşler,

– Amcalar ve halâlar,

– Kardeş çocukları,

– Kız kardeş çocukları

– Dayılar ve teyzeler, sonra da yakınlık derecesine göre diğer hısımlar.

Bunlar dinimizdeki iki sebepten dolayı "erhâm" tâbiriyle anılmışlardır:

1- Erhâm'ın tekili olan Rahm, Allah'ın Rahmân isminden alınmıştır ki, Resûlullah (s.a.v.) Efendimiz bir hadis-i kutsîde Allah (c.c.)'ın şöyle buyurduğunu rivâyet etmiştir:

"Ben Allah'ım. Ben Rahmân'ım, rahmi ben yarattım, kendi isimimden bir isim ayırıp ona verdim. Artık kim yakınları ile ilgi kurup rahmi işlek duruma getirirse, ben ona rahmetimi ulaştırırım. Kim de onu keser, ilgisiz kalırsa, ben de ondan rahmetimi keserim."

2- Hısımlık, insanın intisap ettiği asla, köke doğru inmesi ile gerçekleşir. Zira akrabaları, bir rahimden çıkarak çoğalırlar.

– Hısım ve yakınlarla olumlu ilgi kurmak Allah'a ve Âhirete imânın şiârıdır.

Akrabaya iyilik insanın malına ve ömrüne bereket verecek, malının artmasına ve ömrünün uzamasına vesile olacaktır.

Hz. Enes (r.a.)'ın rivâyet ettiğine göre Resûlullah (s.a.v.) Efendimiz şöyle buyurmuştur:

"Rızkının genişlemesini ve ömrünün uzamasını isteyen akrabasına iyilik etsin."

– Hısımlarla olumlu ilgi kurmak, günâhları bağışlatır.

Bir adam, Resûlullah (s.a.v.) Efendimize gelerek dedi ki:

– Doğrusu ben büyük bir günâh işledim, benim için tevbeye yol var mıdır? Resûlullah (s.a.v.) Efendimiz sordu:

– *Annen var mı?*

– Hayır.

– *Teyzen var mı?*

– Evet...

– *O halde ona iyilikte bulun! buyurdu.*

– Akrabalık bağlarını koparmak, kişinin Cennetten uzaklaşmasına sebep olur.

Bir hadiste buyurulmuştur ki:

"Akrabalık bağını koparan cennete giremez." (3)

–Abdullah b. Mes'ud, meclisinde duânın kabulüne engel teşkil eder diye akrabalık bağını koparmış insanın bulunmasına râzı olmazdı.

Taberâni, A'meş'ten şu rivâyette bulunmuştur:

"İbn-i Mes'ud (r.a.) sabah namazından sonra mecliste bulunanlara dedi ki: Allah için! akraba bağını koparmış biri varsa meclisimizden kalksın. Çünkü biz Rabbimize duâ etmek istiyoruz. Semanın kapıları ise akrabalık bağlarını koparan kimseye kapalıdır."

– Akrabalık bağlarını koparılması, Allah'ın cezâsını erken verdiği, yapanını dünyada cezalandırdığı günâhlardandır.

"Müslümanın akrabalarına yaptığı her iyilik için iki ecir vardır. Biri akrabası olduğu için, diğeri sadaka ecri. Bu yüzden de (eğer ihtiyaçları varsa) hediye ve ihsanın akrabaya yapılması daha iyidir."

Resûlullah (s.a.v.) Efendimiz, akrabaya iyiliğin sınırını oldukça geniş tutmuştur.

Akrabaya iyilik çoğu zaman zannedildiği gibi sadece onlara mal vermekle olmaz, bilakis bundan daha geniş ve derin bir mânâsı vardır. Fakir akrabanın herhangi bir ihtiyacını gidermenin yanı sıra bazan akrabalık bağlarını kuvvetlendiren, sevgi pekiştiren ve karşılıklı şefkat ve merhameti güçlendiren bir ziyaret olur. Bazen yardım nasihatle olur. Güzel söz ile hoş sözle olur. Diğer hayırlı amellerle olur.

---

3 Aile Eğitimi, cilt 1, sh: 424-429 (özet).

Dördüncü Bölüm

Müslüman sosyal bir varlıktır. Diğer insanlarla ilişki kurması, onlarla beraberliği, onlarla muamelede bulunması kaçınılmazdır. Ve müslümanın toplumundaki herkese karşı davranışları, Allah (c.c.)'ın koyduğu sosyal ahlâk kaidelere göredir.

Ahlâk Sosyal Bir Disiplindir

İslâm toplumu, birinci derecede mütekamil ve ileri bir toplumdur. Çünkü ferdleri dinin kendilerine telkin ettiği ahkama bağlıdırlar. İslâm'ın ahlâk ve hayat düsturlarını benliğine sindiren kişi cemiyetin her zaman kendisinden faydalanılan bir üyesi, numune bir şahsiyetidir.

Toplumun rahat ve huzuru ancak, Kur'ân'ı hayatın içinde garkolan, onu günlük hayatlarında uygulayarak somut bir hale getiren müslümanlarla mümkündür.

Evrensel bir din olarak İslâm, bütün dünya insanını bünyesinde biraraya getirmeyi amaçlar ve bu ideal peşinde koşar. İnsanı serkeşlikten kurtarmak ister. Umursamazlık felsefesine izin veremez. Müslümanlara Kur'ân-ı Kerîm'deki ifadesi ile *"Yeryüzüne salih kulların hakim olması."*[1] idealine hizmet etme sorumluluğu da verilmiştir. Ahlâk, sadece bir ferdî faziletler toplamı değil, aynı zamanda sosyal bir disiplindir. Hiçbir beşeri sistem, yalnız kendi kanunları ile insanlar arasındaki münasebetleri yeteri kadar düzenleyememiştir. Aile de olduğu gibi, komşuluk, yardımcılık, dostluk, talebelik, hocalık, iman kardeşliği ve diğer insanlarla ilişkilerde en güzel kanunları koyan, mutlak otorite sahibi Allah (c.c.)'tır.

Müslüman Komşularıyla İyi Geçinir

Bir müslümanın üzerinde titizlikle duracağı haklardan birisi de komşu haklarıdır.

---

1 Enbiya sûresi, âyet: 105.

Allahû Teâlâ (c.c.) Hazretleri yüce kitabında bu hususta şöyle buyuruyor:

"Allah'a kulluk edin, O'na hiçbir şeyi ortak koşmayın. Ana-babaya yakınlara, yetimlere, düşkünlere, yakın komşuya, uzak komşuya, yanınızdaki arkadaşa, yolcuya ve eliniz altında bulunan kimselere iyilik edin." (Nisâ sûresi, âyet: 36)

"Yakın komşu, komşuluğunun yanısıra akrabalığı da bulunan kimsedir. Bu akrabalık neseb akrabalığı olacağı gibi din akrabalığı da olabilir. Yâni müslüman olması, müslüman olmayan komşusuna karşı o komşuyu yakın komşu yapar. Uzak komşu ise neseb veya din bağı bulunmayan komşudur." Yine de sana komşu olan herkesin senin üzerinde hakkı vardır. İsterse aranızda neseb ve din bağı bulunmasın."

Ashab-ı Kirâm'dan Kâb b. Mâlik (r.a.) anlatmıştır: Bir adam, Resûlullah (s.a.v.) Efendimize gelerek şöyle dert yandı:

— Yâ Rasûlullah! Doğrusu ben falan mahalleye inip yerleştim. Onlardan bana en çok eziyet eden, bana en yakın olan komşumdur.

Bunun üzerine Resûlullah (s.a.v.) Efendimiz, Mescid-i Saâdet'e gelmeleri için birini gönderip Ebû Bekir, Ömer ve Ali'yi (Allah hepsinden râzı olsun) çağırdı. Onlar gelince, Mescid'in kapısı önünde durup şöyle seslendiler. *"Haberiniz olsun ki, çevrenizdeki kırk ev komşu sayılır. Komşusunun şer ve kötülüğünden korktuğu kimse Cennet'e giremez."*

Hz. Câbir (r.a.)'dan şöyle rivâyet edilmiştir:

"Komşular üçe ayrılır: Bir hakkı olan komşu. Bu, kâfir veya ehl-i kitaptır. İki hakkı olan komşu. Bu müslüman olandır. Üç hakkı olan komşu. Bu hem müslüman, hem hısım olandır. Çünkü bunun, komşuluk, müslümanlık ve hısımlık hakkı söz konusudur."

Komşuya İyilikte Bulunmak

Komşuya iyilikte bulunmaya, Resûlullah (s.a.v.) Efendimizin şu hadisleri ne güzel örnek teşkil ediyor: *"Kim aile halkına ve ma-*

lına bir zarar gelmesin diye kapısını komşusuna karşı kapayıp kilitlerse, o komşusu (gerçek anlamda) *mü'min değildir. Komşusu şer ve kötülüklerinden güvende olmayan kimse de* (gerçek) *mü'min değildir. Komşu hakkı nedir bilir misin? Senden yardım istediğinde ona yardımda bulunursun. Senden ödünç istediğinde verirsin. Fakir düştüğünde borcundan sarf-ı nazar edersin. Hastalandığı zaman sorarsın. Kendisine bir hayır ulaştığında kutlarsın. Başına bir musibet geldiğinde ta'ziyede bulunursun. Öldüğü zaman cenâzesine katılıp teşyi edersin. Hava almasını kesecek şekilde binanı yükseltmezsin, ancak izin vermesi halinde böyle yapabilirsin. Tenceresde kaynayan yemeğin kokusuyla ona eziyette bulunmazsın, meğer ki o tenceredeki yemekten biraz da ona ayırıp veresin. Meyva alacak olursan, ona da biraz hediye edersin. Böyle yapmak istemediğin zaman, meyvayı gizli alıp getirirsin, çocuğun da onun çocuklarını üzmemesi için evdeki meyvayı eline alıp dışarı çıkmasın."*

Komşulara iyilik sırayla yakınlık durumlarına göre yapılır. Hz. Âişe (r.a.) Validemizin şöyle dediği rivâyet edilmiştir:

"Dedim ki:

—Yâ Rasûlullah! Benim iki komşum var. Hangisine hediye vereyim? Resûlullah:

"Sana kapısı en yakın olana." buyurdu.

Müslüman, iyiliğini gayr-i müslim komşularından da esirgemez. Tabiîn'den Mücâhid şöyle demiştir: "Abdullah b. Ömer (r.a.)'nın yanında bulunuyordum. Kölesi (veya hizmetçisi), bir koyun boğazlamış, derisini yüzüyordu. Hz. Abdullah (r.a.) ona birkaç defa: Eti dağıtırken önce Yahudî komşumuza ver. Çünkü Resûlullah (s.a.v.) Efendimizden şöyle buyurduğunu işittim:

"Cebrâil (a.s.) *bana komşu hakkında o kadar tavsiyede bulundu ki; ileride komşuyu komşuya vâris kılacağını sandım."* (2)

Resûlullah (s.a.v.) Efendimiz bir hadislerinde şöyle buyurmuşlardır:

---

2 Aile Eğitimi, cilt, 1, sh: 433-435 Özet.

"Yanındaki komşusu aç olduğunu bildiği halde tok olarak geceleyen kimse (tam) *iman etmemiştir."*

Hadisin diğer bir rivâyetinde:

"Komşusu aç iken, karnı doyan (kâmil) *mü'min değildir."* buyurmuştur. (3)

Müslüman, evinde yemek pişirirken fakir komşularını gözetmeli. Yemeği almaya gücü yetmeyen fakirleri düşünmeli. Zira, aralarında söz dinlemez küçük çocuk, boynu bükük yetim, kimsesiz dul kadınlar ve güçsüz ihtiyar da bulunabilir. Bütün bunları hesaba katarak etrafındaki ihtiyaç sahiplerini ihmal etmemelidir.

Resûlullah (s.a.v.) Efendimiz bir hadislerinde bu hususta şöyle buyurdular:

"Ey Eba Zer! Çorba pişirdiğin zaman suyunu çok koy ve komşularını gözet." (4)

Komşuya Eziyet Etmemek

Esas olan komşunun komşuya eziyet etmemesidir. Ama bir eziyet vuku bulduğunda da sabır etmek gerekir. Eziyetin birçok çeşitleri vardır. Gıybet etmek, kötü söz söylemek, sövüp saymak, komşunun evinin muhtelif yerlerine çöp atmak, asılı çamaşırlarını kirletmek, gibi.

Resûlullah (s.a.v.) Efendimize denildi ki:

— Filân kadın bütün gün oruç tutuyor. Geceleyin ibâdet yapıyor. Fakat komşularına eziyet ediyor. (Hakkında ne buyurulur) Resûlullah (s.a.v.) Efendimiz şöyle buyurdular: *"O ateştedir."* (5)

Komşuya karşı işlenen suçların en fenası, zina ve hırsızlıktır. Resûlullah (s.a.v.) Efendimiz bir gün Ashâbına:

— *Zina hakkında ne dersiniz?* dedi. Ashâb:

---

3 Ahlâk Hadisleri, 1-125.
4 Ahlâk Hadisleri, 1-129.
5 İhyâ-i Ulum-id-Din, cilt 4, sh: 574.

— Allah (c.c.) ve Peygamberinin haram kıldığı bir fiildir. Ve kıyâmete kadar da haramlığı devam edecektir, dediler. Resûlullah (s.a.v.) şöyle buyurdu: *"Kişinin on kadınla zina etmesi komşunun karısıyla zinâ etmesinden daha hafif ve ehvendir."* Sonra devamla sordu:

— *Hırsızlık hakkında ne dersiniz?*

Ashâb:

—Allah ve Peygamberi onu haram kılmıştır, bu bakımdan haramdır diye cevap verdiler.

Bunun üzerine Resûlullah şöyle buyurdu:

"Kişinin on evden hırsızlık yapması, komşusundan hırsızlık yapmasından daha hafif ve ehvendir." (6)

Gerçek Müslüman, Komşularının En Hayırlısıdır

Cenâb-ı Resûlullah (s.a.v.) bu hususta şöyle buyurmuştur:

"Allah katında arkadaşların en hayırlısı, arkadaşına en hayırlı olanlardır. Allah katında komşuların en hayırlıları da komşularına en hayırlı olanlardır." (7)

Bu sebepten İslâm, iyi komşuyu müslümanın saâdetine sebep olarak göstermiştir.

"Geniş ev, salih komşu ve itâatkâr binek müslüman kişinin mutluluğundandır." (8)

İyi komşuluk gönül rahatlığı ve güven kaynağıdır.

Hz. Âişe (r.a.) Validemiz demiştir ki: "Bir kadın, Ensar'dan iki evin arasına inince hiç endişe duymaz, ana-babasının arasına inmiş gibi kendini güven içinde hissederdi." (9)

Selef-i Sâlihîn komşuluğa çok önem veriyorlardı. Meşhur rivâyetlerden biri de Said b. Âs'ın komşusuna yaptığı ihsandır. Komşu-

---

6 Aile Eğitimi, cilt 1, sh: 431
7 Ahlâk Hadisleri, 1-129.
8 Ahlâk Hadisleri, 1-130.
9 Aile Eğitimi, sh: 435.

su, evini yüzbin dirheme satılığa çıkarmış. Müşteri çıkınca ona: "Bu evin parasıdır. Peki yâ Said b. As'ın komşuluğuna ne kadar vereceksin?" diye sormuş.

Bu haber Sâid b. As'a gelince evinin parasını komşusuna göndermiş ve evini sattırmayıp orada kalmasını sağlamıştır.

Müslümanın Hocasıyla Muâşereti

Müslüman, kendisine hocalık edenlere karşı, saygılı olur, kendisini yönlendiren, terbiye eden, ilim verenlere hürmet eder.

İmam-ı Gazâlî Hazretleri, "Bidâyetü'l-Hidâye" adlı eserinde, talebenin hocasıyle beraberliğinde uyması gereken kuralları şöyle açıklamıştır:

"Talebe hocasının karşısına edep ve saygı ile çıkıp selâm vermeli, mümkün olduğu kadar huzurunda az konuşmalı, hocası sormadan birşey söylememelidir. İzin almak şartı ile soru sorup konuşmalı, hocayı tenkide kalkarak "falan senin dediğinden başka fikir beyan ediyor" gibi sözler söylememeli ve doğruluğu herkesçe bilinen hususlarda, hocanın görüşü hilâfına fikir beyan etmemelidir. Hoca ile aynı mecliste otururken başkasına birşey sormamalı, huzurunda iken sağa sola bakmayıp, sakin ve edepli oturmalıdır. Hocayı yorgun iken fazla soru sorarak daha da yormamalı, yolda giderken, gidilecek yere varıncaya kadar da soru sormamalıdır. Hocanın yaptıklarının dış cephesine bakıp ona karşı kötü zan taşımamalı. Çünkü o ilim ve hikmet sahibi olan zât yaptığı işin iç yüzünü talebeden daha iyi bilir." (10)

"Talebe, hocasına "sen" veya "siz" ile değil, "efendim", "hocam", "üstadım" gibi saygı ve nezaket ifâde eden sözlerle hitap etmesini bilmelidir.

Talebe ayrıca, yaşadığı müddetçe hocasına dua etmeli, onun aile halkına ve soyuna saygı göstermeli, onu sevenleri sevip saymalı-

---

10 Bidâyetu'l-Hidâye, el-Gazzâlî, sh: 37.

dır. Talebe hocasının bâzı nahoş huylarına, yersiz davranışlarına karşı sabretmeli, bu yüzden dersini terketmeyip hocasının kızması hâlinde, kendisi buna sebebiyet vermişse, derhal özür dilemeli tevbe edip pişmanlığını göstermelidir.

Talebe hocasının sözlerine bütün dikkatiyle kulak vermeli, yüzünü bütünüyle ona çevirmeli, sağına, soluna yukarıya ve aşağıya ihtiyaç olmadığı halde dönüp bakmamalıdır. Ders esnasında üzerindeki elbiseyle meşgul olmamalı, parmak çıtlatmamalı, ortada hayret uyandıracak bir şey yokken gülmemeli, gülünce de sesini yükseltmemeli; mutlaka gülmesi gerekiyorsa, tebessüm etmelidir.

Hocasının kapısını edeple çalmalıdır.

Talebe hocasının huzurana güzel bir kıyafetle girmeli, yıkanıp temizlendikten, kendine iyi bir çeki-düzen verdikten sonra meclisine katılmalı; özellikle bu meclis ilim meclisi ise daha çok dikkat ve itina göstermelidir.

Talebe, kalbini diğer lüzumsuz şeylerden boşaltıp, nefsini bir takım heves ve temâyüllerden uzak tutarak öylece hocasının yanına gitmeli ve böylece dediklerini bütün dikkatiyle dinlemelidir." (11)

Hocanın Vasıfları Nasıl Olmalı

"Ma'rifetname" adlı eserinde, İbrahim Hakkı, hocanın vasıflarını şöyle anlatmıştır:

— Öğrenciden gelecek güçlüğe katlanıp sabretmeli.

— Lüzumsuz konuşmamalı.

— Halim-selim olmalı.

— Ağırbaşlı ve mütevâzi olmalı.

— Aşırı şaka ve mizahı terketmeli.

— Talebeye yumuşak davranmalı.

— Anlayışsız öğrenciye yavaş yavaş öğretmeli, geri zekâlı olanı ise güzel bir metodla terbiye etmeli.

---

11 Aile Eğitimi, sh: 441-443, (özet).

— Muhatabın delilini kabul etmeli, hakka dönmeli.

— Zararlı ilimden öğrenciyi men etmeli.

— Öğrencinin faydalı ilmi Allah rızâsı dışında öğrenmesine mâ'ni olmalıdır.

İmam-ı Gazâlî, "Bidâyetu'l-Hidâye" isimli eserinde "Hoca bütün davranışlarını takvâ yoluna uydurmalı, kendisini hesaba çekmelidir. Çünkü öğrenci evvelâ onun davranışına bakar, sonra söylediklerinden faydalanır." der.

Yine İmam-ı Gazâlî'ye göre, hoca talebesini evlâdı yerine koymalıdır.

İslâm'da Yardımcılara Bir Âile Ferdi Gibi Muâmele Edilir

"Resûlullah (s.a.v.) devrinde yâ ücretle tutulan hür kimselerden veya o zamanın âdeti üzere parayla satın alınan kölelerden, ev işlerinde yardımcılar kullanılmakta idi. Resûlullah bunlara ailenin diğer fertlerinden biri gibi muâmele edilmesini emretmektedir. Resûlullah (a.s.) Efendimiz buyurmuşlardır:

"Sağ ellerinizle mülk edindiğiniz köleler hakkında Allah'tan korkunuz. Yediğinizden onlara yediriniz. Giydiklerinizden giydiriniz. Güçleri yetişmeyen işlerde onları çalıştırmayınız. Sevdiğiniz köle ve cariyeleri yanınızda bırakınız. Sevmediklerinizi satınız. Allah'ın mahlûkatına azab vermeyiniz. Çünkü onları size mülk eden Allah'tır. Eğer o Allah dileseydi sizi onlara mülk edebilirdi." (12)

Hz. Ömer'in oğlu Abdullah (r.a.) anlatmıştır:

Resûlullah'ın huzûru saâdetine bir kişi gelip dedi ki:

— Ey Allah'ın Resûlü! Biz hizmetçilerimizden ne kadar kusuru affedelim?

---

12 İhyâ c. 5, sh: 19.

Resûlullah evvelâ susup cevap vermedi. Sonra şöyle buyurdu: *"Günde yetmiş defa affediniz."* (13)

Ebû Hureyre'den rivâyet edilmiştir:

Hazret, devesinin sırtında ve hizmetçisi yaya olarak arkasından yürüyen birisini gördü ve kendisine dedi ki:

— Ey Allah'ın kulu! Bu hizmetçi seninkardeşindir. Onu da terkine alsana. Onun ruhu da seninki gibidir. Bu sözü üzerine adam kölesini bineğinin üzerine aldı ve sonra Ebû Hureyre şöyle buyurdu:

— Kişi, arkasında başka birisi yürüdüğü takdirde gittikçe Allah'tan uzaklaşır!

Müslüman Arkadaş Seçimine Dikkat Eder

Resûlullah (s.a.v.) Efendimiz bu hususta şöyle buyurmuştur: *"Kişi, dostunun dini üzerindedir. Öyleyse sizden herhangi biriniz kiminle dostluk yaptığını güzelce düşünüp tetkik etsin."*

İnsan üzerindeki büyük tesirinden dolayıdır ki, arkadaş seçiminde çok dikkatli olmamız tavsiye edilmiştir.

Sohbet ve arkadaşlık yapmak istenilen bir kimsede beş haslet aranmaktadır.

1- Akıllı olmak

2- Güzel ahlâklı olmak

3- Fâsık olmamak

4- Bîd'atçı olmamak

5- Dünyaya fazla düşkün olmamaktır.

Alkâme el Attaridi, vefat edeceği zaman oğluna hitaben şu vasiyetnameyi yazmıştır:

"Ey oğlum! Erkeklerin sohbetine muhtaç olduğunda öyle bir kimse ile musahib ve arkadaş ol ki sen ona hizmet ettiğin zaman o

---

13 İhyâ, c. 5, sh: 20.

seni korumuş olsun! Onunla arkadaşlık ettiğin takdirde seni süslendirsin! Eğer nafakanın herhangi bir derdi seni zorladığı zaman sana yardımda bulunsun! Öyle bir kimseyle arkadaşlık yap ki sen elini hayır ile uzattığın zaman o elinin uzanmasına yardımcı olsun. Eğer senden bir iyilik görürse onu sayar. Eğer bir kötülük görürse kapatır. Öyle bir kimse ile arkadaşlık yap ki ondan istediğin zaman verir. Sustuğun zaman da senden hoşlanır. Başından bir belâ geçtiği zaman derdini kaldırmaya çalışır. Öyle bir kimseyle arkadaşlık yap ki söylediğin zaman senin sözünü hak olmak şartıyla tasdik eder. Eğer ikiniz aynı şeye talib olursanız sana öncelik tanır. Eğer ikiniz bir hususta karşılıklı hak iddiasında bulunursanız, seni nefsine tercih eder." (14)

Müslümanın Dost ve Arkadaşlarıyle Muâmelesi

Müslüman arkadaşının, kardeşinin, senin üzerinde malda, nefiste, lisanda ve kalpte hakkı vardır. Onu affetmek, ona duada bulunmak, ona karşı ihlâskâr olmak, vefakâr bulunmak, kolaylık göstermek, teküllüf ve teklifi terketmek vazifendir. İmam-ı Gazâlî Hazretleri, arkadaşlık haklarını 8 gurupta toplamıştır.

Birinci Hak Maldır

Resûlullah (s.a.v.) Efendimiz bir hadis-i şeriflerinde şöyle buyurmuşlardır:

"İki kardeşin misâli iki elin hâli gibidir. Birincisi diğerini yıkar."

İki el aynı hedefte yardımlaşmakta oldukları gibi kardeşler de yardımlaşırlar.

Kardeşler sıkıntıda ve genişlikte birbirlerinin hallerine ortak olurlar. Hasan-ı Basrî (r.a.) demiştir ki:

---

14 İhyâ c. 4, sh: 416-420. Özet.

— Bizden evvelki müslümanlar peştemalını ortadan ikiye böler, bir kısmını kardeşine verirdi.

İkinci hak dostun ihtiyaçlarını yerine getirmeğe koşmak sûretiyle yardım etmek ve bunu seve seve yapmaktır.

Âlimlerden biri demiştir ki:

— Sen kardeşinden herhangi bir ihtiyacının yerine getirilmesini istediğin zaman, senin o ihtiyacını yerine getirmezse, ikinci bir defa ona hatırlat. Belki de unutmuş olur. Eğer ikinci defa hatırlatmana rağmen yapmazsa, onun üzerine tekbir getir ve şu âyeti oku:

"Ölüler! Cenâb-ı Hak onları diriltip haşredecektir." (El-En'am sûresi, âyet: 36)

(Onu, nefsinde ölüymüş gibi tasavvur et.)

Seleften bâzı kimseler, arkadaşının âile efradının hâlini, arkadaşının ölümünden kırk sene sonraya kadar sorar, onların ihtiyaçlarını yerine getirirmiş. Öyleki âile efradı sâdece babalarının zâtını kaybetmiş gibi olurlarmış. Hatta babaları hayattayken görmediklerini baba dostlarından görürlermiş.

Üçüncü hak, icâb ettiği yerde dost hakkında sükût, icâb ettiği yerde konuşmaktır.

Müslüman, kardeşinin gıybetini yapmaz, onunla mücâdele ve münakaşaya girişmez, arkadaşının kendisine söylediği sırlarını kimseye açıklamaz. Hatta arkadaşından ayrıldıktan ve araları bozulduktan sonra dahi onun sırlarını gizlemeye devam eder.

"Arkadaşının arkadaşlarını, aile efradını ve çocuğunu tenkit etmekten de çekinmelidir. Başkasının, arkadaşını tenkid etmelerini de hikâye etmemelidir. Fakat başkasından arkadaşının lehinde dinlediklerini gizlemesi uygun bir hareket değildir. Çünkü arkadaşı evvelâ hakkındaki medh-u senayı nakleden zâttan ikinci derecede de o senayı yapandan râzı olup onunla sevinmesi muhakkaktır. Böyle bir durumu gizlemek hasedden başka birşeyden kaynaklanmaz.

İyiliği emir veya kötülükten men-nehiy prensibi gereğince konuşmak gerekirse, o zaman iş değişir. Çünkü böyle bir hususta konuşmak, esasında arkadaşına iyilik yapmaktır. Her ne kadar, arkadaşı böyle bir konuşmayı zahirde aleyhinde telakki etse dahi.. Müslüman, arkadaşı hakkında kötü zanda bulunmayı terketmeli ve onun kusurlarını affetmelidir."

Abdurrahman bin Cabir bin Nefir, babasından rivâyet etmiştir:

"Ben Yemen'de bulunuyordum. Yahudi bir komşum vardı. Bu komşum bana sık sık Tevrat'tan bahsediyordu. Yahudi komşum uzun bir yolculuktan dönmüştü. Yanına giderek şöyle dedim:

— Cenâb-ı Hak bizden (Araplar'dan) bir Peygamber göndermiş. O Peygamber bizi İslâm dinine dâ'vet etti ve biz de müslüman olduk. Tevrat'ı tasdîk eden bir kitabı da Allah bize göndermiştir.

Bu sözlerimi dinleyen Yahudi şöyle dedi:

— Doğru söyledin. Fakat sizin o Peygamberin getirdiklerini yerine getirmeye gücünüz yetmeyecektir. Çünkü biz o Peygamberin ve onun ümmetinin vasıflarını Tevrat'ta görmekteyiz. O Peygamberin ve ümmetinin vasıflarından birisi şudur:

Hiçbir müslümana, kapısının eşiğini kalbinde başka bir müslümana karşı nefret olduğu halde geçmesi helâl değildir."

Dördüncü hak arkadaşını memnun edecek sözler sarfetmektir.

Resûlullah (s.a.v.) Efendimiz buyurmuşlardır ki:

"Sizden biriniz arkadaşını sevdiği zaman ona seni (Allah rızâsı için seviyorum) *diye sevdiğini haber versin."*

"Sevginin izharı sevgiyi arttırdığı için, Allah Rasûlü, böyle bir sevgiyi haber vermeyi emretmiştir."

Müslüman, arasında sevginin oluşması İslâm'ın istediği hususlardandır.

Resûlullah (s.a.v.) Efendimiz sevgi hususunda bizlere yol göstermiştir: *"Hediyeleşiniz ki* (aranızda) *sevişmiş olasınız."*

Arkadaşlığın icâplarından biri de onu güzel isimlerle çağırmaktır.

Hz. Ömer (r.a.) şöyle buyurmuştur:

Üç haslet vardır. Bu üç haslet arkadaşının sana karşı olan sevgisini saflaştırır.

1- Rastladığın zaman evvelâ ona selâm vermen,

2- Oturduğun mecliste o geldiğinde ona yer genişletmen,

3- Kendisince en sevimli isimleriyle onu çağırmandır.

Arkadaş tarafından bilfiil bir iyilik yapılmışsa veya iyilik yapmaya niyet etmişse ona teşekkür etmelidir.

"Arkadaşlığın hukukundan birisi de öğretmek ve nasihat etmektir."

Beşinci hak, arkadaşlarının kusurlarını affetmektir.

"Dostun yoldan sapması, ya bir günâh işlemek sûretiyle dinî hususlarda olur veya kardeşlikte kusur yapmak sûretiyle arkadaşı hakkında olur.

Günâh işlemek ve günâhta ısrar etmek sûretiyle dinde yapmış olduğu sapıklığa gelince... Onun kusurunu düzeltecek şekilde münâsib bir lisanla nasihat etmek gerekir."

Onu islâh etmeye muktedir olunmazsa o da yaptığında ısrar ederse, ne yapmalıdır.

Ashab-ı Kirâm ve tabiînin, böyle bir kimseyle dostluk ve sevgiyi devam ettirmek veya kesmek hususunda değişik görüşleri vardır.

Ebû Zer-i Giffâri (r.a.):

"Kardeşin eski durumunu muhafaza etmediği zaman, onu ne için seviyorsan onun için de ona buğzet" buyurmuştur. Yani, Allah için seviyordun, kötülüğe sapınca da Allah için buğzet.

Ebû Derdâ (r.a.) ve diğer bir gurub sahâbeye göre bunun tam aksi makbuldur.

Ebû Derdâ (r.a.) ya:

— Arkadaşının şöyle şöyle yapmasına rağmen hâlâ da ondan buğzetmeyecek misin? denildiği zaman O;

— Ben ancak onun amelinden buğzederim. Eğer onun o kötü ameli olmasa o yine de benim arkadaşımdır, demiştir.

Arkadaşın hata ve kusurunu affetmek gerekir. Bir din kardeşin sana bir kusûr ederse, kendinde onun yetmiş çeşit özürünü ara. Nefsin kabul etmezse, nefsine de ki: "İşte senin kötü huyûn ve herkese fena söyleyiciliğin. Kardeşin senden yetmiş türlü özür diliyor da kabûl etmiyorsun."

Rasûlullah (s.a.v.) Efendimiz bir hadislerinde şöyle buyurmuştur:

"Dostunu ifrata kaçmaksızın normal bir sevgi ile sev. De ki o, bir gün senin buğzettiğin bir kimse olur. Sevmediğin bir kimseye de ifrata kaçıp kin gütme. Umulur ki o, bir gün sana dost ola!"

Altıncı hak, dostunu, din kardeşini duâ ile anmaktır.

"Gerek hayatında ve gerekse ölümünden sonra arkadaşa, kendi nefsine, aile efradına ve kendisiyle yakın ve uzak ilgisi olan kimseler için sevdiği dua ile dua etmektir. Binaenaleyh sen kendi nefsine dua ettiğin gibi arkadaşına da dua edeceksin. Onunla nefsinin arasında bir ayrılık gözetmeyeceksin. Çünkü ona yapmış olduğun dua hakikatten senin nefsinedir."

Resûlullah (s.a.v.) Efendimiz bu hususta şöyle buyurmuşlardır:

"Kişi arkadaşına o yokken duâ ettiği zaman melek kendisine "Sana da onun benzeri olsun der."

Yedinci hak sevgide, dostlukta vefâlı olmaktır.

"Vefânın mâ'nâsı, sevgiye ölüme kadar devam edip üzerinde sebat etmektir. Ölümden sonra da dostunun evlât ve dostlarına aynı sevgiyi devam ettirmektir.

Seleften biri oğluna şöyle vasiyette bulunmuştur.

Oğlum!

"İnsanlardan; fakir düştüğün zaman sana yaklaşan, zengin olduğun takdirde senden fazla bir şey beklemeyen, mertebesi yükseldiği takdirde seni hor görmeyen kimse ile arkadaşlık yap."

Sekizinci hak, aralarında tekellüf** (zahmet verici şeyler) **olmalıdır.

Câfer es-Sâdık (r.a.) şöyle dermiş:

— Benim için arkadaşlarımın en ağırı ve çekilmez olanı şudur: Bana karşı bir takım zorluklara girişiyor ve ben de ondan çekiniyor ve resmiyete bürünüyorum. Arkadaşlarımın kalbimin üzerinde en hafifi o kimsedir ki, onunla beraber sanki tek başımaymışım gibi oluyorum."

Dostlardan birşey beklememeli her şeyine hakkıyle riâyet etmelidir. (15)

Müslümanın, Müslümanla Kardeşliği

Bu kardeşlik ile müslümanların kalplerinin ve ruhlarının birbirlerine inanç bağıyla bağlanması kast edilmiştir. İslâm dini bunun için müslümanların birbirlerine karşı yapması gereken kardeşlik haklarının ne olduğunu bildirmiş, ödev ve yükümlülüklerini açıklamıştır.

- Müslümanın, müslüman üzerindeki hakk'ı altı tanedir. Bunlar, karşılaştığın zaman ona selâm vermen, seni da'vet ettiği zaman gitmen, senden nasihat ettiğin de ona nasihat etmen, aksırır da Allah'a hamd ederse, ona "Allah rahmet etsin" demen, hastalandığında hatırını sorman, vefatından sonra cenazesini kaldırmandır. (16)

- Her kim, müslüman kardeşinin dünya sıkıntılarından birini giderirse, yüce Allah, buna karşılık onun kıyâmet sıkıntılarından birini giderir. Kim elidar olan borçluya kolaylık gösterirse, Allah dünya ve âhirette ona kolaylık gösterir. Her kim bir müslümanın ayıbını örterse, Allah da dünya ve âhirette onun ayıbını örter. Bir kul din kardeşine yardımda bulundukça Allah da ona yardım eder. (17)

---

15 İhyâ, c. 4, sh: 427-490 özet.
16 Buhârî: Cenâiz
17 Ebû Dâvûd: Edeb.

– Bir Kimseyle Üç Günden Fazla Küs Kalmamak.

"Bir kimsenin bir mü'mini üç günden fazla terketmesi (dargın kalması) helâl olmaz. Üç gün geçtikten sonra onu bulsun ve ona selâm versin. Eğer selâmı alırsa ikisi de ecirde ortaktırlar. Eğer selâmı alınmazsa selâm veren ayrılık (dargınlık) günahından kurtulmuş olur."

– Kişilere Derecelerine Lâyık Bir Şekilde Davranmak.

Rivâyete göre, Allah'ın Rasûlü (s.a.v.) bir eve girdi. Arkasından ashâbı gelip evi doldurdu. Son olarak da Cüreyr bin Abdullah el-Bucelî teşrif etti. Fakat oturacak bir yer bulamadı. Eşiğin üzerine oturdu. Bu durumu müşâhede eden Resûlullah (s.a.v.) abâsını katladı, Cüreyr'e attı ve ona:

"Şu abanın üzerine otur!" buyurdu. Bu duruma şaşıran Cüreyr, Resûlullah'ın abâsını aldı, yüzüne koydu. Hem öptü, hem ağladı. Sonra abâyı dürdü, Resûlullah'ın yanına bıraktı ve şöyle hitap etti.

"Ben senin elbisen üzerine oturamam. Bana ikramda bulunduğun gibi Allah Azîmuşşan da sana ikrâmda bulunsun."

Bunun üzerine Resûlullah (s.a.v.) etrafına bakınarak:

"Ey Ashâbım! Size herhangi bir kavmin kerimi ve önderi geldiği zaman ona ikramda bulununuz!" buyurdu.

– Fırsat buldukça müslümanların arasını bulmaya düzeltmeye çalışmak.

Nitekim Allah'ın Resûlü: *"Size namaz, oruç ve sadakadan daha faziletli bir şeyi haber vereyim mi?"* demiştir.

Ashâb-ı Kirâm da:

— Evet! Yâ Rasûlallah! demişlerdir. Bu defa Allah'ın Rasûlü: *"Müslümanların arasını düzeltmektir."* buyurmuştur.

"Lisan sadakasından daha üstün bir sadaka yoktur."

"Nasıl olur da lisan sadakası her sadakadan daha üstün olur?" denildi. Bunun üzerine:

"Şefâat ile kanlar akıtılmaktan men'edilir. Onun vasıtasıyla başka bir müslümana menfaat götürülür, yine onun vasıtasıyle başka bir müslümandan mekruh (istenilmeyen şey) def edilir." buyuruldu.

Müslüman Kardeşin Nâmusunu, Nefsini, Malını Başkasının Zulmünden Mümkün Olduğu Kadar Korumak.

Ona gelen felâketlere göğüs germek, onun için mücâdele etmeli ve ona yardım etmelidir. Böyle yapmak İslâm kardeşliği gereği farzdır. (18)

Müslüman Yetimin Hakkından Çok Sakınır

Yetimin malı, buluğ çağına erişinceye kadar güzelce idâre edilmeli, daha sonra kendisine verilmelidir. Yine Kur'ân'da şu şekilde buyurulmaktadır:

"Yetimlere mallarını verin. Temizi murdara değişmeyin, onların mallarıyla kendi mallarınızı karıştırarak yemeyin, çünkü bu büyük bir günahtır." (Nisâ sûresi, âyet: 2)

Yetim: Lügatta, tek başına kalmak demektir. Dindeki mânâsı ise babası olmayan ve büluğ çağına erişmeyen çocuk demektir.

Resûlullah (s.a.v.) Efendimiz şöyle buyurmuşdur.

"Her kim, rahmet ve şefkat yönünden elini bir yetimin başına koyarsa, elinin değdiği tüyler sayısınca kendisine hasene yazılır." (19)

Bir yetim malını haksız yere yemek haramdır. Fakat velisi muhtaç olup başka türlü nafakasını temin edemediği veya vasisine bir ücret tayin edilmiş olduğu takdirde o maldan bilinen şekilde yenilmesi câizdir.

Meselâ: Fakir, ihtiyâr bir baba, oğluna annesi terekesinden intikal etmiş olan bir maldan israf etmeksizin bir miktar alıp yiyebilir." (20)

---

18 İhya: 520-546 özet.

19 İhyâ-i Ulûm-id-Din, cilt 4, sh: 558.

20 Kur'ân-ı Kerîm'in Türkçe meâli cilt, 2, sh: 559.

"İbn-i Abbas Hazretleri'nden rivâyet edildiğine göre veli bilâhare zengin olursa, kendisi için aldığı malı yetime iade eder. Zengin olmazsa iâdesi lâzım gelmez." (21)

Kul Hakkı

"Kıyâmet günü dağlar kadar hayırları ve iyilikleri olduğu halde bir kimse Allahû Teâlâ'nın huzûruna getirilir. Eğer bu sevap ve iyilikleri kendisinde kalsaydı, o kimse muhakkak cennetlik olurdu. Bu arada zulmettikleri ve üzerinde hakkı olan kişiler de oraya gelir. Bu kimse dünyada iken birin namusuna sövmüş, birinin zorla malını almış... Şuna buna bir takım ezâ ve cefalar etmiştir. Sevap ve iyilikleri, kendisinde hakkı olanlara verilir. Öyle ki, kendisinde hiç sevap kalmaz. Melekler: "Yâ Rabbi! Bu kişinin sevapları, takas ile bitti ve geriye kendisinden alacaklı olan daha bir çok kimse kaldı" dediklerinde, Allahû Teâlâ: "Alacaklıların günahlarından, onun günahına katınız ve cehennemliktir diye yazınız." buyurur. Bu kişi cehenneme giderken mazlum da, o zâlimin sevâbı ile kurtulmuş olur. Gördüğü zulmün karşılığını alır." (22)

Kıyâmet gününde haklar ehline o derece ödenecektir ki, boynuzlu koyun, süstüğü boynuzsuz koyunla kısas olunacaktır.

İmam-ı Rabbâni, Hindistan valilerinden Hân-ı Hânân'a yazmış olduğu mektupta şöyle diyordu:

"Kişi üzerinde kul hakkı varsa, buna tevbe için hakkı hemen ödemek onunla helâllaşmak, ona iyilik ve duâ etmek gerekir. Eğer o kişi, ölmüş ise, bu defa ona duâ ve istiğfâr edip çocuklarına, vârislerine o hakkı ödemeli, onlara iyilik yapmalıdır. Çocukları ve vârisleri de bilinmiyorsa, o hak kadar mikdâr parayı fâkirlere, ihtiyaç sahiplerine verip sevâbını hak sahibine havele etmelidir."

---

21 Kur'ân-ı Kerîm'in Türkçe meâli cilt, 4, sh: 1871.
22 Günyetü't Talibin, sh: 198.

Abdullah İbn Mübârek: "Haram olarak ele geçen bir kuruşu, sahibine geri vermek, yüz kuruş sadaka vermekten daha sevâptır." buyurmuştur:

Mecelle'nin otuz ikinci maddesinde (Zarûret içinde olmak, başkasının hakkını gidermez) denilmektedir. Açlıktan ölecek olan kimse, başkasının malını, ölümden kurtulacak kadar yiyebilir, ancak daha sonra bunun değerini veya mislini hak sahibine ödemesi gerekir.

Hz. Osman (r.a.) bir defasında bir suçundan dolayı kölesinin kulağını çekmişti. Daha sonra belki suçundan fazla ceza verdim diye düşünüp âhirette kısas yoluyla kölesinin kendi kulağını çekmesinden korkmuş ve kısasın âhirete kalmaması için köleye dünyada iken kulağını çektirmiştir. O büyük zatlar, kul hakkına bu derece dikkat ederlerdi.

Kâfir Hakkı En Zor Haklardandır

"Kâfir hakkının mahşerde ödenilmesi şüphelidir. Çünkü kâfire sevap fayda vermez. Kâfirin küfür günahı da mü'mine yükletilmez. Eğer Allahû Teâlâ, borçlu mü'mini seviyorsa, kâfirin cehennemdeki azabını hafifleterek, kâfiri râzı eder ve mü'mini haktan kurtarır.

Hayvan Hakkı da Çok Zordur

Hayvanların hakkından mahşerde aslâ kurtulunmaz. Bu sebeple yanmak zaruridir. Bunun içindünyadan gitmezden önce tevbe ve hasenat yapıp Rabbimize çokça ağlayıp yalvarmak gerekir. Hayvanlara iyi muamele etmek için kişi ehil ve evlâdına nasihat etmeli, bu hususta onlara vasiyette bulunmalıdır. Hayvanın sürçmesi, düşmesi kabahat değil, tepmesi, süsmesi, ürkmesi, kaçması kabahattır. Kabahatli olunca yüzü ve başı hâriç hafifçe biraz vurulabilir. Hayvanlar suçsuz yere dövülmez. Yiyecek ve içecek ihtiyaçları giderilmelidir. Aç ve susuz bırakılmamalıdırlar.

Hayvanlara gereği gibi bakamayan kişiler hayvan bulundurmamalıdırlar. Yavrusuna zarar verecek derecede hayvanın sütünü sağmak helâl değildir.

Çocukları kuş ve diğer küçük hayvanlara iliştirmemeli, kuş tutmuş ise çocuğa birşey verip kuşu salıvermelidir. Hayvana fazla yük yüklemek ve çok fazla yürütmek günahtır. Hayvanı durdurunca üzerinden inmek gerekir. Hayvanın boynuzunu kırmak, kulağını, kuyruğunu kesmek haramdır. Hayvanlar yularından çekilmelidir. Hayvanlara sövmek câiz değildir." (161)

Cenâb-ı Hak, hayvanlar hakkında Kur'ân'da şöyle buyurmaktadır:

"Yeryüzünde yürüyen her bir hayvan ve iki kanadıyla uçan bütün kuşlar (yaratılışta, yemede, içmede, Allah'ı tesbih ve zikirde) *ancak sizin gibi ümmetlerdir."* (En'âm sûresi; âyet: 38)

Hayvanlara Yapılan İyilikten Dolayı Ecir Vardır

"Buharî ve Müslim'in, Ebû Hureyre'den rivâyet ettikleri hadiste Resûlullah (s.a.v.) şöyle buyurmuştur:

"Bir adam yolda yürürken son derece susadı ve bir kuyu bulup inerek oradan su içti. Sonra çıktı. Çıktığında susuzluktan toprağı eşer bir köpek gördü ve "bu zavallı köpek de susuzluktan benim düştüğüm duruma düşmüş" dedi ve kuyuya tekrar inip mestine su doldurdu, sonra onu ağzıyla kuyudan çıkararak köpeği suladı. Allah (c.c.) *onun bu amelini kabul etti ve o kişiyi bağışladı."*

Sahâbe dedi ki:

— Yâ Rasûlallah: Hayvanlara yaptığımız iyiliklerden de bize ecir var mı? Allah'ın Resûlü (s.a.v.):

"Her canlı için ecir vardır." buyurdu.

---

23 Âmentü Şerhi, sh: 220.

Abdullah İbni Ömer (r.a.)'dan rivâyet olunduğuna göre, Resûlullah (s.a.v.): "*Bir kadın, aç ölünceye kadar hapsettiği bir kedi yüzünden Cehennem'e dahil oldu*", *buyurmuş ve devamla Allah'ın Resûlü: "Allah bilir amma bu kadına Allah tarafından: "– Ey Kadın! Sen bu hayvanı hapsedip yedirmedin, içirmedin, yer yüzünde mukadder nasibini bulup yemesi için salıvermedin!"* buyurulup kadının ezası bildirilmiştir." (24)

Her insan mahşer gününde hayvanlara yaptığı iyiliğin de, kötülüğün de karşılığını alacaktır.

İşte İslâm'ın şekil verdiği muhteşem insan şahsiyeti bu gibi ahlâkî düsturların ürünüdür. Anlatılan düsturlar onu besleyen kaynak ve pınarlardır.

İslâm'ın şekil verdiği insan şahsiyetinde akıl, ruh ve kalb, İslâm'ın Rabbanî parlak nuruyla aydınlanmıştır. İnsanı yücelten onun üstün dînî ahlâkıdır.

Rabbimiz! Kalblerimizi hidâyete erdirdikten sonra tekrar saptırma. Yüce katından bize rahmet ihsan et. Bağışı bol olan ancak sensin.

Âlemlerin Rabbi Allah'a hamd olsun!

Bütün Peygamberlere salat ve selâm olsun.

---

24 Müslüman Şahsileti, sh: 169.